PRESTAÇÃO DE SERVIÇOS A TERCEIROS

(Retenções previdenciárias, aspectos trabalhistas, previdenciários, eSocial e EFD-Reinf)

ANA PAULA FERREIRA
MARIZA DE ABREU OLIVEIRA MACHADO
MILENA SANCHES TAYANO DOS SANTOS

PRESTAÇÃO DE SERVIÇOS A TERCEIROS

(Retenções previdenciárias, aspectos trabalhistas, previdenciários, eSocial e EFD-Reinf)

11ª Edição

Copyright © 2022 by Ana Paula Ferreira, Mariza de Abreu Oliveira Machado e Milena Sanches Tayano dos Santos

Todos os direitos reservados e protegidos pela Lei 9.610, de 19.2.1998.
É proibida a reprodução total ou parcial, por quaisquer meios, bem como a produção de apostilas, sem autorização prévia, por escrito, da Editora.

Direitos exclusivos da edição e distribuição em língua portuguesa:

Maria Augusta Delgado Livraria, Distribuidora e Editora

Editor: *Isaac D. Abulafia*
Diagramação e Capa: *Julianne P. Costa*

Dados Internacionais de Catalogação na Publicação (CIP) de acordo com ISBD

F383p	Ferreira, Ana Paula
	Prestação de Serviços a Terceiros: Retenções previdenciárias, aspectos trabalhistas, previdenciários, eSocial e EFD-Reinf) / Ana Paula Ferreira, Mariza de Abreu Oliveira Machado.- Rio de Janeiro : Freitas Bastos, 2022.
	352 p. ; 15,5cm x 23cm.
	ISBN: 978-65-5675-199-3
	1. Direito. 2. Direito trabalhista. 3. Prestação de Serviços a Terceiros. I. Machado, Mariza de Abreu Oliveira. II. Santos, Milena Sanches Tayano dos. III. Título.
2022-2636	CDD 344.01
	CDU 349.2

Elaborado por Odilio Hilario Moreira Junior - CRB-8/9949

Índices para catálogo sistemático:
1. Direito trabalhista 344.01
2. Direito trabalhista 349.2

Freitas Bastos Editora

atendimento@freitasbastos.com
www.freitasbastos.com

APRESENTAÇÃO

O enorme interesse despertado entre os leitores por esta obra em suas edições anteriores e outras tantas reimpressões motivou-nos a atualizá-lo completamente. A disposição dos assuntos ao longo das páginas sofreram alterações significativas, o que resultou em uma diagramação moderna e arrojada.

Em suas sucessivas edições, o livro ofereceu aos usuários soluções eficazes, simples e práticas para um tema tão complexo e árido. Só o detalhe que fez deste livro um sucesso resolvemos manter também para esta edição: o mesmo comprometimento das autoras com a informação precisa e qualificada do seu conteúdo.

Boa leitura!
O Editor

SUMÁRIO

APRESENTAÇÃO V

TÍTULO I
LEGISLAÇÃO TRABALHISTA

CAPÍTULO 1 – REFORMA TRABALHISTA 3
1. Direitos que podem ser negociados mediante documento coletivo de trabalho 3
2. Direitos que não podem ser suprimidos ou reduzidos via negociação coletiva 4

CAPÍTULO 2 – LIVRO DE INSPEÇÃO DO TRABALHO 8

CAPÍTULO 3 – PROGRAMA DE INTEGRAÇÃO SOCIAL (PIS) 8
1. Cadastramento do trabalhador 8

CAPÍTULO 4 – CADASTRO GERAL DE EMPREGADOS E DESEMPREGADOS (CAGED) 9

CAPÍTULO 5 – ENQUADRAMENTO SINDICAL 10
Contribuição Sindical 10

CAPÍTULO 6 – SEGURANÇA E SAÚDE DO TRABALHO 13
1. Normas Regulamentadoras 13
   1.1 NR-1 – Disposições Gerais 14
   1.2 NR-2 – Inspeção Prévia 14
   1.3 NR-3 – Embargo ou Interdição 14
   1.4 NR-4 – Serviços Especializados em Engenharia de Segurança e em Medicina do Trabalho 14
      1.4.1 Empresas prestadoras de serviço 15
   1.5 NR-5 – Comissão Interna de Prevenção de Acidentes 15
      1.5.1 Empresas prestadoras de serviço 17
   1.6 NR-6 – Equipamento de Proteção Individual (EPI) 18

1.7 NR-7 – Programa de Controle Médico de Saúde Ocupacional (PCMSO) 18
    1.7.1 Empresas prestadoras de serviço 20
1.8 NR-8 – Edificações 20
1.9 NR-9 – Avaliação e controle das exposições ocupacionais a agentes físicos, químicos e biológicos 21
1.10 NR-10 – Segurança em Instalações e Serviços em Eletricidade 21
1.11 NR-11 – Transporte, Movimentação, Armazenagem e Manuseio de Materiais 21
1.12 NR-12 – Máquinas e Equipamentos 22
1.13 NR-13 – Caldeiras, Vasos sob Pressão, tubulações e tanques metálicos de armazenamento 22
1.14 NR-14 – Fornos 22
1.15 NR-15 – Atividades e Operações Insalubres 22
    1.15.1 Empresas prestadoras de serviço 23
1.16 NR-16 – Atividades e Operações Perigosas 24
1.17 NR-17 – Ergonomia 24
1.18 NR-18 – Indústria da Construção 24
1.19 NR-19 – Explosivos 25
1.20 NR-20 – Inflamáveis e Combustíveis 25
1.21 NR-21 – Trabalho a Céu Aberto 25
1.22 NR-22 – Mineração 25
1.23 NR-23 – Proteção contra Incêndio 26
1.24 NR-24 – Condições de higiene e de Conforto nos Locais de Trabalho 26
1.25 NR-25 – Resíduos Industriais 26
1.26 NR-26 – Sinalização de Segurança 26
1.27 NR-27 – Registro Profissional do Técnico de Segurança do Trabalho no Ministério do Trabalho e Previdência 27
1.28 NR-28 – Fiscalização e Penalidades 27
1.29 NR-29 – Trabalho Portuário 27
1.30 NR-30 – Segurança e Saúde no Trabalho Aquaviário 27
1.31 NR-31 – Trabalho rural (Agricultura, Pecuária, Silvicultura, Exploração Florestal e Aquicultura) 28
1.32 NR-32 – Segurança e Saúde no Trabalho em Serviços de Saúde 28
1.33 NR-33 – Segurança e Saúde nos Trabalhos em Espaços Confinados 28
1.34 NR 34 – Condições e meio ambiente de trabalho na indústria da construção e reparação naval 29
1.35 NR 35 – Trabalho em altura 29

1.36 NR 36 – Segurança e Saúde no Trabalho em Empresas de Abate e Processamento de Carnes e Derivados 29
1.37 NR 37 – Segurança e Saúde em Plataformas de Petróleo 29

CAPÍTULO 7 – EMPRESAS PRESTADORAS DE SERVIÇOS A TERCEIROS – TERCEIRIZAÇÃO 30
1. Ex-empregados ou Sócios – Prazo para Contratação na Condição de Prestador de Serviços 30
2. Inexistência de Vínculo Empregatício 31
3. Empresa Prestadora de Serviços – Funcionamento – Requisitos 31
4. Contrato de Prestação de Serviços 31
5. Obrigações Trabalhistas e Previdenciárias – Responsabilidades 32
    5.1 Direitos dos Empregados 32
6. Atividades Excluídas 32
7. Fiscalização 33

CAPÍTULO 8 – ADMISSÃO DE EMPREGADOS 34
1. Documentos exigidos 34
2. Carteira de trabalho e previdência social (ctps)/carteira de trabalho digital 36
    2.1 Obrigatoriedade 36
    2.2 Prazo para anotações 36
3. Retenção de documentos 36
    3.1 Infração 37
4. Registro do empregado 37
    4.1 Anotações na carteira de trabalho e previdência social 41
    4.2 Centralização de registro de empregados 41
    4.3 Registro dos empregados das empresas de prestação de serviços a terceiros 41

CAPÍTULO 9 – CONTRATO DE TRABALHO 42
1. Duração do contrato de trabalho 42
2. Contrato de Trabalho Intermitente 43
    2.1 Contrato – Celebração 44
    2.2 Convocação para o trabalho 44
    2.3 Período de inatividade 44
    2.4 Remuneração 44
    2.5 Encargos legais 46
    2.6 Férias 46
3. Home Office (Teletrabalho) 47
    3.1 Gestores 49

 3.2 Vantagens 50
4. Contrato de Aprendizagem 52
 4.1 Obrigatoriedade 52
 4.2 Empresas e entidades dispensadas da contratação 53
 4.3 Atendimento prioritário 53
 4.4 Contratação do aprendiz – Efetivação 54
 4.5 Empresas públicas 54
 4.6 Trabalhador aprendiz – Conceito 54
 4.7 Contrato de aprendizagem – Conceito 55
 4.8 Requisitos para a validade do contrato 55
 4.9 Formação técnico-profissional 56
 4.10 Entidades qualificadas em formação técnico-profissional metódica 56
 4.11 Aprendizes – Direitos trabalhistas e previdenciários 57
 4.12 Remuneração 57
 4.13 Jornada de trabalho 58
 4.14 Atividades teóricas e práticas 59
 4.15 Menor de 18 anos de idade 59
 4.16 FGTS 59
 4.17 Férias 60
 4.18 Vale-transporte 60
 4.19 Demais direitos 60
 4.20 Encargos legais 60
 4.21 Verbas rescisórias devidas 61
 4.22 Certificado de qualificação profissional de aprendizagem 64
5. Alteração Contratual 64
6. Alteração na Propriedade e/ou Estrutura Jurídica das Empresas 64
7. Transferência 65
 7.1 Transferência de Empregados 65
 7.2 Hipóteses em que a Transferência é Lícita 65
 7.3 Transferências Ilícitas ou Proibidas 66
 7.4 Extinção do Estabelecimento 66
 7.5 Despesas com a Transferência 66
 7.6 Empresas do Mesmo Grupo Econômico – Possibilidade de Transferência 66
 7.7 Transferência para Outra Empresa 67
 7.8 Anotações na CTPS 67
8. Cadastro Geral de Empregados e Desempregados (Caged) 67
9. Salário e Remuneração 67
 9.1 Salário 67
 9.2 Remuneração 68

9.3 Parcelas integrantes 69
9.4 Salário mínimo 70
9.5 Piso salarial estadual 71
9.6 Salário mínimo profissional 71
9.7 Salário normativo 71
9.8 Gorjetas 71
9.9 Empregados de Empresas de Prestação de Serviço –
Benefícios assegurados 71
    9.9.1 Serviços nas dependências da contratante 71
    9.9.2 Serviços em outro local previsto em contrato 72
9.10 Equiparação Salarial 72
9.11 Faltas ou Atrasos Justificados 73
10. Direitos 75
    10.1 Jornada de Trabalho 75
        10.1.1 Jornada 12 x 36 76
    10.2 Salário 76
    10.3 Férias 76
        10.3.1 Dias de gozo de férias – Escala 77
        10.3.2 Trabalho a tempo parcial – Férias 77
        10.3.3 Remuneração 77
        10.3.4 Formas 78
    10.4 13º Salário 78
        10.4.1 Conceito 78
        10.4.2 Prazo para pagamento 78
        10.4.3 Remuneração 78
        10.4.4 Faltas justificadas 78
    10.5 Aviso prévio 79
    10.6 Indenização – Data-base 79
    10.7 Estabilidade Provisória 80
        10.7.1 Contrato por Prazo Determinado 83
    10.8 Vale-transporte 83
        10.8.1 Deslocamento – Conceito 83
        10.8.2 Direito – Exercício – Condições 84
        10.8.3 Custeio 84
    10.9 Benefícios aos Empregados das Empresas Prestadoras
de Serviço 84
        10.9.1 Serviços em outro local previsto em contrato 85

CAPÍTULO 10 – CONTRATAÇÃO PARA PRESTAR SERVIÇO NO EXTERIOR 86
1. Remuneração 86
2. Férias 87

3. Retorno ao Brasil 87
4. Cômputo do Período no Tempo de Serviço do Empregado 88
5. Direitos no Término da Transferência 88
6. Isenção de Contribuições 89

CAPÍTULO 11 – TRABALHO TEMPORÁRIO 90
1. Registro das Empresas de Trabalho Temporário 90
2. Conceitos 90
3. Atividade da Empresa de Trabalho Temporário 91
4. Requisitos 91
5. Relação Contratual entre a Empresa de Trabalho Temporário
e o Tomador do Serviço 92
6. Contratação – Prazo 92
7. Direitos 93
8. Acidente do Trabalho ocorrido com Trabalhador Temporário 94
9. Comprovante de Regularidade Perante o INSS 94
10. Fiscalização – Exigência 94
11. Falência 95
12. Término Normal de Contrato de Trabalho Temporário ou
Rescisão 95
13. Proibições 95
14. Proibição de Contratação para Substituir Trabalhadores
em Greve 95
15. Previdência Social 96
16. Retenção Previdenciária 96
17. Folha de Pagamento 96
18. Atividades Excluídas 96

CAPÍTULO 12 – RESPONSABILIDADE SOLIDÁRIA E SUBSIDIÁRIA 97

TÍTULO II
FUNDO DE GARANTIA DO TEMPO DE SERVIÇO

1. Opção 101
2. Depósito 101
　2.1 Empregadores não Sujeitos FGTS 102
　2.2 Recolhimentos Rescisórios 102
3. Depósito do FGTS durante o Afastamento – Obrigatoriedade 103
4. Das Parcelas que Integram e não Integram o Salário para Fins
de Recolhimento do Fundo de Garantia do Tempo de Serviço (FGTS) ... 104

5. Local de Recolhimento 115
6. Prazos de Recolhimento 116
7. Centralização do Recolhimento 116

TÍTULO III
LEGISLAÇÃO PREVIDENCIÁRIA

CAPÍTULO 1 – LEGISLAÇÃO PREVIDENCIÁRIA 120
Introdução 120

CAPÍTULO 2 – EMPRESA 120
1. Conceito de Empresa 120
2. Entidades Equiparadas à Empresa 120
3. Grupo Econômico 121
4. Consórcio 121

CAPÍTULO 3 – CADASTRAMENTO 122
1. Cadastro no INSS 122
2. Cadastro Geral 123
3. Empresas Inscritas no CNPJ 123
4. Empresas Inscritas no Cadastro de Atividade Econômica de
Pessoa Física (CAEPF) 123
5. Matrícula de Ofício 124
6. Inscrição dos Segurados Contribuinte Individual, Empregado
Doméstico, Especial e Facultativo 125
7. Comprovação de Inexistência de Débitos Previdenciários 125
   7.1 Pedido de Certidão Negativa de Débito 125

CAPÍTULO 4 – OBRIGAÇÕES PREVIDENCIÁRIAS 126
1. Folha de Pagamento 126
2. Contribuições Previdenciárias – Prazo de Recolhimento 127
3. Contribuição Previdenciária Patronal Básica 127
4. Desoneração da Folha de Pagamento 127
   4.1 Empresas abrangidas pela desoneração da folha de
pagamento 128
      4.1.1 Opção 128
      4.1.2 Alíquotas 129
         4.1.2.1 Alíquota de 4,5% 129
            4.1.2.1.1 Construção civil – Regras especiais 131
         4.1.2.2 Alíquota de 3% 132
         4.1.2.3 Alíquota de 2,5% 132
         4.1.2.4 Alíquota de 2% 133

  4.1.2.5 Alíquota de 1,5% 133
  4.1.2.6 Alíquota de 1% 134
  4.1.2.7 Atividades com alíquotas diferenciadas 134
 4.1.3 Receita bruta 134
 4.1.4 Simples Nacional – Desoneração 135
 4.1.5 Cooperativas de produção 136
 4.1.6 Atividades desoneradas e não desoneradas exercidas concomitantemente 136
 4.1.7 Não aplicação da substituição da base de cálculo 139
 4.1.8 13° salário 140
 4.1.9 Relação de Atividades sujeitas à incidência da CPRB desde 1°.09.2018 141

5. Financiamento dos Benefícios por Incapacidade Laborativa e Aposentadoria Especial 148
 5.1 Obra de construção civil 149
 5.2 Erro no autoenquadramento 149
 5.3 Redução ou majoração 150
 5.4 Aplicação do FAP no ano de 2022 152
 5.5 Complementação 153
 5.6 Relação de atividades preponderantes e correspondentes graus de riscos conforme a Classificação Nacional de Atividades Econômicas (CNAE) 153

6. Contribuições para Terceiros (Entidades e Fundos) 153
 6.1 Base de cálculo 154
 6.2 Entidades não sujeitas à contribuição para terceiros 155
 6.3 Empresa brasileira de navegação 155
 6.4 Brasileiro contratado no Brasil para prestar serviços no exterior 155
 6.5 Empresas sujeitas à contribuição 156
 6.6 Atividades industriais 160
 6.7 Atividades comerciais 162
 6.8 Cooperativas 163
 6.9 Empresas com mais de um estabelecimento 164
 6.10 Atividade rural 164
 Incra 164
 6.11 Salário educação 165
 6.12 Arrecadação 165
 6.13 Empresa prestadora de serviços mediante cessão de mão de obra 165
 6.14 Trabalhador avulso não portuário 165
 6.15 Atividades vinculadas à Confederação Nacional de Transportes Marítimos, Fluviais e Aéreos 165

6.16 Atividades vinculadas à Confederação Nacional de Transportes Terrestres 166
6.17 Atividades vinculadas à Confederação Nacional de Comunicações e Publicações 166
6.18 Agroindústria de piscicultura, carcinicultura, suinocultura ou avicultura 167
6.19 Agroindústria de florestamento e reflorestamento 167
6.20 Agroindústrias sujeitas à contribuição substitutiva 168
6.21 Agroindústrias sujeitas à contribuição substitutiva 168
6.22 Produtor rural pessoa jurídica 169
6.23 Produtor rural pessoa jurídica que explora simultaneamente outra atividade 169
6.24 Cooperativa de produção 170
6.25 Transportador autônomo 170
6.26 Cooperativa de transportadores autônomos 171
6.27 Associação desportiva e sociedade empresária que mantêm equipe de futebol profissional 171
6.28 Empresa de trabalho temporário 171
6.29 Órgão Gestor de Mão de Obra (OGMO) e o operador portuário 172
7. Retenção Previdenciária 190
8. Construção Civil 191
9. Empresas que Atuam na Área da Saúde 192
10. Recolhimento das Contribuições Previdenciárias 193
10.1 Relação dos principais Códigos de Receita para utilização no preenchimento do DARF 193
10.2 Contribuição dos empregados 197
10.2.1 Salário de contribuição 197
10.3 Contribuição do contribuinte individual 200
10.3.1 Autônomo 200
10.3.2 Empresário 201
10.3.3 Enquadramento previdenciário 202
10.3.4 Contribuição previdenciária 202
10.3.5 Prestação de serviços a pessoas físicas 208
10.3.6 Contribuinte individual 209
10.4 Parcelas que não integram o salário de contribuição 210

CAPÍTULO 5 – RETENÇÃO PREVIDENCIÁRIA 215
I Cessão de mão de obra 217
II Empresa de trabalho temporário 218
III Empreitada 218
IV Contrato de empreitada na construção civil 219

V Obra de construção civil 220
VI Benfeitorias 221
VII Obras complementares 221
VIII Trabalhos de conservação 221
IX Reformas 221
X Recuperações 222
XI Subempreitada na construção civil 222
XII Limpeza, conservação e zeladoria 222
XIII Vigilância e segurança 222
XIV Serviços rurais 223
XV Digitação e preparação de dados para processamento 223
XVI Acabamento, embalagem e acondicionamento de produtos .. 223
XVII Cobrança 224
XVIII Coleta e reciclagem de lixo ou resíduos 224
XIX Copa e hotelaria 225
XX Corte e ligação de serviços públicos 225
XXI Distribuição 226
XXII Treinamento e ensino 226
XXIII Entrega de contas e documentos 226
XXIV Ligação e leitura de medidores 227
XXV Manutenção de instalações, de máquinas e de equipamentos 227
XXVI Montagem 228
XXVII Operação de máquinas, equipamentos e veículos 228
XXVIII Operação de pedágio ou de terminais de transporte 229
XXIX Operação de terminal de transporte, terrestre, aéreo ou aquático 229
XXX Operação de transporte de passageiros, inclusive nos casos de concessão ou subconcessão 229
XXXI Portaria, recepção e ascensorista 230
XXXII Recepção, triagem e movimentação de materiais 230
XXXIII Promoção de vendas e eventos 230
XXXIV Secretaria e expediente 231
XXXV Saúde 231
XXXVI Telefonia, inclusive telemarketing 232
XXXVII Cooperativa de serviço 232
XXXVIII Empresas prestadoras de serviços médicos ou odontológicos 232
XXXIX Condomínio 233
XL Entidade beneficente de assistência social 233
1. Serviços Sujeitos à Retenção Previdenciária 233

1.1 Retenção na cessão de mão de obra e também na empreitada 233
1.2 Retenção somente no caso de cessão de mão de obra 234
2. Desoneração da Folha de Pagamento – Prestação de Serviço Mediante Cessão de Mão de Obra – Retenção Previdenciária 237
3. Competência 238
4. Base de Cálculo da Retenção 239
    4.1 Valores que podem ser deduzidos da base de cálculo 239
        4.1.1 Material ou equipamento sem valor fixado no contrato 240
5. Empresa Contratante 243
6. Dispensa da Retenção 243
7. Serviços em que não se Aplica o Instituto sa Retenção Previdenciária 246
8. Destaque da Retenção 247
9. Ausência de Retenção 247
10. Recolhimento da Retenção 247
11. Compensação 247
12. Restituição 248
13. Empresa Contratada – Obrigações 248
14. Obrigações da Empresa Contratante 249

CAPÍTULO 6 – AFERIÇÃO INDIRETA 251
1. Apuração da Remuneração da Mão de Obra com Base na Nota Fiscal, na Fatura ou no Recibo de Prestação de Serviços 252
2. Aferição Na Construção Civil 253
    2.1 Aferição na prestação de serviços de construção 253
    2.2 Serviço Eletrônico para Aferição de Obras – Sero 254
        2.2.1 Regularização da obra – Responsáveis 255
        2.2.2 Responsáveis pelo recolhimento das contribuições previdenciárias 255
        2.2.3 Apuração das contribuições na execução da obra 256
    2.3 Aferição com base na nota fiscal, fatura ou recibo de prestação de serviços 257
    2.4 Aferição Indireta com Base na Área, na Destinação, na Categoria e no Tipo da Obra 259
    2.5 Aproveitamento de remunerações vinculadas à obra 267
    2.6 Casa popular – Inexistência de contribuições a recolher 268
    2.7 Certidão Negativa de Débito de Obra de Construção Civil 270
        2.7.1 Construção civil – Desoneração da folha de pagamento 270

CAPÍTULO 7 – PRESCRIÇÃO E DECADÊNCIA 271
1. Decadência 271

**CAPÍTULO 8 – RESPONSABILIDADE SOLIDÁRIA
E SUBSIDIÁRIA 274**
1. Contrato firmado com consórcio de empresas 274
2. Entidades beneficentes de assistência social em gozo de
isenção 275
3. Elisão da responsabilidade solidária 275

CAPÍTULO 9 – BENEFÍCIOS PREVIDENCIÁRIOS 276

TÍTULO IV
COOPERATIVAS

1. Princípios 282
2. Conselho de administração 283
3. Assembleias 283
    3.1 Quórum mínimo 283
4. Vínculo empregatício 284
5. Sócios/cooperados 284
    5.1 Direitos dos sócios 285
    5.2 Saída do sócio – desligamento 286
6. Fiscalização 286
7. Programa nacional de fomento às cooperativas de trabalho
(pronacoop) 286
8. Relação anual de informações das cooperativas de trabalho
(raict) 287
9. Previdência social – contribuição previdenciária 287
    9.1 Cooperados – Enquadramento previdenciário 287
    9.2 Contribuição previdenciária da Cooperativa 288
        9.2.1 Com relação aos seus empregados 288
        9.2.2 Com relação aos seus cooperados 288
        9.2.3 Cooperativa de produção – Encargo previdenciário
        patronal relativo aos cooperados 290
        9.2.4 Cooperativas de serviço – Encargo previdenciário
        patronal relativo aos cooperados 291
        9.2.5 Com relação aos demais segurados contribuinte
        individuais que lhe prestem serviço 291
    9.3 Contribuição para terceiros 291
10. Perfil profissiográfico previdenciário 291

11. Intermediação de mão de obra – proibição 292
12. Cooperativas de transporte – sest e senat 292
13. Obrigações acessórias 292
14. Fundo de garantia do tempo de serviço 292
15. Cooperativa de produtores rurais 292

TÍTULO V
SISTEMA DE ESCRITURAÇÃO DIGITAL DAS OBRIGAÇÕES FISCAIS, PREVIDENCIÁRIAS E TRABALHISTAS (eSOCIAL)

Eventos – Transmissão 298
Certificação digital 299
Cronograma de Implantação do eSocial – Faseamento 299

TÍTULO VI
ESCRITURAÇÃO FISCAL DIGITAL DE RETENÇÕES E OUTRAS INFORMAÇÕES FISCAIS (EFD-Reinf)

Cronograma de implantação 307

TÍTULO VII
DECLARAÇÃO DE DÉBITOS E CRÉDITOS TRIBUTÁRIOS FEDERAIS PREVIDENCIÁRIOS E DE OUTRAS ENTIDADES E FUNDOS (DCTFWeb)

Contribuintes obrigados 311
Contribuintes desobrigados 313
Processamento das informações 314
Apresentação – Prazo 316
Penalidades 316
Implantação da DCTFWeb – Cronograma 317

TITULO VIII
LEI GERAL DE PROTEÇÃO DE DADOS – LGPD

Fundamentos 321
Abrangência 322
Dados protegidos 322

Profissionais que farão o tratamento dos dados.. 323
Requisitos a serem observados no tratamento dos dados
pessoais 324
Setores das empresas que serão impactados pela LGPD........................... 325
Regras de boas práticas e governança.. 325
Responsabilidades dos agentes de tratamento... 326
Direitos dos titulares dos dados.. 327
Penalidades.. 328

TÍTULO IX
LEGISLAÇÃO REFERENCIADA

1. Legislação Referenciada.. 331

TÍTULO I
LEGISLAÇÃO TRABALHISTA

LEGISLAÇÃO TRABALHISTA
Obrigações das empresas, inclusive das prestadoras de serviços a terceiros.

CAPÍTULO I
REFORMA TRABALHISTA

A Lei nº 13.467/2017, a qual instituiu a chamada "Reforma Trabalhista", em vigor desde 11.11.2017, alterou mais de 100 artigos da Consolidação das Leis do Trabalho (CLT).

As alterações verificadas na legislação do trabalho foram muitas e bastante significativas. Entretanto, uma das principais diz respeito à prevalência do negociado sobre o legislado. Isto significa dizer que o que for acordado via negociação coletiva (acordo ou convenção) prevalece sobre o determinado por lei e será aplicado aos trabalhadores representados ainda que menos vantajoso do que o determinado na legislação. Não há mais a garantia do mínimo legal.

Foi também determinado que o acordo coletivo (entre empresa(s) e o sindicato) tem mais força do que a convenção coletiva (estabelecida entre o sindicato patronal e o sindicato da categoria profissional). Assim, se no acordo coletivo for estabelecida uma condição prejudicial ao empregado, se comparado à convenção, prevalecerá o acordo.

Entretanto, esta liberdade de negociação via documento coletivo de trabalho, no nosso entender, não é irrestrita, ou seja, não pode afetar garantias constitucionalmente asseguradas, direitos sociais fundamentais e, também, deve observar os assuntos vedados à negociação coletiva, relacionados pela própria lei da reforma.

I. DIREITOS QUE PODEM SER NEGOCIADOS MEDIANTE DOCUMENTO COLETIVO DE TRABALHO

O art. 611A da CLT, na redação da Lei nº 13.467/2011 determina que a convenção coletiva e o acordo coletivo de trabalho, têm prevalência sobre a lei quando, **entre outros**, dispuserem sobre os direitos a seguir elencados. Esta expressão "entre outros" significa que a relação dos direitos que podem ser negociados é apenas exemplificativa e não exaustiva. Portanto, tudo o que não for vedado à negociação poderá ser objeto de acordo:

a) pacto quanto à jornada de trabalho, observados os limites constitucionais;

b) banco de horas anual;

c) intervalo intrajornada, respeitado o limite mínimo de 30 minutos para jornadas superiores a 6 horas;

d) adesão ao Programa Seguro Emprego (PSE), de que trata a Lei nº 13.189/2015;

e) plano de cargos, salários e funções compatíveis com a condição pessoal do empregado, bem como identificação dos cargos que se enquadram como funções de confiança;

f) regulamento empresarial;

g) representante dos trabalhadores no local de trabalho;

h) teletrabalho, regime de sobreaviso e trabalho intermitente;

i) remuneração por produtividade, incluídas as gorjetas percebidas pelo empregado, e remuneração por desempenho individual;

j) modalidade de registro de jornada de trabalho;

k) troca do dia de feriado;

l) enquadramento do grau de insalubridade;

m) prorrogação de jornada em ambientes insalubres, sem licença prévia das autoridades competentes do Ministério do Trabalho e Previdência;

n) prêmios de incentivo em bens ou serviços, eventualmente concedidos em programas de incentivo;

o) participação nos lucros ou resultados da empresa.

2. DIREITOS QUE NÃO PODEM SER SUPRIMIDOS OU REDUZIDOS VIA NEGOCIAÇÃO COLETIVA

O art. 611B da CLT, na redação da Lei nº 13.467/2011 determina que a convenção coletiva e o acordo coletivo de trabalho, não podem suprimir ou reduzir, **exclusivamente**, os direitos a seguir elencados. Portanto, nota-se que, no que se refere aos direitos que não podem ser suprimidos ou reduzidos via negociação coletiva, a relação é exaustiva, diferentemente daqueles que podem ser negociados cuja relação é exemplificativa.

1) normas de identificação profissional, inclusive as anotações na CTPS/Carteira de Trabalho Digital;
2) seguro desemprego, em caso de desemprego involuntário;
3) valor dos depósitos mensais e da multa rescisória do FGTS;
4) salário mínimo;
5) valor nominal do décimo terceiro salário;
6) remuneração do trabalho noturno superior à do diurno;
7) proteção do salário na forma da lei, constituindo crime sua retenção dolosa;
8) salário família;
9) Repouso Semanal Remunerado (RSR);
10) adicional de horas extras mínimo de 50%;
11) número de dias de férias devidas ao empregado;
12) gozo de férias anuais remuneradas com o acréscimo do terço constitucional;
13) licença maternidade com duração mínima de 120 dias;
14) licença paternidade;
15) proteção do mercado de trabalho da mulher, mediante incentivos específicos;
16) aviso prévio proporcional ao tempo de serviço, sendo, no mínimo, de 30 dias;
17) normas de saúde, higiene e segurança do trabalho;
18) adicional de insalubridade, periculosidade e atividades penosas;
19) aposentadoria;
20) seguro contra acidentes de trabalho, a cargo do empregador;
21) ação, quanto aos créditos resultantes das relações de trabalho, com prazo prescricional de cinco anos para os trabalhadores urbanos e rurais, até o limite de dois anos após a extinção do contrato de trabalho;
22) proibição de discriminação no tocante a salário e critérios de admissão do trabalhador com deficiência;

23) proibição de trabalho noturno, perigoso ou insalubre a menores de 18 anos e de qualquer trabalho a menores de 16 anos, salvo na condição de aprendiz, a partir de 14 anos;

24) medidas de proteção legal de crianças e adolescentes;

25) igualdade de direitos entre o trabalhador com vínculo empregatício permanente e o trabalhador avulso;

26) liberdade de associação profissional ou sindical do trabalhador, inclusive o direito de não sofrer, sem sua expressa e prévia anuência, qualquer cobrança ou desconto salarial estabelecido em convenção coletiva ou acordo coletivo de trabalho;

27) direito de greve, competindo aos trabalhadores decidirem sobre a oportunidade de exercê-lo e sobre os interesses que devam por meio dele defender;

28) definição legal sobre os serviços ou atividades essenciais e disposições legais sobre o atendimento das necessidades inadiáveis da comunidade em caso de greve;

29) tributos e outros créditos de terceiros;

30) condutas proibidas ao empregador relativas ao trabalho da mulher previstas no art. 373-A da CLT;

31) proibição de empregar mulher em serviço que exija força muscular excessiva, prevista no art. 390 da CLT;

32) licença maternidade prevista nos arts. 392 e 392-A da CLT;

33) faculdade de, mediante atestado médico, a mulher grávida romper o contrato de trabalho, desde que este seja prejudicial à gestação (CLT, art. 394);

34) obrigatoriedade de a empregada gestante ou lactante ser afastada, enquanto durar a gestação e a lactação, de quaisquer atividades, operações ou locais insalubres, devendo exercer suas atividades em local salubre (CLT, art. 394-A);

35) licença maternidade em caso de aborto não criminoso;

36) períodos de intervalos de 30 minutos cada para amamentação até os 6 meses de idade da criança;

37) creche.

O art. 373-A da CLT estabelece:

"Art. 373-A. Ressalvadas as disposições legais destinadas a corrigir as distorções que afetam o acesso da mulher ao mercado de trabalho e certas especificidades estabelecidas nos acordos trabalhistas, é vedado:
I – publicar ou fazer publicar anúncio de emprego no qual haja referência ao sexo, à idade, à cor ou situação familiar, salvo quando a natureza da atividade a ser exercida, pública e notoriamente, assim o exigir;
II – recusar emprego, promoção ou motivar a dispensa do trabalho em razão de sexo, idade, cor, situação familiar ou estado de gravidez, salvo quando a natureza da atividade seja notória e publicamente incompatível;
III – considerar o sexo, a idade, a cor ou situação familiar como variável determinante para fins de remuneração, formação profissional e oportunidades de ascensão profissional;
IV – exigir atestado ou exame, de qualquer natureza, para comprovação de esterilidade ou gravidez, na admissão ou permanência no emprego;
V – impedir o acesso ou adotar critérios subjetivos para deferimento de inscrição ou aprovação em concursos, em empresas privadas, em razão de sexo, idade, cor, situação familiar ou estado de gravidez;
VI – proceder o empregador ou preposto a revistas íntimas nas empregadas ou funcionárias.
Parágrafo único. O disposto neste artigo não obsta a adoção de medidas temporárias que visem ao estabelecimento das políticas de igualdade entre homens e mulheres, em particular as que se destinam a corrigir as distorções que afetam a formação profissional, o acesso ao emprego e as condições gerais de trabalho da mulher."

CAPÍTULO 2
LIVRO DE INSPEÇÃO DO TRABALHO

Todas as empresas ou empregadores sujeitos à inspeção do trabalho, excetuadas as microempresas e empresas de pequeno porte, são obrigados a manter o livro de inspeção do trabalho. Caso mantenham mais de um estabelecimento, filial ou sucursal, deverão possuir tantos livros de inspeção do trabalho quantos forem os seus estabelecimentos.

Neste livro, o agente de inspeção registrará a data e a hora de início e término da sua visita ao estabelecimento, bem como o resultado da inspeção, nele consignando, se for o caso, todas as irregularidades encontradas e as exigências feitas, com os respectivos prazos para seu atendimento, e, ainda, de modo legível, os elementos de sua identificação funcional.

A Secretaria de Inspeção do Trabalho do Ministério do Trabalho e Previdência irá disponibilizar o livro de inspeção do trabalho em meio eletrônico, o qual terá a denominação de eLIT e substituirá o livro em formato impresso.

CAPÍTULO 3
PROGRAMA DE INTEGRAÇÃO SOCIAL (PIS)

I. CADASTRAMENTO DO TRABALHADOR

O empregador e o sindicato efetuam o cadastramento de seus empregados e trabalhadores avulsos imediatamente após a sua admissão ou vinculação.

Deve ser cadastrado o empregado, o empregado de cartório não oficializado, o empregado doméstico, o pescador artesanal (cadastrado para efeito de concessão do benefício seguro desemprego e Plano de Formação e Valorização do Pescador, o trabalhador avulso e o trabalhador rural.

O cadastramento pode ser feito, *online* (acesso direto da empresa ao cadastro Número de Identificação Social – NIS) ou em lote (pelo uso da conectividade Social). A inscrição NIS é cadastrada no Programa de Integração Social (PIS).

O cadastramento *online* é realizado por meio de acesso direto a aplicação da Caixa. Para tanto, as instruções podem ser capturadas no site da Caixa http://www.caixa.gov.br/cadastros/nis/Paginas/default.aspx.

O cadastramento em lote é realizado através do envio de arquivo mediante o Conectividade Social – CNS, no layout padrão definido pela Caixa, sendo que o processamento ocorre em até D+2 da data de recebimento do arquivo pela Caixa.

As instruções para construção e envio de arquivo para localização e atribuição podem ser capturadas no sítio da Caixa,www.caixa.gov.br/pj/pj_comercial/mp/pis/index.asp.

Após o processamento, a Caixa devolve à empresa o número da inscrição localizada ou atribuída, por meio de arquivo retorno.

CAPÍTULO 4
CADASTRO GERAL DE EMPREGADOS E DESEMPREGADOS (CAGED)

As empresas que admitirem, dispensarem ou transferirem empregados regidos pela Consolidação das Leis do Trabalho estão obrigadas a comunicar o fato mensalmente à Secretaria do Trabalho. Esta obrigação era feita por meio da relação denominada Cadastro Geral de Empregados e Desempregados (CAGED).

Entretanto, a mencionada obrigação já foi substituída pelo eSocial. Assim, não há mais que se falar em envio do Caged.

CAPÍTULO 5
ENQUADRAMENTO SINDICAL

A Constituição Federal vedou, taxativamente, a intervenção e a interferência do Estado nos assuntos sindicais. Em consequência, foram extintas as Comissões de Enquadramento Sindical (CES), do antigo Ministério do Trabalho, às quais competia a subdivisão das categorias econômicas para fins de enquadramento sindical, conforme os arts. 570 e seguintes da CLT.

Assim, atualmente, o enquadramento sindical é feito por iniciativa da própria empresa, inexistindo órgão oficial que discipline tal procedimento. As controvérsias oriundas do enquadramento em análise serão dirimidas pelo Poder Judiciário, desde que devidamente acionado.

CONTRIBUIÇÃO SINDICAL

Com a reforma trabalhista, instituída pela Lei nº 13.467/2017, foram alterados os arts. 545, 578, 579 e 582 da CLT, para determinar que as contribuições devidas aos sindicatos pelos participantes das categorias econômicas ou profissionais ou das profissões liberais representadas pelas referidas entidades serão recolhidas e pagas, sob a denominação de contribuição sindical, desde que prévia e expressamente autorizado pelo trabalhador ou pela empresa, conforme o caso. A cobrança também não poderá ser determinada por meio de negociação coletiva, bem como ser exigida a manifestação de oposição.

A mensalidade sindical, a contribuição confederativa e as demais contribuições sindicais, inclusive as instituídas por meio de estatuto do sindicato ou por meio de negociação coletiva só poderão ser exigidas dos trabalhadores que sejam filiados ao sindicato.

Para as empresas que prévia e expressamente optarem pelo recolhimento da contribuição sindical esta consistirá numa importância proporcional ao seu capital social, registrado na Junta Comercial ou órgãos equivalentes, obtida mediante a aplicação de determinadas alíquotas, e deverá ser recolhida no mês de janeiro. As empresas estabelecidas após janeiro podem pagar a aludida contribuição no mês do requerimento da licença para funcionamento.

A contribuição sindical das empresas de trabalho temporário e das empresas prestadoras de serviço, que também optarem pelo recolhimento, será calculada da mesma forma que as demais empresas e será recolhida a favor da entidade sindical que as representem, independente do enquadramento sindical das empresas tomadoras dos seus serviços.

Os agentes ou trabalhadores autônomos e profissionais liberais, não organizados em empresa, desde que concordem em pagar a contribuição sindical, efetuam o seu recolhimento em fevereiro. Quanto ao valor da contribuição, o mesmo era fixado em 30% do maior valor de referência, o qual foi extinto pela Lei nº 8.177/1991. Assim, é recomendável que os interessados verifiquem junto às entidades sindicais respectivas o valor a ser observado, o qual, via de regra, é divulgado por meio de edital da entidade.

No que tange ao empregado, caso este, prévia e expressamente, autorize o desconto da contribuição, deverá a empresa proceder à dedução na folha de pagamento do mês de março. O prazo para recolhimento dos valores descontados aos respectivos sindicatos, a ser efetuado por meio da Guia de Recolhimento de Contribuição Sindical Urbana, é o mês de abril. A mencionada contribuição corresponderá ao valor de um dia de salário assim considerado o equivalente a:

a) uma jornada normal de trabalho, para os que têm remuneração baseada na unidade de tempo (mensal, semanal, quinzenal, diária, horária); ou

b) 1/30 da quantia percebida no mês anterior, quando a remuneração tem por base a tarefa, empreitada ou comissão;

c) 1/30 da importância que tiver servido de base, no mês de janeiro, para a contribuição do empregado à Previdência Social, para os que ganham salário em utilidades ou gorjetas.

QUADRO DAS PROFISSÕES LIBERAIS

O quadro das profissões liberais inclui entre outros:

Administradores

Advogados

Analistas de sistemas

Arquitetos

Assistentes sociais

Atuários

Autores teatrais

Bacharel em ciências da computação e informática

Bibliotecários

Biólogos

Biomédicos

Compositores artísticos, musicais e plásticos
Contabilistas
Economistas
Economistas domésticos
Enfermeiros
Engenheiros (civis, de minas, mecânicos, eletricistas, industriais e agrônomos
Escritores
Estatísticos
Farmacêuticos
Físicos
Fisioterapeutas, terapeutas ocupacionais, auxiliares de fisioterapia e auxiliares de terapia ocupacional
Fonoaudiólogos
Geógrafos
Geólogos
Jornalistas
Médicos
Médicos veterinários
Nutricionistas
Odontologistas
Parteiros
Professores (privados)
Profissionais liberais de Relações Públicas
Protéticos dentários
Psicólogos
Químicos (químicos industriais, químicos industriais agrícolas e engenheiros químicos
Sociólogos
Técnicos agrícolas de nível médio – 2º grau
Técnicos em turismo
Técnicos industriais de nível médio – 2º grau
Tecnólogos
Tradutores
Zootecnistas

CAPÍTULO 6
SEGURANÇA E SAÚDE DO TRABALHO

I. NORMAS REGULAMENTADORAS

O direito do trabalhador de exercer as suas atividades sem expor a sua saúde e integridade física a riscos é uma garantia constitucional prevista no art. 7º, inciso XXII, da Carta Magna, o qual estabelece que os riscos inerentes ao trabalho devem ser reduzidos por meio de normas de saúde, higiene e segurança.

A Consolidação das Leis do Trabalho (CLT) também dedicou um capítulo inteiro à segurança e medicina do trabalho visando à proteção do trabalhador, estabelecendo ainda caber ao órgão nacional competente em matéria de segurança e medicina do trabalho fixar as normas sobre a aplicação dos preceitos de proteção à saúde e integridade do trabalhador nela contidos.

Em observância a tal determinação, o Ministério do Trabalho e Previdência – MTP aprovou as normas regulamentadoras relativas à segurança e medicina do trabalho.

Todos os estabelecimentos ou locais de trabalho, sejam eles pertencentes a empresas públicas ou privadas, bem como os órgãos públicos da Administração direta e indireta, órgãos dos Poderes Legislativo e Judiciário que possuam empregados regidos pela Consolidação das Leis do Trabalho (CLT), estão obrigados a observar as normas regulamentadoras.

Tais normas constituem o conjunto mais amplo de proteção aos trabalhadores, buscando a preservação da saúde e integridade física dos mesmos e devem ser aplicadas em conexão.

Além das normas regulamentadoras, as empresas encontram-se obrigadas ainda ao cumprimento de outras disposições relativas à segurança e saúde no trabalho, constantes de códigos de obras ou regulamentos sanitários dos Estados ou Municípios e aquelas previstas em convenções ou acordos coletivos de trabalho.

Analisaremos adiante os principais aspectos de cada uma das normas regulamentadoras (NRs 1 a 37).

1.1 NR-1 – DISPOSIÇÕES GERAIS

Dispõe, dentre outros, sobre as regras gerais a serem observadas na aplicação das Normas Regulamentadoras, seu campo de abrangência, a obrigatoriedade de sua aplicação, as competência e estrutura da Secretaria de Inspeção do Trabalho, os direitos e deveres dos trabalhadores e empregadores, as determinações quanto à identificação de perigos e avaliação, prevenção e gerenciamento dos riscos, formas de controle. Cuida ainda das regras gerais sobre a capacitação e treinamento dos trabalhadores em segurança do trabalho e estabelece o tratamento simplificado e diferenciado a ser dispensado ao microempreendedor individual, às microempresas e às empresas de pequeno porte.

1.2 NR-2 – INSPEÇÃO PRÉVIA

A NR 2 que tratava do disciplinamento da inspeção prévia a ser realizada no estabelecimento, antes deste iniciar as suas atividades, foi expressamente revogada. Entretanto, o artigo 160 da CLT, o qual determina que nenhum estabelecimento poderá iniciar suas atividades sem prévia inspeção e aprovação das suas instalações não sofreu qualquer alteração até a presente data. Desta forma, a CLT continua a obrigar a inspeção, porém, não há mais o disciplinamento por parte do MTP quanto à forma de realizá-la.

1.3 NR-3 – EMBARGO OU INTERDIÇÃO

Embargo e interdição são medidas de urgência, adotadas a partir da constatação de situação de trabalho que caracterize risco grave e iminente ao trabalhador.

A interdição implica a paralisação total ou parcial do estabelecimento, setor de serviço, atividade, máquina ou equipamento. O embargo implica a paralisação total ou parcial da obra.

É considerada obra todo e qualquer serviço de engenharia de construção, montagem, instalação, manutenção ou reforma.

Durante a vigência da interdição ou do embargo, podem ser desenvolvidas atividades necessárias à correção da situação de grave e iminente risco, desde que sejam garantidas condições de segurança e saúde aos trabalhadores envolvidos.

Durante a paralisação decorrente da imposição de interdição ou embargo, os empregados devem receber os salários como se estivessem em efetivo exercício.

1.4 NR-4 – SERVIÇOS ESPECIALIZADOS EM ENGENHARIA DE SEGURANÇA E EM MEDICINA DO TRABALHO

As empresas privadas e públicas, os órgãos públicos da Administração direta e indireta e dos Poderes Legislativo e Judiciário que possuam empregados regidos pela Consolidação das Leis do Trabalho (CLT) estão obrigados a manter, exclusivamente, sob as suas expensas os Serviços Especializados em Engenharia de Segurança e em Medicina do Trabalho (SESMT), com a finalidade de promover a saúde e proteger a integridade do trabalhador no local de trabalho.

O dimensionamento do SESMT dependerá da gradação do risco da atividade principal e do número total de empregados do estabelecimento, constantes dos Quadros I e II, anexos à NR-4, observadas as exceções previstas.

Os canteiros de obras e as frentes de trabalho com menos de 1.000 empregados e situados no mesmo Estado ou Distrito Federal não serão considerados como estabelecimentos, mas como integrantes da empresa de engenharia principal responsável, a quem caberá organizar os SESMT. Neste caso, os engenheiros de segurança do trabalho, os médicos do trabalho e os enfermeiros do trabalho poderão ficar centralizados. Para os técnicos de segurança do trabalho e auxiliares de enfermagem do trabalho, o dimensionamento será feito por canteiro de obra ou frente de trabalho.

1.4.1 EMPRESAS PRESTADORAS DE SERVIÇO

Quando se tratar de empreiteiras ou empresas prestadoras de serviços, considera-se estabelecimento, para fins de criação e manutenção do SESMT, o local em que os seus empregados estiverem exercendo suas atividades. Assim, as empresas contratadas para verificar a necessidade de constituição ou não do SESMT deverão considerar o número de empregados e risco de atividade em cada local onde prestem serviço.

A empresa que contratar outra para prestar serviços em estabelecimentos obrigados a manter o SESMT deverá estender a assistência de seus serviços especializados em Engenharia de Segurança e em Medicina do Trabalho aos empregados da contratada sempre que o número de empregados desta, exercendo atividade naqueles estabelecimentos, não alcançar os limites previstos para a manutenção dos serviços.

Caso a contratada não esteja obrigada a manter o SESMT, mesmo considerando o total de empregados nos estabelecimentos, a empresa contratante deverá estender aos empregados da contratada a assistência do seu SESMT.

Quando a empresa contratante e as outras por ela contratadas não estiverem obrigadas a constituir o SESMT, mas pelo número total de empregados de todos, no estabelecimento, atingirem os limites necessários à manutenção dos serviços, deverá ser constituído um SESMT comum.

1.5 NR-5 – COMISSÃO INTERNA DE PREVENÇÃO DE ACIDENTES

As organizações e empresas, sejam elas privadas, públicas, sociedades de economia mista, órgãos da Administração direta e indireta, instituições beneficentes, associações recreativas, cooperativas, bem como outras instituições que admitam trabalhadores como empregados, de acordo com o número de empregados no estabelecimento e a sua classificação no agrupamento de setores econômicos cujo quadro é fixado pela Classificação Nacional de Atividades Econômicas (CNAE), podem estar obrigadas a constituir, por estabelecimento, a Comissão Interna de Prevenção de Acidentes (Cipa), a qual tem por objetivo a prevenção de acidentes e doenças decorrentes do trabalho, de modo a tornar compatível permanentemente o trabalho com a preservação da vida e a promoção da saúde do trabalhador.

A Cipa será composta de representantes do empregador e dos empregados. Os representantes dos empregadores, titulares e suplentes, serão por eles designados, e os dos empregados serão eleitos em escrutínio secreto, do qual participem, independentemente de filiação sindical, exclusivamente os empregados interessados.

Quando o estabelecimento não estiver obrigado a constituir Cipa e não for atendido pelo SESMT, o empregador designará um empregado para auxiliar no cumprimento dos objetivos da mesma, podendo ser adotados mecanismos de participação dos empregados, mediante negociação coletiva. Havendo SESMT caberá a este desempenhar as funções da Cipa.

O mandato dos membros eleitos da Cipa, portanto, representantes dos empregados, terá a duração de um ano, permitida uma reeleição.

Os representantes dos empregados têm estabilidade de emprego desde o registro da candidatura até 1 ano após o término do mandato. Não gozam de qualquer estabilidade os representantes do empregador.

Dentre as atribuições da Cipa, verificam-se as de:

1) Identificar e registrar os riscos do processo de trabalho e elaborar o mapa de riscos ou outra ferramenta apropriada, com assessoria do SESMT, onde houver;

2) Elaborar e acompanhar plano de trabalho que possibilite a ação preventiva de problemas de segurança e saúde no trabalho;

3) Participar da implementação e do controle da qualidade das medidas de prevenção necessárias, bem como da avaliação das prioridades de ação nos locais de trabalho;

4) Realizar, periodicamente, verificações nos ambientes e condições de trabalho visando à identificação de situações que venham a trazer riscos para a segurança e saúde dos trabalhadores;

5) Discutir as situações de risco que foram identificadas;

6) Divulgar aos trabalhadores informações relativas à segurança e saúde no trabalho;

7) Participar, com o SESMT, onde houver, das discussões promovidas pelo empregador, para avaliar os impactos de alterações no ambiente e processo de trabalho relacionados à segurança e saúde dos trabalhadores;

8) Propor ao SESMT, quando houver, ou ao empregador, a paralisação de máquina ou setor onde considere haver risco grave e iminente à segurança e saúde dos trabalhadores;

9) Participar, em conjunto com o SESMT, onde houver, ou com o empregador, da análise das causas das doenças e acidentes de trabalho e propor medidas de solução dos problemas identificados;

10) Requisitar ao empregador e analisar as informações sobre questões que tenham interferido na segurança e saúde dos trabalhadores;

11) Requisitar à empresa as cópias das CAT emitidas;

12) Promover, anualmente, em conjunto com o SESMT, onde houver, a Semana Interna de Prevenção de Acidentes do Trabalho (Sipat).

1.5.1 EMPRESAS PRESTADORAS DE SERVIÇO

As organizações e empresas prestadoras de serviço devem constituir Cipa centralizada quando, pelo total dos seus empregados na Unidade da Federação, estiver obrigada à constituição da Cipa.

Também estará obrigada a constituir Cipa própria no local da prestação dos serviços, quando o estabelecimento da empresa contratante se enquadrar no grau de risco 3 ou 4 e, o número total de seus empregados no estabelecimento da contratante se enquadrar na obrigação de constituição da Cipa. Neste caso a Cipa irá observar o grau de risco da contratante. A constituição da Cipa própria ficará dispensada caso a prestação de serviços seja de até 180 dias.

Se a prestadora de serviços estiver desobrigada de constituir Cipa própria, mas contar com cinco ou mais empregados na contratante, deverá nomear um representante para cumprir os objetivos da Cipa.

A empresa contratante fica obrigada a adotar as medidas necessárias para que as empresas contratadas, suas Cipas, os designados e os demais trabalhadores que atuarem naquele estabelecimento recebam as informações sobre os riscos presentes nos ambientes de trabalho, bem como sobre as medidas de proteção adequadas, conforme o Programa de Gerenciamento de Riscos.

1.6 NR-6 – EQUIPAMENTO DE PROTEÇÃO INDIVIDUAL (EPI)

O empregador está legalmente obrigado a fornecer aos seus empregados, gratuitamente, Equipamento de Proteção Individual (EPI), adequado ao risco existente no exercício da atividade ou no ambiente de trabalho, o qual deverá estar em perfeito estado de conservação e funcionamento, sempre que as medidas de proteção coletiva forem tecnicamente inviáveis ou não oferecerem completa proteção contra os riscos de acidentes do trabalho e/ou de doenças profissionais e do trabalho e enquanto as medidas de proteção coletiva estiverem sendo implantadas, ou, ainda, para atender a situações de emergência.

É considerado Equipamento de Proteção Individual (EPI) todo dispositivo de uso individual, de fabricação nacional ou estrangeira, destinado a proteger a saúde e a integridade física do trabalhador.

É do Serviço Especializado em Engenharia de Segurança e em Medicina do Trabalho (SESMT) a competência de recomendar ao empregador, após ouvida a Cipa e os trabalhadores, o EPI adequado ao risco existente em determinada atividade.

Para as empresas que não possuem o SESMT, o empregador deverá selecionar o EPI adequado ao risco com orientação de profissional habilitado, ouvida a Comissão Interna de Prevenção de Acidentes (Cipa), e, na ausência desta, o trabalhador designado e os trabalhadores usuários.

O EPI, de fabricação nacional ou importado, só poderá ser colocado à venda, comercializado ou utilizado quando possuir o Certificado de Aprovação (CA), expedido pelo Ministério do Trabalho e Previdência.

O uso do EPI é obrigatório, não podendo o trabalhador recusar-se a utilizá-lo. Cabe ao empregador dentre outros, proceder ao treinamento dos trabalhadores quanto ao uso adequado do equipamento, cuidar de sua higienização e manutenção periódica e ainda registrar o seu fornecimento ao trabalhador, podendo ser adotados livros, fichas ou sistema eletrônico.

1.7 NR-7 – PROGRAMA DE CONTROLE MÉDICO DE SAÚDE OCUPACIONAL (PCMSO)

Esta NR que institui o Programa de Controle Médico de Saúde Ocupacional (PCMSO), dentre todas as normas regulamentadoras, é a que mais amplamente protege a saúde dos trabalhadores, cuidando da prevenção dos riscos à saúde e integridade físicas, seja impedindo a ocorrência de acidentes, doenças do trabalho ou profissional.

Todos os empregadores estão obrigados a elaborar e implementar, às suas expensas, o PCMSO, com o objetivo de promover e preservar a saúde dos seus trabalhadores.

> **Importante**
>
> O Microempreendedor Individual – MEI, as Microempresas – ME e as Empresas de Pequeno Porte – EPP, enquadrados nos graus de risco 1 e 2, que declararem as informações de segurança e saúde no trabalho em meios digitais e não expuseram seus trabalhadores a agentes físicos, químicos, biológicos e riscos relacionados a fatores ergonômicos, ficam dispensados de elaboração do PCMSO. Entretanto, continuam obrigados à realização dos exames médicos e emissão do Atestado de Saúde Ocupacional – ASO.

O PCMSO de uma empresa deve ser planejado e implantado de acordo com os riscos a que os trabalhadores estejam expostos. Assim, poderá ser simples ou complexo, dependendo da atividade desenvolvida e do dano que a mesma pode trazer à saúde dos trabalhadores. Entretanto, há parâmetros mínimos e diretrizes gerais a serem observados na execução de qualquer PCMSO.

O Programa deve ficar sob a responsabilidade técnica de um médico coordenador indicado pelo empregador. O médico poderá ser empregado da empresa ou prestador de serviços, pessoa física ou jurídica. Caso a empresa tenha o Serviço Especializado em Engenharia de Segurança e Medicina do Trabalho (SESMT), o empregador poderá indicar como Coordenador do PCMSO um dos médicos integrantes do SESMT. É necessário, porém, que o médico coordenador do PCMSO seja especializado em medicina do trabalho, só se admitindo médico de outra especialidade nas localidades onde inexistir médico do trabalho.

Dentre as atribuições do PCMSO, a principal é a realização obrigatória dos exames médicos admissional, periódico, de retorno ao trabalho, de mudança de riscos opcionais e demissional, compreendendo os exames clínicos e exames complementares a critério médico.

A periodicidade dos exames médicos dependerá dos riscos a que os trabalhadores estejam expostos. Quando a atividade envolve riscos ou situações que possam provocar o desencadeamento ou agravamento de doenças profissionais ou do trabalho, os exames poderão observar o limite mínimo semestral ou anual, sendo que tais prazos poderão ser reduzidos a critério do médico coordenador.

Para as situações normais de trabalho, os exames poderão ser realizados a cada 2 anos.

- O exame médico de retorno ao trabalho deverá ser realizado antes que o trabalhador reassuma as suas funções, desde que o trabalhador tenha ficado ausente por 30 ou mais dias por motivo de doença ou acidente, de qualquer natureza.
- O exame médico de mudança de risco ocupacional será obrigatoriamente realizado antes da data da mudança.
- O exame médico demissional deve ser realizado em até 10 dias contados do término do contrato, podendo ser dispensado desde que o último exame médico ocupacional tenha sido realizado a menos de 135 dias para as empresas com graus de risco 1 e 2 e 90 dias para as empresas de graus de risco 3 e 4.

A cada exame médico realizado, o médico deverá emitir o Atestado de Saúde Ocupacional (ASO), que deve ser disponibilizado ao empregado em meio físico, quando solicitado.

1.7.1 EMPRESAS PRESTADORAS DE SERVIÇO

As empresas prestadoras de serviços é que são responsáveis pela elaboração do PCMSO relativo aos seus empregados e não as empresas tomadoras de mão de obra.

1.8 NR-8 – EDIFICAÇÕES

Esta NR dispõe sobre os requisitos técnicos mínimos que devem ser observados pelas empresas, quanto às suas edificações, para garantir segurança e conforto aos que nelas trabalhem, tais como:

a) que os locais de trabalho devem ter a altura do piso ao teto, pé direito, de acordo com as posturas municipais, atendidas as condições de conforto, segurança e salubridade;

b) que os pisos dos locais de trabalho não devem ter saliências nem depressões que prejudiquem a circulação de pessoas ou a movimentação de materiais;

c) que as aberturas nos pisos e nas paredes devem ser protegidas de forma que impeçam a queda de pessoas ou objetos;

d) que os pisos, as escadas e rampas devem oferecer resistência suficiente para suportar as cargas móveis e fixas, para as quais a edificação se destina;

e) que os pisos e as paredes dos locais de trabalho devem ser, sempre que necessário, impermeabilizados e protegidos contra a umidade.

I.9 NR-9 – AVALIAÇÃO E CONTROLE DAS EXPOSIÇÕES OCUPACIONAIS A AGENTES FÍSICOS, QUÍMICOS E BIOLÓGICOS

Esta NR tem por fim auxiliar nas medidas de prevenção aos riscos ocupacionais identificados no Programa de Gerenciamento de Riscos – PGR. O programa visa a preservar a saúde e a integridade física dos trabalhadores, buscando minimizar ou neutralizar os riscos ambientais existentes ou que venham a existir no ambiente de trabalho, levando em consideração a proteção do meio ambiente e dos recursos naturais.

Riscos ambientais são os agentes físicos (ruídos, vibrações, frio, calor etc.), químicos (poeiras, fumos, névoas, neblinas, gases, vapores etc.) e biológicos (bactérias, fungos, bacilos, parasitas, protozoários, vírus etc.) existentes no ambiente de trabalho e que em função de sua natureza, concentração ou intensidade e tempo de exposição podem causar danos à saúde dos trabalhadores.

I.10 NR-10 – SEGURANÇA EM INSTALAÇÕES E SERVIÇOS EM ELETRICIDADE

Esta Norma trata da proteção dos empregados que trabalham em instalações elétricas em todas as suas etapas e fases, incluindo projeto, execução, operação, manutenção, reforma e ampliação, segurança de usuários e terceiros, geração, transmissão, distribuição e consumo de energia elétrica.

As normas técnicas a serem observadas por todos os estabelecimentos nos serviços de energia elétrica são determinadas pelos órgãos competentes e, na falta destes, deverão ser observadas as normas internacionais.

A empresa contratante deverá manter os trabalhadores informados sobre os riscos a que estão expostos, instruindo-os quanto aos procedimentos e medidas de controle a serem adotados.

I.11 NR-11 – TRANSPORTE, MOVIMENTAÇÃO, ARMAZENAGEM E MANUSEIO DE MATERIAIS

Cuida esta Norma Regulamentadora das normas de segurança a serem observadas pelos estabelecimentos onde os trabalhadores operam elevadores, guindastes, transportadores industriais e máquinas transportadoras, tais como:

a) equipamento de transporte com força motriz própria – treinamento específico para os empregados que forem operar tais equipamentos;

b) equipamento motorizado – habilitação do operador que o torne capaz de operar o equipamento com segurança. Proibição de operar o equipamento sem portar cartão de identificação, com nome e fotografia em lugar visível;

c) transporte de sacas – distância máxima a ser observada no transporte manual. Nas operações de carga e descarga em caminhões e vagões, exigência de que o trabalhador tenha um ajudante.

1.12 NR-12 – MÁQUINAS E EQUIPAMENTOS

Estabelece as normas a serem observadas (referências técnicas, princípios e medidas de proteção) na prevenção de acidentes e doenças do trabalho nas fases de projeto de utilização de máquinas e equipamentos, em relação à fabricação, importação, comercialização, tais como: requisitos de segurança, proteções, dispositivos de acionamento, acionamento e parada das máquinas, reparos, limpeza, mecanismos de segurança etc.

1.13 NR-13 – CALDEIRAS, VASOS SOB PRESSÃO, TUBULAÇÕES E TANQUES METÁLICOS DE ARMAZENAMENTO

Estabelece os requisitos mínimos para a integridade estrutural de caldeiras a vapor, vasos sob pressão, suas tubulações de interligação e tanques metálicos de armazenamento nos aspectos relativos à instalação, inspeção, operação e manutenção.

1.14 NR-14 – FORNOS

Trata dos requisitos a serem observados na construção e instalação de fornos para qualquer utilização.

1.15 NR-15 – ATIVIDADES E OPERAÇÕES INSALUBRES

Atividades ou operações insalubres são aquelas que exponham os trabalhadores a agentes físicos, químicos e biológicos que em razão da sua concentração, natureza e seu tempo de exposição possam causar danos à saúde.

A existência ou não da insalubridade no ambiente de trabalho será averiguada mediante perícia solicitada pelo empregador ou sindicato das categorias profissionais respectivas ao Ministério do Trabalho e Previdência, a qual será realizada pelo médico ou engenheiro do trabalho com observância das normas estabelecidas pelo MTP. Em sendo constatada a ocorrência da insalubridade, caberá ao perito fixar o grau da mesma, que poderá ser mínimo, médio ou máximo.

Não obstante o anteriormente informado, a Lei nº 13.467/2017, a qual instituiu a reforma trabalhista, acresceu o art. 611A à CLT para estabelecer, entre outras disposições, que a convenção coletiva e o acordo coletivo de trabalho, têm prevalência sobre a lei quando, dispuserem sobre o enquadramento do grau de insalubridade.

Desta forma, abre-se a possibilidade de, mediante negociação coletiva, o grau de insalubridade vir a ser fixado. Assim, cabe ao médico ou engenheiro do trabalho determinar se a atividade é ou não insalubre, entretanto, o grau desta insalubridade poderá vir a ser fixado, também, via negociação coletiva.

O exercício do trabalho em condições insalubres dá ao empregado direito à percepção do adicional correspondente, cujo valor corresponderá à aplicação das alíquotas de 10% (grau mínimo), 20% (grau médio) ou 40% (grau máximo) sobre o salário mínimo.

Lembramos que desde a promulgação da Constituição Federal foi vedada a vinculação do salário mínimo para qualquer fim. Desde então, a base de cálculo do adicional de insalubridade passou a constituir matéria controvertida. Entretanto, tanto o Supremo Tribunal Federal (STF) como o Tribunal Superior do Trabalho (TST), admitem em suas decisões judiciais, que enquanto não for editada nova lei ou previsão expressa em documento coletivo de trabalho sobre a base de cálculo do adicional de insalubridade, este continuará sendo calculado com base no próprio salário mínimo.

Pode ocorrer de o trabalhador estar exposto a mais de um agente insalubre. Neste caso, receberá apenas um adicional de insalubridade que terá por base o agente de grau mais elevado.

O agente insalubre poderá ser eliminado ou neutralizado mediante o uso de Equipamentos de Proteção Individual (EPI) ou Equipamento de Proteção Coletiva (EPC). Sendo caracterizada por meio de perícia realizada por profissional do MTP que com o uso de tais equipamentos não mais existe o risco à saúde do trabalhador, o adicional poderá deixar de ser pago.

I.15.1 EMPRESAS PRESTADORAS DE SERVIÇO

Os empregados de empresas prestadoras de serviço que estejam expostos a agentes nocivos à saúde no ambiente das empresas contratantes (clientes) também fazem jus ao adicional de insalubridade, bem como terá a empresa empregadora (prestadora de serviços), a obrigação de preservar a saúde e integridade física dos mesmos, mediante a concessão dos equipamentos adequados à proteção.

1.16 NR-16 – ATIVIDADES E OPERAÇÕES PERIGOSAS

São consideradas atividades ou operações perigosas aquelas que exponham os trabalhadores a exposição permanente a:

a) inflamáveis, explosivos ou energia elétrica;

b) roubos ou outras espécies de violência física nas atividades profissionais de segurança pessoal ou patrimonial.

Também é considerada atividade perigosa o trabalho em motocicleta. A existência ou não da periculosidade, da mesma forma que a da insalubridade, será atestada por meio de perícia requerida pela empresa ou pelo sindicato da categoria profissional respectiva ao Ministério do Trabalho e Previdência. O adicional de periculosidade corresponde à aplicação do percentual de 30% sobre o salário básico. Todos os trabalhadores que no exercício das suas atividades estejam expostos a condições de periculosidade, seja no ambiente da empresa contratada ou da contratante, farão jus ao adicional.

Caso o trabalhador esteja exposto a agentes insalubres e perigosos, poderá optar pelo recebimento do adicional mais vantajoso, posto que é vedado o recebimento conjunto de ambos.

1.17 NR-17 – ERGONOMIA

Segundo Aurélio Buarque de Holanda, na obra intitulada *Novo Dicionário da Língua Portuguesa*, a palavra ergonomia significa: "Conjunto de estudos que visam à organização metódica do trabalho em função do fim proposto e das relações entre o homem e a máquina."

Esta norma, portanto, busca assegurar ao trabalhador condições de conforto, segurança e desempenho eficiente das suas atividades, mediante a adaptação das condições em que o trabalho é realizado (mobiliário, equipamentos, ambiente etc.) às características psicofisiológicas dos trabalhadores. Contendo, ainda, proteções específicas para determinadas atividades como processamentos eletrônicos de dados, trabalhos intelectuais etc. Para tanto, deverá o empregador proceder à análise ergonômica do trabalho, buscando a sua adequação às condições exigidas pela norma em análise.

1.18 NR-18 – INDÚSTRIA DA CONSTRUÇÃO

Cuida esta Norma Regulamentadora especificamente dos trabalhadores que exercem as suas atividades na área de construção civil estabelecendo normas de procedimentos de caráter administrativo, planejamento e de organização, buscando a execução de medidas de controle e prevenção no âmbito da segurança, condições e ambiente de trabalho na indústria da construção civil, tais como normas atinentes a: instalações sanitárias, lavatórios, dormitórios, cozinha, escadas, andaimes, rampas, elevadores, proteção contra incêndios etc. Além da observância desta norma específica, a indústria da construção, na ocorrência de omissões, deverá aplicar as demais normas regulamentadoras.

Inclui-se na atividade de construção civil, além das atividades inerentes à construção (demolição, preparação do terreno, fundações etc.), outras atividades de apoio que são desenvolvidas no mesmo ambiente, como: serviços de limpeza e manutenção de edifícios em geral, urbanização e paisagismo.

Além do cumprimento das obrigações previstas nesta NR, estão os empregadores sujeitos às disposições relativas às condições e meio ambiente de trabalho, previstas em legislações federal, estadual e/ou municipal, bem como em documento coletivo de trabalho.

1.19 NR-19 – EXPLOSIVOS

Trata esta Norma das condições de segurança necessárias para as atividades de fabricação, utilização, importação, exportação, tráfego e comércio de explosivos.

1.20 NR-20 – INFLAMÁVEIS E COMBUSTÍVEIS

Esta estabelece os requisitos mínimos para a gestão da segurança e saúde no trabalho contra os fatores de risco de acidentes provenientes das atividades de extração, produção, armazenamento, transferência, manuseio e manipulação de inflamáveis e líquidos combustíveis.

1.21 NR-21 – TRABALHO A CÉU ABERTO

Cuida da proteção dos trabalhadores contra os agentes atmosféricos, tais como: insolação, calor, frio, umidade, ventos etc. Portanto, aplica-se aos trabalhadores que estão sujeitos a tais condições, ou seja, aos que trabalham a céu aberto.

1.22 NR-22 – MINERAÇÃO

Estabelece esta Norma as condições necessárias a serem observadas na organização, no planejamento e ambiente do trabalho na atividade de mineração, seja ela subterrânea, céu aberto, garimpo, beneficiamento de minerais ou pesquisa mineral, buscando a proteção à saúde e integridade física do trabalhador.

A responsabilidade pelo cumprimento das disposições da NR 22 e pelo fornecimento das informações aos órgãos fiscalizadores é da empresa, do permissionário de Lavra Garimpeira ou do responsável pela mina.

I.23 NR-23 – PROTEÇÃO CONTRA INCÊNDIO

Todos os estabelecimentos devem observar as normas relativas à prevenção de incêndios as quais abrangem: saídas (portas, portas corta fogo, corredores, escadas etc.) necessárias para a evacuação rápida das pessoas em caso de incêndio; equipamentos de combate (pontos de captação de água, chuveiros automáticos, extintores) e treinamento de pessoas que irão manusear tais equipamentos.

A legislação federal trata somente das diretrizes gerais, deixando o disciplinamento da questão a cargo da legislação estadual e das normas técnicas aplicáveis.

I.24 NR-24 – CONDIÇÕES DE HIGIENE E DE CONFORTO NOS LOCAIS DE TRABALHO

Trata esta Norma das condições de higiene e conforto dos trabalhadores no ambiente de trabalho e por ocasião do descanso e refeições, disciplinando, dentre outros, as condições que devem ser observadas quanto aos banheiros (separação por sexo, área mínima, higienização, chuveiros, vasos sanitários, lavatórios etc.); bebedouros; vestiário (pisos, paredes, dimensões, armários etc.); refeitórios (área por trabalhador, área de circulação, iluminação, fornecimento de água potável, piso lavável, estufa, fogão etc.); cozinhas (depósito de gêneros alimentícios, paredes, pisos, portas, janelas, pintura etc.); alojamento (capacidade, pé-direito, cama, piso, telhado etc.).

I.25 NR-25 – RESÍDUOS INDUSTRIAIS

Trata esta Norma da redução de geração e destinação dos resíduos industriais gasosos, sólidos e líquidos de acordo com métodos, equipamentos ou medidas adequadas que visem à proteção da saúde e integridade dos trabalhadores, bem como ao meio ambiente com observância das legislações pertinentes no âmbito federal, estadual e municipal.

I.26 NR-26 – SINALIZAÇÃO DE SEGURANÇA

As cores são utilizadas nos locais de trabalho para identificar os equipamentos de segurança, delimitar áreas, identificar tubulações empregadas para a condução de líquidos e gases e advertir contra riscos, devem atender ao disposto nas normas técnicas oficiais.

A utilização de cores não dispensa o emprego de outras formas de prevenção de acidentes.

I.27 NR-27 – REGISTRO PROFISSIONAL DO TÉCNICO DE SEGURANÇA DO TRABALHO NO MINISTÉRIO DO TRABALHO E PREVIDÊNCIA

A NR 27 revogada pela Portaria MTE nº 262, 29/05/2008, cuidava das condições necessárias para que o técnico de segurança do trabalho procedesse ao seu registro profissional na Secretaria de Segurança e Saúde no Trabalho, condição essencial para o exercício da atividade. A mencionada Portaria MTE nº 262/2008, também foi revogada pela Portaria MTP nº 671/2021, a qual determina que o exercício da profissão de técnico de segurança do trabalho depende de prévio registro na Secretaria de Trabalho do Ministério do Trabalho e Previdência.

I.28 NR-28 – FISCALIZAÇÃO E PENALIDADES

Disciplina os procedimentos a serem observados pelos Auditores Fiscais do Trabalho nas fiscalizações efetuadas, bem como as penalidades a serem aplicadas de acordo com a infração cometida e o número de empregados do estabelecimento.

I.29 NR-29 – TRABALHO PORTUÁRIO

Aplica-se a todos os trabalhadores portuários em operações tanto a bordo como em terra, assim como aos demais trabalhadores que exerçam atividades nos portos organizados e instalações portuárias de uso privativo e retroportuárias, situados dentro ou fora da área do porto organizado.

Objetiva a Norma regular a proteção obrigatória contra acidentes e doenças profissionais, facilitar os primeiros socorros a acidentados e alcançar as melhores condições possíveis de segurança e saúde aos trabalhadores portuários.

I.30 NR-30 – SEGURANÇA E SAÚDE NO TRABALHO AQUAVIÁRIO

Esta Norma tem como objetivo a proteção e a regulamentação das condições de segurança e saúde dos trabalhadores aquaviários e é aplicada aos trabalhadores das embarcações comerciais, de bandeira nacional, bem como às de bandeiras estrangeiras, no limite do disposto nas Convenções internacionais ratificadas em vigor, utilizados no transporte de mercadorias ou de passageiros, inclusive naquelas utilizadas na prestação de serviços.

A observância desta Norma Regulamentadora não desobriga as empresas do cumprimento de outras disposições legais com relação à matéria e ainda daquelas oriundas de convenções, acordos e contratos coletivos de trabalho.

1.31 NR-31 – TRABALHO RURAL (AGRICULTURA, PECUÁRIA, SILVICULTURA, EXPLORAÇÃO FLORESTAL E AQUICULTURA)

Esta Norma tem por objetivo estabelecer os preceitos a serem observados na organização e no ambiente de trabalho, de forma a tornar compatível o planejamento e o desenvolvimento das atividades da agricultura, pecuária, silvicultura, exploração florestal e aquicultura com a prevenção de acidentes e doenças relacionadas ao trabalho rural.

Aplica-se a quaisquer atividades da agricultura, pecuária, silvicultura, exploração florestal e aquicultura, verificadas as formas de relações de trabalho e emprego e o local das atividades. Também se aplica às atividades de exploração industrial desenvolvidas em estabelecimentos agrários.

1.32 NR-32 – SEGURANÇA E SAÚDE NO TRABALHO EM SERVIÇOS DE SAÚDE

Esta Norma tem por finalidade estabelecer as diretrizes básicas para a implementação de medidas de proteção à segurança e à saúde dos trabalhadores dos serviços de saúde, bem como daqueles que exercem atividades de promoção e assistência à saúde em geral.

Para fins de aplicação desta NR, entende-se por serviços de saúde qualquer edificação destinada à prestação de assistência à saúde da população, e todas as ações de promoção, recuperação, assistência, pesquisa e ensino em saúde em qualquer nível de complexidade.

A observância das disposições regulamentares constantes dessa NR não desobriga as empresas do cumprimento de outras disposições que, com relação à matéria, sejam incluídas em códigos ou regulamentos sanitários dos Estados, Municípios e do Distrito Federal, e outras oriundas de convenções e acordos coletivos de trabalho, ou constantes nas demais NR e legislação federal pertinente à matéria.

1.33 NR-33 – SEGURANÇA E SAÚDE NOS TRABALHOS EM ESPAÇOS CONFINADOS

Esta Norma tem como objetivo estabelecer os requisitos mínimos para identificação de espaços confinados e o reconhecimento, avaliação, monitoramento e controle dos riscos existentes, de forma a garantir permanentemente a segurança e saúde dos trabalhadores que interagem direta ou indiretamente nestes espaços.

Espaço Confinado é qualquer área ou ambiente não projetado para ocupação humana contínua, que possua meios limitados de entrada e saída, cuja ventilação existente é insuficiente para remover contaminantes ou onde possa existir a deficiência ou enriquecimento de oxigênio.

I.34 NR 34 – CONDIÇÕES E MEIO AMBIENTE DE TRABALHO NA INDÚSTRIA DA CONSTRUÇÃO E REPARAÇÃO NAVAL

Esta NR estabelece os requisitos mínimos e as medidas de proteção à segurança, à saúde e ao meio ambiente de trabalho nas atividades da indústria de construção, reparação e desmonte naval.

Consideram-se atividades da indústria da construção e reparação naval todas aquelas desenvolvidas no âmbito das instalações empregadas para este fim ou nas próprias embarcações e estruturas, tais como navios, barcos, lanchas, plataformas fixas ou flutuantes, dentre outras.

I.35 NR 35 – TRABALHO EM ALTURA

Esta NR estabelece os requisitos mínimos e as medidas de proteção para o trabalho em altura, envolvendo o planejamento, a organização e a execução, de forma a garantir a segurança e a saúde dos trabalhadores envolvidos direta ou indiretamente com esta atividade.

É considerado trabalho em altura toda atividade executada acima de 2 metros do nível inferior, onde haja risco de queda.

I.36 NR 36 – SEGURANÇA E SAÚDE NO TRABALHO EM EMPRESAS DE ABATE E PROCESSAMENTO DE CARNES E DERIVADOS

Esta NR disciplina os requisitos mínimos para a avaliação, controle e monitoramento dos riscos existentes nas atividades desenvolvidas na indústria de abate e processamento de carnes e derivados destinados ao consumo humano, de forma a garantir permanentemente a segurança, a saúde e a qualidade de vida no trabalho, sem prejuízo da observância do disposto nas demais Normas Regulamentadoras.

I.37 NR 37 – SEGURANÇA E SAÚDE EM PLATAFORMAS DE PETRÓLEO

Esta Norma estabelece os requisitos mínimos de segurança, saúde e condições de vivência no trabalho a bordo de plataformas de petróleo em operação nas Águas Jurisdicionais Brasileiras (AJB). A observância das suas disposições não desobriga as empresas do cumprimento de outras disposições legais com relação à matéria de segurança e saúde no trabalho e ainda daquelas oriundas de contratos de trabalho, acordos de trabalho e convenções coletivas de trabalho.

CAPÍTULO 7
EMPRESAS PRESTADORAS DE SERVIÇOS A TERCEIROS – TERCEIRIZAÇÃO

Antes da promulgação da Lei nº 13.429/2017 e da "reforma trabalhista", instituída pela Lei nº 13.467/2017, a legislação não tratava do tema terceirização, ou seja, a contratação de uma pessoa jurídica para a prestação de serviços a um contratante.

Havia tão somente a Súmula de nº 331 do Tribunal Superior do Trabalho (TST) e a Instrução Normativa MTb nº 3/1997 (já revogada pela Instrução Normativa MTP nº 1/2021), as quais só consideravam válida a terceirização quando a contratação envolvesse apenas as atividades-meio da contratante, ou seja, as empresas não podiam terceirizar suas atividades principais.

Após o advento das Leis nºs 13.429/2017 e 13.467/2017, as quais, entre outras providências regulamentaram a terceirização, as empresas passaram a poder terceirizar para outras empresas, quaisquer de suas atividades, inclusive sua atividade principal.

Para tanto é considerada empresa prestadora de serviços, à pessoa jurídica de direito privado, que possua capacidade econômica compatível com a sua execução.

A tomadora de serviços pode ser a pessoa física ou jurídica que celebra contrato com empresa de prestação de serviços.

Os serviços poderão ser executados, tanto nas instalações físicas da contratante como em outro local, de comum acordo entre as partes.

I. EX-EMPREGADOS OU SÓCIOS – PRAZO PARA CONTRATAÇÃO NA CONDIÇÃO DE PRESTADOR DE SERVIÇOS

O empregado que foi dispensado só poderá prestar serviços à sua antiga empregadora, na condição de empregado da empresa prestadora de serviços, após decorrido o prazo de 18 meses contados a partir da demissão.

Da mesma forma, a pessoa jurídica cujos titulares ou sócios tenham prestado serviços à contratante nos últimos 18 meses, seja na qualidade de empregado ou de trabalhador sem vínculo empregatício, não pode figurar como contratada, exceto se os referidos titulares ou sócios forem aposentados.

2. INEXISTÊNCIA DE VÍNCULO EMPREGATÍCIO

Não há vínculo empregatício entre a contratante e os trabalhadores (ou sócios) das empresas prestadoras de serviços, qualquer que seja o seu ramo da atividade.

3. EMPRESA PRESTADORA DE SERVIÇOS – FUNCIONAMENTO – REQUISITOS

São requisitos para o funcionamento da empresa de prestação de serviços a terceiros:

a) prova de inscrição no Cadastro Nacional da Pessoa Jurídica (CNPJ);
b) registro na Junta Comercial;
c) capital social compatível com o número de empregados, observando-se o seguinte quadro:

NÚMERO DE EMPREGADOS	CAPITAL MÍNIMO
0 a 10	R$ 10.000,00
11 a 20	R$ 25.000,00
21 a 50	R$ 45.000,00
51 a 100	R$ 100.000,00
101 em diante	R$ 250.000,00

4. CONTRATO DE PRESTAÇÃO DE SERVIÇOS

O contrato de prestação de serviços deverá conter:

a) qualificação das partes;
b) especificação do serviço a ser prestado;

c) prazo para realização do serviço, quando for o caso;
d) valor.

5. OBRIGAÇÕES TRABALHISTAS E PREVIDENCIÁRIAS – RESPONSABILIDADES

A contratante é subsidiariamente responsável pelas obrigações trabalhistas referentes ao período em que ocorrer a prestação de serviços. O recolhimento das contribuições previdenciárias observará a retenção para a Previdência Social prevista no art. 31 da Lei nº 8.212/1991.

5.1 DIREITOS DOS EMPREGADOS

Caso a prestação dos serviços ocorra nas dependências da contratante, deverão ser assegurados aos empregados da prestadora de serviços, as mesmas condições dispensadas aos empregados da contratante no que se refere a: alimentação dos trabalhadores, caso seja oferecida em refeitórios; utilização dos serviços de transporte da contratante; atendimento médico ou ambulatorial que seja oferecido aos trabalhadores da contratante, nas dependências da empresa ou em local por ela designado; treinamento, fornecido pela contratada, quando a atividade assim o exigir; e condições sanitárias, de medidas de proteção à saúde e de segurança no trabalho e de instalações adequadas à prestação dos serviços.

Se o número de empregados da prestadora de serviços for igual ou superior a 20% dos empregados da contratante, esta poderá disponibilizar serviços de alimentação e atendimento ambulatorial em outros locais, desde que sejam apropriados e possuam o mesmo padrão de atendimento.

No que tange às normas de segurança e saúde no trabalho, o seu cumprimento é obrigação da empresa prestadora dos serviços.

Entretanto, é responsabilidade da empresa contratante garantir as condições de segurança, higiene e salubridade dos trabalhadores, quando o trabalho for realizado em suas dependências ou local previamente convencionado em contrato.

6. ATIVIDADES EXCLUÍDAS

A terceirização não se aplica às empresas de vigilância e de transporte de valores, permanecendo as respectivas relações de trabalho reguladas por legislação especial e, subsidiariamente pela CLT.

7. FISCALIZAÇÃO

Na hipótese de o auditor fiscal constatar o não cumprimento das determinações legais aplicáveis à terceirização, poderá descaracterizar a prestação de serviços a terceiros, fundamentado a sua conclusão pelo reconhecimento do vínculo empregatício direto entre o empregado e a tomadora dos serviços.

A legislação esclarece que são indicadores da caracterização do vínculo empregatício entre os trabalhadores e a empresa contratante, dentre outras:

a) a empresa prestadora dos serviços não reúne os requisitos exigidos para o seu funcionamento;

b) ausência de contrato de prestação de serviços ou, a falta de indicação dos serviços prestados;

c) atuação da empresa contratante na arregimentação, no recrutamento ou na escolha dos empregados da prestadora;

d) quando a contratante coloca os empregados da contratada para exercer atividades diversas daquelas objeto do contrato;

e) os empregados da empresa prestadora ficam subordinados (técnica, hierárquica e disciplinar) à contratante.

A fiscalização, a autuação e o processo de imposição das multas observarão as disposições do Título VII da CLT e da Instrução Normativa MTP nº 2/2021.

CAPÍTULO 8
ADMISSÃO DE EMPREGADOS

Cabe à empresa prestadora de serviços contratar, remunerar e dirigir o trabalho realizado por seus trabalhadores, podendo, também, subcontratar outras empresas para a realização desses serviços.

I. DOCUMENTOS EXIGIDOS

O empregado ao ser admitido pela empresa prestadora de serviços a terceiros terá que apresentar os seguintes documentos:

a) Carteira de Trabalho e Previdência Social (CTPS)/Carteira de Trabalho Digital. A comunicação do número do CPF pelo trabalhador equivale à apresentação da CTPS em meio digital;

b) Título de eleitor para ambos os sexos;

c) Prova de quitação com o serviço militar, quando do sexo masculino;

d) Cadastro de Pessoa Física (CPF);

e) Carteiras Profissionais expedidas pelos órgãos de classe, por exemplo: OAB – para admissão de advogados; CREA – para admissão de engenheiro etc.

f) Carteira de Identidade;

g) Certidão de casamento e de nascimento, se for o caso;

h) Cartão da criança, que substitui a carteira de vacinação.

Poderão, ainda, a critério do empregador e em razão do cargo a ser preenchido, ser exigidos os seguintes documentos:

a) Carta de fiança; e

b) Atestado de antecedentes criminais.

Observação:

A legislação é omissa quanto à exigência de apresentação de atestado de antecedentes criminais na admissão de empregados.

A Constituição Federal proíbe a discriminação do exercício de qualquer trabalho ou profissão, desde que atendidas as qualificações legais. O art. 1º da Lei nº 9.029, de 13.04.1995, proíbe qualquer prática discriminatória na relação de emprego, seja admissional ou de manutenção do vínculo empregatício por motivo de sexo, origem, raça, cor, estado civil, situação familiar, deficiência, reabilitação profissional, idade, entre outros. A Lei nº 7.115, de 29.08.1983, estabelece que a declaração de bons antecedentes, quando firmada pelo próprio interessado e sob as penas da lei, presume-se verdadeira.

Assim, como o atestado de antecedentes criminais não está incluído entre os documentos de apresentação obrigatória no ato da contratação do empregado e, uma vez que não há na legislação dispositivo acerca da sua exigência no ato da contratação de empregados, e, ainda, considerando as proteções legais anteriormente descritas, entendemos que, em geral, a exigência de apresentação do mencionado documento será suprida pelo fornecimento de declaração firmada pelo trabalhador nos termos da Lei nº 7.115/1983.

Entretanto, há situações em que as características da atividade a ser exercida justificam a exigência da apresentação do atestado de antecedentes criminais, por exemplo, empregados que lidam com cifras elevadas, detenham porte de armas, façam transporte de crianças etc. Nessas hipóteses, a existência de antecedentes criminais do trabalhador constitui informação relevante para a contratação, situações em que, no nosso entender, o documento poderá ser exigido, sem que tal fato caracterize tratamento discriminatório.

É o caso, por exemplo, do disposto no art. 16 da Lei nº 7.102/1983, que trata, entre outros, da segurança para estabelecimentos financeiros, estabelece normas para constituição e funcionamento das empresas particulares que exploram serviços de vigilância e de transporte de valores. Esse artigo estabelece que, para o exercício da profissão de vigilante, o interessado deverá comprovar, entre outros, não ter antecedentes criminais registrados.

De posse dos documentos, deverá a empresa prestadora de serviços a terceiros providenciar a admissão do empregado da seguinte forma:

a) Efetuar o registro, no livro, ficha ou sistema eletrônico de registro de empregados. Aqueles que optaram pelo registro eletrônico já tiveram a obrigação do registro substituída pelo eSocial;

b) Providenciar o cadastramento no PIS/Pasep caso o empregado ainda não tenha sido cadastrado;

c) Efetuar as anotações referentes ao registro na Carteira de Trabalho e Previdência Social (CTPS), lembrando que os registros eletrônicos gerados pelo empregador no sistema informatizado da CTPS Digital equivalem às anotações;

d) A obrigatoriedade relativa ao Cadastro Geral de Empregados e Desempregados (Caged) já foi substituída pelo eSocial;

e) Dependentes para fins de Imposto de Renda na Fonte;

f) Firmar Acordo de Compensação e Prorrogação de Horas;

g) Firmar o Contrato de Experiência, se houver.

2. CARTEIRA DE TRABALHO E PREVIDÊNCIA SOCIAL (CTPS)/CARTEIRA DE TRABALHO DIGITAL

2.1 OBRIGATORIEDADE

A Carteira de Trabalho é documento obrigatório para o exercício de qualquer emprego, inclusive de natureza rural, ainda que em caráter temporário. Assim, deve o empregador exigi-la do empregado no momento de sua admissão. Contudo, a comunicação do número do CPF feita pelo emprego equivale à apresentação da Carteira de Trabalho Digital.

2.2 PRAZO PARA ANOTAÇÕES

A empresa, inclusive a prestadora de serviço, tem o prazo de cinco dias úteis para efetuar as anotações relativas à data de admissão, remuneração e condições especiais, se houver.

É bom lembrar que os registros eletrônicos gerados pelo empregador nos sistemas informatizados da CTPS digital equivalem às anotações.

3. RETENÇÃO DE DOCUMENTOS

Não é permitida a retenção de qualquer documento de identificação pessoal, ainda que apresentado por fotocópia autenticada ou pública-forma, inclusive comprovante de quitação com o serviço militar, título de eleitor, certidão de registro de nascimento, certidão de casamento, comprovante de naturalização e carteira de identidade de estrangeiro.

Ao exigir o documento de identificação, o empregador fará extrair, no prazo de 5 dias, os dados que interessarem, devolvendo em seguida o documento ao empregado.

Assim, é conveniente que a entrega dos documentos pelo empregado, bem como a respectiva devolução, sejam feitas contrarrecibo.

3.1 INFRAÇÃO

Constitui contravenção penal, punível com pena de prisão simples de 1 a 3 meses ou multa, a retenção de qualquer documento.

Quando a infração for praticada por preposto ou agente de pessoa jurídica, considerar-se-á responsável quem tiver ordenado o ato que ensejou a retenção, a menos que haja, pelo executante, desobediência ou inobservância de ordens ou instruções expressas, quando, então, será este o infrator.

4. REGISTRO DO EMPREGADO

Em todas as atividades, o empregador é obrigado a registrar os empregados em livro, fichas próprias ou sistema eletrônico. A obrigatoriedade estende-se aos empregadores de trabalhadores rurais, aposentados que retornam à atividade, menores e estrangeiro. O livro ou as fichas são preenchidos independentemente das anotações feitas na Carteira de Trabalho e Previdência Social (CTPS)/Carteira de Trabalho Digital.

Para os empregadores que optaram pela forma eletrônica do registro de empregados, essa obrigação foi substituída pelo eSocial. Os empregadores que não fizeram esta opção, poderão fazê-la mediante o envio do evento S-1000 – Informações do Empregador/Contribuinte/ÓrgãoPúblico, com a marcação da opção 1 – optou pelo registro eletrônico de empregados, no campo indicativo de opção pelo registro em comento.

O registro eletrônico do empregado é efetuado por meio das informações prestadas no sistema eSocial e, conterá informações relativas à admissão no emprego, duração e efetividade do trabalho, férias, acidentes e demais circunstâncias que interessem à proteção do trabalhador que deverão ser informados nos prazos constantes da tabela a seguir.

Até o dia anterior ao início das atividades do trabalhador	a) número no Cadastro de Pessoa Física – CPF; b) data de nascimento; c) data de admissão; d) matrícula do empregado; e) categoria do trabalhador; f) natureza da atividade (urbano/rural); g) código da Classificação Brasileira de Ocupações – CBO; h) valor do salário contratual; e i) tipo de contrato de trabalho em relação ao seu prazo, com a indicação do término quando se tratar de contrato por prazo determinado.
Até o dia 15 do mês subsequente ao mês em que o empregado foi admitido	a) nome completo, sexo, grau de instrução, endereço e nacionalidade, raça, cor e nome social, este último se requerido pelo empregado; b) descrição do cargo e/ou função; c) descrição do salário variável, quando for o caso; d) nome e dados cadastrais dos dependentes; e) horário de trabalho ou informação de enquadramento no art. 62 da CLT; f) local de trabalho e identificação do estabelecimento/empresa onde ocorre a prestação de serviço; g) informação de empregado com deficiência ou reabilitado, devidamente constatado em exame médico, assim como se está sendo computado na cota de pessoa com deficiência; h) indicação do empregador para o qual a contratação de aprendiz por entidade sem fins lucrativos está sendo computada no cumprimento da respectiva cota; i) identificação do alvará judicial em caso de contratação de trabalhadores com idade inferior à legalmente permitida; j) data de opção do empregado pelo Fundo de Garantia do Tempo de Serviço – FGTS, nos casos de admissão anterior a 1º.10.2015 para empregados domésticos ou anterior a 5.10.1988 para os demais empregados; k) informação relativa a registro sob ação fiscal ou por força de decisão judicial, quando for o caso; l) número do CNPJ do sindicato da categoria preponderante da empresa ou da categoria diferenciada e a data base; m) condição de ingresso no Brasil de trabalhador estrangeiro e se a permanência é por prazo determinado ou indeterminado; n) existência de cláusula de direito recíproco de rescisão e a informação do fato ao qual se vincula o término do contrato a prazo, se for o caso; o) tipo de admissão conforme o eSocial; p) data de ingresso na sucessora, CNPJ da sucedida e matrícula do trabalhador na sucedida em se tratando de transferência.

Até o dia 15 do mês seguinte ao da ocorrência	a) alterações cadastrais e contratuais de que tratam as letras de "e" a "i" do primeiro quadro e letras de "a" a "i" e "l" a "n", do segundo quadro; b) alteração contratual de que trata a letra "i" do primeiro quadro quando houver indeterminação do prazo do contrato originalmente firmado por prazo determinado vinculado a ocorrência de um fato; c) gozo de férias; d) afastamento por acidente ou doença relacionada ao trabalho, com duração não superior a 15 dias; e) afastamentos temporários decorrentes de: benefício por incapacidade permanente, cárcere, cargo eletivo, cessão/requisição, licença maternidade, licença não remunerada, mandato eleitoral, mandato sindical, violência doméstica e familiar, participação no CNPS, qualificação – afastamento por suspensão contratual, representação sindical e serviço militar obrigatório; f) informações relativas ao monitoramento da saúde do trabalhador; g) informações relativas às condições ambientais de trabalho; h) transferência de empregados entre empresas do mesmo grupo econômico, consórcio, ou por motivo de sucessão, fusão, incorporação ou cisão de empresas; i) cessão de empregados, com indicação da data da cessão, CNPJ do cessionário e existência de ônus para o cedente; j) reintegração ao emprego; e k) treinamento, capacitações, exercícios simulados e outras anotações que devam constar no registro de empregados por força das NR.
No 16º dia do afastamento	a) por acidente ou doença relacionados ou não ao trabalho, com duração superior a 15 dias; e b) por acidente ou doença relacionados ou não ao trabalho, com qualquer duração, que ocorrerem dentro do prazo de 60 dias pelo mesmo motivo que gerou a incapacidade e tiveram em sua totalidade, duração superior a 15 dias.
De imediato	a) o acidente de trabalho ou doença profissional que resulte morte; e b) afastamento por acidente ou doença relacionados ou não ao trabalho, com qualquer duração, quando ocorrer dentro do prazo de 60 dias do retorno de afastamento anterior pela mesma doença, que tenha gerado recebimento de auxílio-doença.

Até o primeiro dia útil seguinte ao da sua ocorrência	a) o acidente de trabalho e a doença profissional que não resulte morte, e; b) a prorrogação do contrato a prazo determinado, com indicação da data do término.
Até o 10º dia seguinte ao da sua ocorrência	os dados de desligamento com indicação da data e do motivo do desligamento, da data do aviso prévio e, se indenizado, a data projetada.

As informações relativas ao monitoramento da saúde do trabalhador e às condições ambientais do trabalho somente serão exigidas a partir da data da substituição do Perfil Profissiográfico Previdenciário (PPP) em meio papel pelo PPP em meio eletrônico, prevista para janeiro de 2023.

Portanto, o eSocial só substitui o registro de empregados para as empresas que optaram pelo sistema de registro eletrônico.

A comprovação do registro será feita mediante o número do recibo eletrônico emitido pelo eSocial quando da recepção e validação do evento correspondente, sendo que o registro do empregado deverá ser mantido com as informações corretas e atualizadas, constituindo infração a omissão ou prestação de declaração falsa ou inexata.

Os registros correspondentes, efetuados nos prazos mencionados na tabela anterior, alimentam as anotações na Carteira de Trabalho Digital.

As mencionadas anotações serão disponibilizadas ao trabalhador por meio do aplicativo Carteira de Trabalho Digital ou de página eletrônica específica, após o processamento dos respectivos registros, e constituem prova do vínculo de emprego para o trabalhador, inclusive perante a Previdência Social.

Os empregadores que não optarem pelo registro eletrônico de empregados deverão adequar seus livros ou fichas de registro ao anteriormente mencionado.

O empregado registrado em livro ou ficha e que trabalhar fora do estabelecimento de vinculação, deve receber do empregador um cartão de identificação contendo: nome completo, CPF, cargo e matrícula.

O art. 47 da CLT, na redação da Lei nº 13.467/2017 determina que aquele que desrespeitar a obrigação de registro se sujeita à multa no valor de R$ 3.000,00, por empregado não registrado, dobrado na reincidência.

No caso de microempresa ou empresa de pequeno porto, o valor da multa será de R$ 800,00. Na hipótese de não serem informados os dados obrigatórios no registro, a multa será de R$ 600,00 por trabalhador prejudicado.

Os empregadores que não optarem pelo registro eletrônico de empregados deverão adequar seus livros ou fichas de registro ao anteriormente mencionado.

4.1 ANOTAÇÕES NA CARTEIRA DE TRABALHO E PREVIDÊNCIA SOCIAL

Ao contratar o empregado, o empregador anotará na CTPS, no prazo de cinco dias úteis, os seguintes dados:

I – data de admissão;
II – remuneração; e
III – condições especiais do contrato de trabalho, caso existentes.

Entretanto, é bom lembrar que os registros eletrônicos gerados nos sistemas informatizados da Carteira de Trabalho Digital equivalem a estas anotações. As demais anotações deverão ser realizadas nas oportunidades mencionadas no art. 29 da CLT.

É vedado ao empregador efetuar anotações que possam causar dano à imagem do trabalhador, especialmente referentes a sexo ou sexualidade, origem, raça, cor, estado civil, situação familiar, idade, condição de autor em reclamações trabalhistas, saúde e desempenho profissional ou comportamental.

4.2 CENTRALIZAÇÃO DE REGISTRO DE EMPREGADOS

O empregador poderá adotar controle único e centralizado dos documentos sujeitos à inspeção do trabalho, à exceção daqueles relacionados a seguir, que deverão permanecer em cada estabelecimento:

- Registro de empregados;
- Registro de horário de trabalho;
- Outros documentos estabelecidos em normas específicas.

4.3 REGISTRO DOS EMPREGADOS DAS EMPRESAS DE PRESTAÇÃO DE SERVIÇOS A TERCEIROS

Cabe à empresa prestadora de serviços contratar, remunerar e dirigir o trabalho realizado pelos seus empregados.

CAPÍTULO 9
CONTRATO DE TRABALHO

O contrato individual de trabalho poderá ser firmado, por escrito ou verbalmente, entre as partes (empregado e empregador) por prazo determinado ou indeterminado e para o trabalho intermitente, desde que não fira as disposições constantes da legislação trabalhista e do documento coletivo de trabalho da categoria profissional respectiva, as suas condições podem ser livremente estipuladas.

> A Lei nº 13.467/2017, a qual instituiu a chamada "Reforma Trabalhista", em vigor desde 11.11.2017, alterou mais de 100 artigos da CLT. As alterações verificadas na legislação do trabalho foram muitas e bastante significativas. Entretanto, uma das principais, diz respeito à prevalência do negociado sobre o legislado. Isto significa dizer que, o que for acordado via negociação coletiva (acordo ou convenção) prevalece sobre o determinado por lei e será aplicado aos trabalhadores representados ainda que menos vantajoso do que o determinado na legislação. Não há mais a garantia do mínimo legal.
> Entretanto, esta liberdade de negociação via documento coletivo de trabalho, no nosso entender, não é irrestrita, ou seja, não pode afetar garantias constitucionalmente asseguradas e, também, deve observar os assuntos vedados à negociação coletiva, relacionados pela própria lei da reforma.

I. DURAÇÃO DO CONTRATO DE TRABALHO

O contrato de trabalho pode ser firmado por prazo determinado ou indeterminado e, também, para o trabalho intermitente.

O contrato por prazo indeterminado é aquele que não tem data prevista para o seu término.

O contrato por prazo determinado é aquele cuja duração tem prazo prefixado, o qual, em geral, não poderá exceder a 2 anos.

São exemplos do contrato por prazo determinado:

a) **Contrato de safra** – contrato normalmente utilizado na área rural, com duração aproximada, dependendo de variações estacionais das atividades agrárias compreendendo o tempo desde a fase do preparo do solo para cultivo até a fase da colheita.

b) **Contrato de experiência** – apesar de ser uma das modalidades de contrato por prazo determinado, salvo disposição mais benéfica no documento coletivo da categoria profissional respectiva, não poderá exceder a 90 dias.

c) **Contrato por obra certa** – tem como condição principal a previsão aproximada do tempo necessário para que se conclua a obra. Caracteriza-se por situações excepcionais, pois sua vigência depende da execução de serviços especificados, transitórios, que justificam a predeterminação de prazo. Esse contrato tem data prevista para início, mas o término é condicionado à conclusão dos serviços executados pelo empregado, não sendo permitido que sua duração ultrapasse dois anos.

d) **Contrato a prazo determinado de acordo com a Lei nº 9.601, de 21.01.1998** – inadequadamente denominado contrato de trabalho temporário, poderá ser celebrado por meio de convenções e/ou acordos coletivos de trabalho, em qualquer atividade desenvolvida pela empresa ou estabelecimento, inclusive nas empresas prestadoras de serviço a terceiros e de trabalho temporário, para admissões que representem acréscimo no número de empregados. O contrato será de, no máximo, 2 anos em relação ao mesmo empregado, permitindo-se dentro deste período (2 anos) sofrer sucessivas prorrogações. As partes (empresa/sindicato) estabelecerão no acordo ou na convenção coletiva as indenizações por ocasião da rescisão antecipada do contrato por iniciativa do empregador ou do empregado e as multas pelo descumprimento de suas cláusulas.

2. CONTRATO DE TRABALHO INTERMITENTE

O trabalho intermitente é uma figura nova criada pela reforma trabalhista instituída pela Lei nº 13.467/2017.

É considerado intermitente o contrato de trabalho no qual a prestação de serviços, com subordinação, não é contínua, ocorrendo com alternância de períodos de prestação de serviços e de inatividade, determinados em horas, dias ou meses, independentemente do tipo de atividade do empregado e do empregador.

2.1 CONTRATO – CELEBRAÇÃO

O contrato será celebrado por escrito e registrado na CTPS e conterá:

a) identificação, assinatura e domicílio ou sede das partes;
b) valor da hora de trabalho, que não poderá ser inferior ao valor horário do salário mínimo, assegurada a remuneração do trabalho noturno superior à do diurno. Esse valor não será inferior àquele devido aos demais empregados do estabelecimento que exerçam a mesma função.

2.2 CONVOCAÇÃO PARA O TRABALHO

O empregador convocará o empregado para o trabalho, com antecedência mínima de 3 dias corridos, sendo aceita como válida a comunicação feita por qualquer meio de comunicação eficaz (e-mail, Whatsapp, telegrama, carta etc.). Recomenda-se, portanto, que seja utilizada forma de comunicação passível de ser comprovada. A informação deverá esclarecer qual será a jornada.

Após o recebimento da convocação, o empregado terá o prazo de 1 dia útil para responder ao chamado. Caso não o faça no mencionado prazo, será caracterizada a recusa, a qual, para este tipo de contrato, não descaracteriza a subordinação.

A recusa também não pode ser entendida como ato faltoso de insubordinação do empregado.

2.3 PERÍODO DE INATIVIDADE

Durante o período de inatividade, ou seja, aquele no qual não haja convocação para o trabalho, o empregado poderá prestar serviços de qualquer natureza a outros tomadores de serviço.

O período de inatividade não será considerado tempo à disposição do empregador e não será remunerado.

2.4 REMUNERAÇÃO

Ao final de cada período de prestação de serviço, o empregado receberá, de imediato, as seguintes parcelas:

a) remuneração relativa ao período trabalhado;
b) repouso semanal remunerado correspondente;
c) férias proporcionais com acréscimo do terço constitucional;
d) 13º salário proporcional;
e) adicionais legais.

O recibo de pagamento deverá conter a discriminação dos valores pagos relativos a cada uma das parcelas devidas.

Exemplo
Empregado será convocado para trabalhar com jornada de 7 horas diárias, de segunda a sábado, no período de 1º a 25.07. Aceitará a convocação e prestará os serviços.
Considerando que o seu salário/hora seja de R$ 30,00, temos:

a) no de dias úteis (segunda-feira a sábado) no período de 1º a 25.07.2022 = 21 (sem considerar eventuais feriados)
b) horas trabalhadas no período = 147
c) dias de RSR no período = 4

Cálculo

a) Remuneração das horas trabalhadas = R$ 4.410,00 (R$ 30,00 × 147)
b) RSR = R$ 840,00 (R$ 30,00 × 7 × 4)
c) Remuneração Total = R$ 5.250,00 (R$ 4.410,00 + R$ 840,00)
d) Férias proporcionais (1/12) = R$ 437,50 (R$ 5.250,00 ÷ 12)
e) Terço constitucional sobre férias = R$ 145,83 (R$ 437,50 ÷ 3)
f) 13º salário proporcional (1/12) = R$ 437,50 (R$ 5.250,00 ÷ 12)

Total bruto devido ao empregado: R$ 6.270,83 (R$ 5.250,00 + R$ 437,50 + R$ 145,83 + R$ 437,50)

Se o período da convocação exceder um mês, o pagamento das parcelas deve ser efetuado até o quinto dia útil do mês subsequente ao trabalhado.

2.5 ENCARGOS LEGAIS

Ao final de cada mês, tendo havido convocação para o trabalho, o empregador efetuará o cálculo da contribuição previdenciária sobre o total da remuneração paga no mês (um ou mais chamamentos ao serviço) recolhendo a contribuição devida até o dia 20 do mês subsequente.

Da mesma forma, efetuará o depósito do FGTS sobre o total da remuneração paga no mês (um ou mais chamamentos ao trabalho) até o dia 7 do mês subsequente.

Deverá fornecer ao empregado comprovante do recolhimento da contribuição previdenciária bem como do depósito do FGTS.

> Lembre-se que o fato gerador da contribuição previdenciária sobre a parcela relativa às férias proporcionais ocorrerá mensalmente quando essas parcelas forem pagas, devidas ou creditadas e que a contribuição previdenciária incidente sobre o 13º salário, é calculada também de forma mensal sobre a parcela proporcional paga, devida ou creditada, em separado da remuneração do mês, mediante aplicação progressiva das alíquotas correspondentes sobre as parcelas do salário de contribuição.

Conforme estabelece a Lei nº 14.438/2022, o prazo para o empregador efetuar os depósitos do FGTS será alterado para o dia 20 do mês subsequente ao da competência da remuneração, contudo, esta alteração somente surtirá efeitos a partir da data de início da arrecadação por meio da prestação dos serviços digitais de geração de guias, devendo o Ministério do Trabalho e Previdência editar as normas complementares necessárias para tanto, o que ainda não ocorreu.

2.6 FÉRIAS

A cada 12 meses (período aquisitivo), o empregado adquire direito a usufruir, nos 12 meses subsequentes, um mês de férias, período no qual não poderá ser convocado para prestar serviços pelo mesmo empregador. As férias poderão ser usufruídas em 3 períodos, mediante acordo entre as partes, sendo 1 de no mínimo 14 dias corridos e os demais de no mínimo 5 dias corridos, cada um.

Lembre-se, porém, de que a remuneração relativa às férias já foram pagas no curso do ano, de forma proporcional, ao final de cada período de trabalho.

Outra questão a ressaltar é que este empregado pode nunca ter direito ao repouso relativo às férias, uma vez que, embora esteja em gozo de férias em relação a um empregador, poderá estar sendo convocado para o trabalho em relação aos demais.

Ainda, a norma estabelece que o empregado terá um **mês** de férias. Entretanto, conforme estabelece a CLT, as férias são concedidas em dias e não em mês. Pretendeu o legislador criar um novo cálculo de férias ou se trata de um equívoco?

3. HOME OFFICE (TELETRABALHO)

A Consolidação das Leis do Trabalho (CLT) estabelece que não há diferença entre o trabalho realizado no estabelecimento do empregador, o executado no domicílio do empregado e o realizado à distância, desde que esteja caracterizada a relação de emprego.

A cada dia o chamado teletrabalho ou *home office* se torna mais comum. As pesquisas acerca do assunto informam que atualmente, cerca de 30% das empresas adotam a prática, permitindo que parte dos seus empregados executem suas tarefas fora do estabelecimento da empresa, seja em tempo integral ou apenas em alguns dias da semana.

Esta prática tem apresentado várias vantagens para ambas as partes (empregado e empresa) e, ainda, para a coletividade, pois implica na melhora da mobilidade urbana e, também, para o meio ambiente com a diminuição da emissão de poluentes decorrentes da utilização dos veículos.

A reforma trabalhista, instituída pela Lei nº 13.467/2017 introduziu, entre outros, o art. 75-B à CLT, para dispor que, considera-se teletrabalho (*home office*) a prestação de serviços preponderante ou não fora das dependências do empregador, com a utilização de tecnologias de informação e de comunicação que, por sua natureza, não se constituam como trabalho externo.

A Medida Provisória nº 1.108/2022 regulamentou o trabalho em *home office* e determinou que:

a) ainda que o trabalhador compareça de forma habitual ao estabelecimento empregador para a realização de atividades específicas que exijam a sua presença, este fato não descaracteriza o *home office*;

b) o serviço poderá ser prestado por jornada ou por produção ou tarefa, sendo que, no caso de serviço por produção ou tarefa o trabalhador não estará sujeito ao controle da jornada, pois não será aplicado a ele o capítulo da CLT que trata da duração do trabalho;

c) o empregador deve priorizar para o trabalho remoto os trabalhadores com deficiência e aqueles com filhos ou crianças sob guarda judicial, até 4 anos de idade.

Para o sucesso do *home office* é necessário que a empresa analise o tipo do trabalho e o perfil do empregado que será submetido à medida, pois algumas atividades exigem a presença do trabalhador na empresa e, nem todo empregado irá se adaptar ao trabalho em casa.

Para o bom êxito desta forma de trabalho, o trabalhador deve estabelecer e cumprir uma rotina de trabalho, estar *online*, possibilitando a interação com a equipe e a chefia sempre que necessário, manter-se atualizado e cumprir prazos de entrega.

Além disso, deve atender às convocações para comparecimento à empresa, manter telefone e contato atualizados, consultar os canais de comunicação estabelecidos (e-mail, WhatsApp etc.), preservar o sigilo dos dados acessados de forma remota.

A subordinação, elemento principal para o reconhecimento do vínculo empregatício, pode ser caracterizada:

a) pela obrigatoriedade de os trabalhos serem executados de acordo com as normas estabelecidas previamente;

b) pelo direito do empregador de dar ordens, por exemplo, alterar os dias de entrega das peças ou do trabalho produzido, determinar o comparecimento do empregado no estabelecimento em dia e hora que fixar, e pela obrigação de o empregado obedecer às ordens.

A prestação de serviços nesta modalidade deverá constar expressamente do contrato individual de trabalho, que especificará as atividades que serão realizadas pelo empregado.

Poderá ser realizada a alteração entre regime presencial e de teletrabalho mediante acordo entre as partes, registrado em aditivo contratual. Poderá também ser realizada a alteração (regime de teletrabalho para o presencial) por determinação do empregador, garantido prazo de transição mínimo de 15 dias, com correspondente registro em aditivo contratual.

As disposições relativas à responsabilidade pela aquisição, manutenção ou fornecimento dos equipamentos tecnológicos e da infraestrutura necessária e adequada à prestação do trabalho remoto, bem como ao reembolso de despesas arcadas pelo empregado, serão previstas em contrato escrito. As utilidades ora mencionadas não integram a remuneração do empregado.

Assim, algumas características pessoais e profissionais do empregado são fundamentais para o bom êxito do sistema *home office*, tais como:

- a) concentração (foco no trabalho);
- b) disciplina;
- c) iniciativa;
- d) aptidão para resolver problemas sozinho;
- e) independência profissional;
- f) experiência;
- g) gerenciar tarefas elegendo prioridades e evitando o acúmulo de trabalho;
- h) cumprir prazos e metas;
- i) comprometimento;
- j) confiabilidade.

3.1 GESTORES

Os meios telemáticos e informatizados de comando, controle e supervisão de empregados (internet, videoconferência, Skype, Whatsapp etc.), são equiparáveis aos meios diretos e pessoais.

Os gestores podem gerenciar os empregados que trabalham em domicílio, mediante:

- a) fixação de metas de desempenho a serem atingidas e monitoramento do cumprimento das mesmas;
- b) observação da adaptação do empregado ao sistema;
- c) aferição da qualidade do trabalho;
- d) aferição da produtividade;
- e) realização de reuniões presenciais habituais para discussão e análise de trabalho;
- f) manutenção de relatórios de acompanhamento do teletrabalho.

3.2 VANTAGENS

Uma das principais vantagens da adoção do trabalho em domicílio é a otimização do tempo do trabalhador, que não precisa se deslocar de casa para o trabalho, deixando de despender precioso tempo no trânsito das grandes cidades, cada vez mais caótico, o que acarreta menor desgaste físico e emocional, resultando em sua maior satisfação, posto que passa a trabalhar no conforto do seu lar e no convívio dos familiares.

Além disso, a flexibilização do horário permite que haja adequação entre o trabalho e a vida particular, pois o trabalhador pode atender necessidades pessoais, como, por exemplo, ir ao médico e exercer as suas atividades profissionais em outro horário.

Para as empresas as vantagens também são consideráveis, pois, além de contarem com trabalhadores mais satisfeitos e menos desgastados, o que resulta em maior e melhor produção, a prática acarreta diretamente diminuição de custos tais como: ocupação de menor espaço físico, menores gastos com vale-transporte, café, água, luz, material de higiene, limpeza etc.

Apresentamos a seguir um quadro com algumas vantagens do *home office*.

HOME OFFICE – VANTAGENS		
EMPRESA	**EMPREGADO**	**COLETIVIDADE E MEIO AMBIENTE**
– Diminuição de custos com: a) aluguel (na medida em que contará com menor número de colaboradores que atuam presencialmente); b) equipamentos, tais como: telefone, computador; impressora etc.; c) luz, água, papel, material de limpeza, de higiene pessoal; d) contratação de número menor de colaboradores para manutenção e asseio; e) vale transporte; f) alimentação;	– Flexibilização do horário de trabalho, o que permite a adequação do atendimento das necessidades pessoais com as obrigações profissionais	– Melhora na mobilidade urbana com a diminuição do uso de veículos, notadamente nos horários de pico

HOME OFFICE — VANTAGENS		
EMPRESA	**EMPREGADO**	**COLETIVIDADE E MEIO AMBIENTE**
– Otimização das atividades (maior eficiência e eficácia na realização dos trabalhos)	– Exercício das atividades no horário em que seu rendimento é melhor	– Diminuição da poluição; menor emissão de poluentes em virtude da redução do uso do carro
– Maior motivação e dedicação dos trabalhadores	– Maior comodidade	

HOME OFFICE — VANTAGENS		
EMPRESA	**EMPREGADO**	**COLETIVIDADE E MEIO AMBIENTE**
– Aumento da produtividade	– Ganho do tempo anteriormente perdido no deslocamento residência/ empresa e vice-versa	
– Maior índice de satisfação dos empregados	– Melhora da saúde em virtude da diminuição do estresse decorrente de engarrafamentos e exposição à violência urbana (acidentes de trânsito, assaltos, sequestros etc.)	
– Conforme o caso, diminuição do pagamento de dias parados aos empregados (ex.: ausências de dias ou períodos destinados a consultas médicas e exames laboratoriais)	– Aumento da satisfação e maior motivação	
	– Economia com roupas, menor uso do veículo, calçados, maquiagem etc.	
	– Aumento do convívio com a família	

O empregador deverá instruir os empregados, de maneira expressa e ostensiva, quanto às precauções a tomar a fim de evitar doenças e acidentes de trabalho, e o empregado deverá assinar termo de responsabilidade comprometendo-se a seguir as instruções fornecidas pelo empregador.

Caracterizada a relação empregatícia, ao trabalhador em *home office* são garantidos todos os direitos trabalhistas comuns aos empregados que executam o serviço no estabelecimento do empregador.

4. CONTRATO DE APRENDIZAGEM

4.1 OBRIGATORIEDADE

Os estabelecimentos de qualquer natureza são obrigados a empregar e matricular nos cursos dos Serviços Nacionais de Aprendizagem número de aprendizes equivalente a 5%, no mínimo, e 15%, no máximo, dos trabalhadores existentes em cada estabelecimento, cujas funções demandem formação profissional, sendo que as frações de unidade no cálculo da referida percentagem darão lugar à admissão de um aprendiz. Devem ser incluídas na base de cálculo todas as funções que demandem formação profissional, independentemente de serem proibidas para menores de 18 anos.

São excluídos da base de cálculo da cota de aprendizes:

a) as funções que, em virtude de lei, exijam formação profissional de nível superior, exceto as funções que exigem habilitação de tecnólogo;

b) as funções caracterizadas como cargos de direção, de gerência ou de confiança, nos termos da CLT.

Na cota de aprendizagem devem ser computados, pelo período de 1 ano, os aprendizes contratados a prazo indeterminado após o término do contrato de aprendizagem.

Serão também computados em dobro, para fins de cumprimento da cota os aprendizes, jovens e adolescentes:

a) egressos do sistema socioeducativo ou em cumprimento de medidas socioeducativas;

b) em cumprimento de pena no sistema prisional;

c) que integrem família que recebam o auxílio-Brasil ou outro que venha substituí-lo;

- d) em regime de acolhimento institucional;
- e) que esteja protegido pelo Programa de Proteção à Criança e adolescentes ameaçados de morte;
- f) egressos do trabalho infantil;
- g) sejam pessoas com deficiência.

4.2 EMPRESAS E ENTIDADES DISPENSADAS DA CONTRATAÇÃO

Estão dispensadas do cumprimento da cota de aprendizagem, nos termos da lei:

- a) as microempresas e empresas de pequeno porte, inclusive as optantes pelo Regime Especial Unificado de Arrecadação de Tributos e Contribuições devidos pelas Microempresas e Empresas de Pequeno Porte (Simples Nacional);
- b) as entidades sem fins lucrativos que tenham por objetivo a educação profissional.

4.3 ATENDIMENTO PRIORITÁRIO

A contratação de aprendizes deverá atender, prioritariamente, aos adolescentes e aos jovens matriculados na educação básica.

A contratação de aprendizes menores de 18 anos de idade é vedada nas seguintes situações:

- a) as atividades práticas da aprendizagem ocorrerem no interior do estabelecimento, sujeitando os aprendizes à insalubridade ou à periculosidade;
- b) a lei exigir, para o desempenho das atividades práticas, licença ou autorização vedada para pessoa com idade inferior a 18 anos;
- c) a natureza das atividades práticas for incompatível com o desenvolvimento físico, psicológico e moral dos aprendizes;
- d) a atividade prática ocorrer no período noturno; e
- e) As atividades práticas ocorrerem em horários e locais que não permitam a frequência à educação básica.

Nessas hipóteses, nos estabelecimentos onde forem desenvolvidas atividades em ambientes e/ou funções proibidas aos menores de 18 anos, os empregadores deverão contratar, para essas atividades ou funções, aprendizes maiores de 18 e até 24 anos de idade ou aprendizes com deficiência a partir dos 18 anos.

A idade máxima de 24 anos para a contratação de aprendiz não se aplica a pessoas com deficiência e, também, quando o programa de aprendizagem envolve atividades proibidas a menores de 21 anos (por exemplo: atividade de vigilância, transporte de passageiros) podendo, nesta última hipótese, ser contratado até 29 anos.

4.4 CONTRATAÇÃO DO APRENDIZ – EFETIVAÇÃO

A contratação do aprendiz poderá ser efetivada diretamente pelo estabelecimento obrigado ao cumprimento da cota de aprendizagem ou, de forma indireta por meio de:

a) entidades sem fins lucrativos que tenham por objetivos a assistência ao adolescente e a educação profissional, registradas no CMDCA;

b) entidades de prática desportiva de diversas modalidades filiadas ao Sistema Nacional de Desportos e aos sistemas de desportos estaduais, municipais e distrital;

c) por entidades sem fins lucrativos não enquadradas na letra "a";

d) por microempresa ou empresa de pequeno porte.

A contratação de aprendiz de forma indireta somente deverá ser formalizada após a celebração de contrato entre o estabelecimento e as mencionadas entidades.

As entidades ou empresas assumirão condição de empregador, com todos os ônus dela decorrentes.

4.5 EMPRESAS PÚBLICAS

A contratação de aprendizes por empresas públicas e sociedades de economia mista dar-se-á de forma direta, hipótese em que será realizado processo seletivo mediante edital, ou de forma indireta.

4.6 TRABALHADOR APRENDIZ – CONCEITO

Trabalhador aprendiz é o maior de 14 e menor de 24 anos de idade, sujeito à formação técnico-profissional metódica, que celebra contrato de aprendizagem e está matriculado em Serviços Nacionais de Aprendizagem ou em outras entidades autorizadas por lei.

Conforme já foi dito, a idade máxima de 24 anos para a contratação de aprendiz não se aplica a pessoas com deficiência e, também, quando o programa de aprendizagem envolve atividades proibidas a menores de 21 anos (por exemplo: atividade de vigilância, transporte de passageiros) podendo, nesta última hipótese, ser contratado até 29 anos.

4.7 CONTRATO DE APRENDIZAGEM – CONCEITO

É o contrato de trabalho especial, ajustado por escrito e por prazo determinado não superior a 3 anos, em que o empregador se compromete a assegurar ao aprendiz, inscrito em programa de aprendizagem, formação técnico-profissional metódica, compatível com o seu desenvolvimento físico, moral e psicológico, e o aprendiz se compromete a executar com zelo e diligência, as tarefas necessárias a essa formação.

O limite de 3 anos do contrato de aprendizagem não se aplica:

a) pessoas com deficiência, hipótese em que não há limite máximo;

b) aprendiz contratado com idade entre 14 e 15 anos incompletos, hipótese em que o contrato pode ser firmado por 4 anos;

c) o aprendiz se enquadrar nas seguintes situações, hipótese em que o contrato pode ser firmado por até 4 anos:

- egressos do sistema socioeducativo ou em cumprimento de medidas socioeducativas;

- em cumprimento de pena no sistema prisional;

- que integrem família que recebam o auxílio-Brasil ou outro que venha substituí-lo;

- em regime de acolhimento institucional;

- que esteja protegido pelo Programa de Proteção à Criança e adolescentes ameaçados de morte;

- egressos do trabalho infantil;

- sejam pessoas com deficiência.

4.8 REQUISITOS PARA A VALIDADE DO CONTRATO

Para a validade do contrato de aprendizagem, o empregador deve observar:

a) matrícula e frequência do aprendiz à escola, caso não haja concluído o ensino médio. Nas localidades onde não haja oferta de ensino médio a contratação do aprendiz poderá ocorrer desde que já tenha concluído o ensino fundamental;

b) inscrição em programa de aprendizagem desenvolvido sob a orientação das seguintes entidades qualificadas em formação técnico-profissional metódica:

- entes do Sistema Nacional de Aprendizagem;
- instituições educacionais que ofereçam educação profissional e tecnológica;
- entidades sem fins lucrativos que tenham por objetivo a assistência ao adolescente e à educação profissional, devidamente inscritas no CMDCA; e
- entidades de prática desportiva das diversas modalidades filiadas ao Sistema Nacional do Desporto e aos Sistemas de Desporto dos Estados, do Distrito Federal e dos Municípios.

4.9 FORMAÇÃO TÉCNICO-PROFISSIONAL

Formação técnico-profissional metódica são as atividades teóricas e práticas, metodicamente organizadas em tarefas de complexidade progressiva desenvolvidas no ambiente de trabalho.

Deverá observar os seguintes princípios:

a) garantia de acesso e frequência obrigatória do aprendiz ao ensino básico;

b) horário especial para o exercício das atividades; e

c) capacitação profissional adequada ao mercado de trabalho.

Ao aprendiz com idade inferior a 18 anos, é assegurado o respeito à sua condição peculiar de pessoa em desenvolvimento.

4.10 ENTIDADES QUALIFICADAS EM FORMAÇÃO TÉCNICO-PROFISSIONAL METÓDICA

São entidades qualificadas em formação técnico-profissional metódica:

a) os Serviços Nacionais de Aprendizagem:
- Serviço Nacional de Aprendizagem Industrial (Senai);
- Serviço Nacional de Aprendizagem Comercial (Senac);
- Serviço Nacional de Aprendizagem Rural (Senar);
- Serviço Nacional de Aprendizagem do Transporte (Senat); e
- Serviço Nacional de Aprendizagem do Cooperativismo (Sescoop);

b) as instituições educacionais que oferecem educação profissional e tecnológica;

c) as entidades sem fins lucrativos, que tenham por objetivos a assistência ao adolescente e à educação profissional, registradas no CMDCA;

d) entidades de práticas desportivas das diversas modalidades filiadas ao Sistema Nacional de Desportos e aos sistemas de desportos dos Estados, municípios e distrital.

4.11 APRENDIZES – DIREITOS TRABALHISTAS E PREVIDENCIÁRIOS

Ao empregado aprendiz são assegurados os seguintes direitos, além de outros destinados aos empregados em geral:

a) salário mínimo/hora;
b) jornada de trabalho de 6 horas diárias;
c) Fundo de Garantia do Tempo de Serviço (FGTS);
d) férias;
e) vale-transporte;
f) 13º salário;
g) repouso semanal remunerado;
h) benefícios previdenciários.

4.12 REMUNERAÇÃO

É garantido o salário mínimo/hora, salvo condição mais benéfica. Condição mais favorável é aquela fixada no contrato de aprendizagem ou prevista em convenção ou acordo coletivo de trabalho, onde se especifique o salário mais vantajoso ao aprendiz, bem como o piso regional de que trata a Lei Complementar nº 103/2000, a qual autoriza os Estados e o Distrito Federal a instituir, mediante lei de iniciativa do Poder Executivo, o piso salarial de que trata o inciso V do art. 7º da Constituição Federal para os empregados que não tenham piso salarial definido em lei federal, convenção ou acordo coletivo de trabalho.

Desta forma, considera-se para fins de apuração do salário mínimo/ hora:

a) o valor do salário mínimo nacional;

b) o valor do salário mínimo regional fixado em lei;

c) o piso da categoria previsto em instrumento normativo, quando houver previsão de aplicabilidade ao aprendiz;

d) o valor pago por liberalidade do empregador.

O aprendiz maior de 18 anos que labore em ambiente insalubre ou perigoso ou cuja jornada seja cumprida em horário noturno faz jus ao recebimento do respectivo adicional.

4.13 JORNADA DE TRABALHO

A jornada de trabalho não excederá 6 horas diárias, envolvendo atividades teóricas e práticas, devendo a entidade qualificada em formação técnico-profissional fixá-la no plano do curso, observadas as seguintes condições:

a) a duração da jornada poderá ser de até 8 horas para os aprendizes que já tiverem completado o ensino fundamental, desde que nestas sejam incluídas obrigatoriamente as atividades teóricas bem como para os que já completaram o ensino médio;

b) o tempo do deslocamento do aprendiz entre a entidade entidade qualificada em formação e o estabelecimento onde se realizará a aprendizagem não será computado na jornada;

c) são vedadas a prorrogação, a compensação da jornada, banco de horas e trabalho aos domingos; e

d) a jornada semanal do aprendiz, inferior a 25 horas, não caracteriza trabalho em tempo parcial.

4.14 ATIVIDADES TEÓRICAS E PRÁTICAS

As aulas teóricas devem ocorrer em ambiente físico adequado ao ensino, e com meios didáticos apropriados, podendo se dar sob a forma de aulas demonstrativas no ambiente de trabalho ou nas entidades qualificadas em formação, hipótese em que é vedada qualquer atividade laboral do aprendiz, ressalvado o manuseio de materiais, ferramentas, instrumentos e assemelhados.

É vedado ao responsável pelo cumprimento da cota de aprendizagem cometer ao aprendiz atividades diversas daquelas previstas no programa de aprendizagem.

As aulas práticas podem ocorrer na própria entidade qualificada em formação técnico-profissional metódica ou no estabelecimento cumpridor da cota ou concedente da experiência prática do aprendiz.

Na hipótese de o ensino prático ocorrer no estabelecimento, será formalmente designado pela empresa, um empregado monitor responsável pela coordenação de exercícios práticos e acompanhamento das atividades do aprendiz no estabelecimento, em conformidade com o programa de aprendizagem.

A entidade qualificada em formação, responsável pelo programa de aprendizagem fornecerá aos empregadores e ao Ministério do Trabalho e Previdência, quando solicitada, cópia do projeto pedagógico do programa.

Para fins da experiência prática segundo a organização curricular do programa de aprendizagem, o empregador que mantenha mais de um estabelecimento em um mesmo município ou em municípios limítrofes, poderá centralizar as atividades práticas correspondentes em um único estabelecimento.

Nenhuma atividade prática poderá ser desenvolvida no estabelecimento em desacordo com as disposições do programa de aprendizagem.

4.15 MENOR DE 18 ANOS DE IDADE

Quando o menor de 18 anos for empregado em mais de um estabelecimento, as horas de trabalho em cada um serão totalizadas.

Na fixação da jornada de trabalho do menor de 18 anos, a entidade qualificada em formação técnico-profissional metódica levará em conta os direitos assegurados na Lei nº 8.069/1990, que dispõe sobre o Estatuto da Criança e do Adolescente.

4.16 FGTS

Nos contratos de aprendizagem, aplicam-se as disposições da Lei nº 8.036/1990, que rege o Fundo de Garantia do Tempo de Serviço (FGTS). Entretanto, a alíquota corresponderá a 2% da remuneração paga ou devida ao empregado aprendiz, em conformidade com o § 7º, do art. 15, da Lei nº 8.036/1990.

4.17 FÉRIAS

As férias devem coincidir, preferencialmente, com as férias escolares, sendo vedado ao empregador fixar período diverso daquele definido no programa de aprendizagem. O aprendiz também pode fracionar as suas férias em 3 períodos.

As férias coletivas concedidas pela empresa, serão consideradas licença remunerada para o aprendiz, nas seguintes situações:

a) não coincidirem com o período de férias previsto no curso da aprendizagem;

b) não coincidirem com o período de férias escolares para os aprendizes menores de 18 anos; ou

c) houver atividade teórica na entidade qualificadora durante o período das coletivas.

4.18 VALE-TRANSPORTE

É assegurado ao aprendiz o direito ao vale-transporte.

4.19 DEMAIS DIREITOS

Os demais direitos trabalhistas e previdenciários do empregado aprendiz são os mesmos aplicáveis aos demais empregados (13º salário; seguro-desemprego em razão de rescisão antecipada do contrato de aprendizagem, repouso semanal remunerado, estabilidade da gestante, benefício por incapacidade temporária, aposentadoria etc.).

4.20 ENCARGOS LEGAIS

Sobre o salário devido ou pago pela empresa ao aprendiz durante a aprendizagem incidem normalmente todos os encargos legais aplicados aos empregados não aprendizes, com exceção do depósito do FGTS, o qual observa a alíquota de 2% sobre a remuneração paga ou creditada ao aprendiz, enquanto sobre os salários dos demais trabalhadores aplica-se a alíquota de 8% (Lei nº 8.036/1990, art. 15, *caput* e § 7º).

Assim, o trabalhador aprendiz está sujeito aos descontos das contribuições previdenciárias e ao imposto de renda que será retido na fonte, da mesma forma que os demais empregados da empresa onde trabalha.

No que tange à contribuição sindical é bom lembrar que a reforma trabalhista, instituída pela Lei nº 13.467/2017, alterou o art. 579 da CLT para determinar que a contribuição sindical (patronal, dos empregados, autônomos e profissionais liberais) é opcional. Só contribui aquele que assim desejar, ou seja, a contribuição é ato de vontade.

Assim, os empregadores só poderão descontar qualquer valor a título de contribuição sindical da folha de pagamento dos seus empregados, desde que por eles devidamente autorizados (autorização prévia e expressa).

Rescisão do contrato de trabalho

A extinção do contrato de aprendizagem ocorrerá na data prevista para seu término ou quando o aprendiz completar a idade máxima fixada, ou ainda, antecipadamente, nas seguintes hipóteses:

a) desempenho insuficiente ou inadaptação do aprendiz, exceto para pessoas com deficiência, quando desprovido de recursos de acessibilidade, de tecnologias assistivas e de apoio necessário ao desempenho de suas atividades;

b) justa causa;

c) ausência injustificada à escola que implique perda do ano letivo;

d) a pedido do aprendiz;

e) quando o estabelecimento contratar o aprendiz por contrato a prazo indeterminado;

f) fechamento do estabelecimento quando não há possibilidade de transferência do aprendiz sem que isto gere prejuízo ao próprio aprendiz;

g) morte do empregador empresa individual; e

h) rescisão indireta.

Nota-se, portanto, que a rescisão antecipada do contrato sem justificativa e por iniciativa do empregador não poderá ocorrer.

4.21 VERBAS RESCISÓRIAS DEVIDAS

Serão devidas ao aprendiz as verbas rescisórias de acordo com o motivo da rescisão, conforme a seguir:

a) Rescisão no término do contrato

SALDO DE SALÁRIO	AVISO PRÉVIO	13º SALÁRIO		FÉRIAS +1/3		FCTS		INDENIZAÇÃO CLT, ART. 479	INDENIZAÇÃO CLT, ART. 480
		INTEGRAL	PROPORCIONAL	INTEGRAL	PROPORCIONAL	SAQUE	MULTA		
SIM	NÃO	SIM	SIM	SIM	SIM	SIM	NÃO	NÃO	NÃO

b) Rescisão antecipada

CAUSA DA RESCISÃO	SALDO DE SALÁRIO	AVISO PRÉVIO	13º SALÁRIO		FÉRIAS +1/3		FCTS		INDENIZAÇÃO CLT, ART. 479	INDENIZAÇÃO CLT, ART. 480
			INTEGRAL	PROPORCIONAL	INTEGRAL	PROPORCIONAL	SAQUE	MULTA		
Implemento da idade	SIM	NÃO	SIM	SIM	SIM	SIM	SIM	NÃO	NÃO	NÃO
Desempenho insuficiente ou inadaptação do aprendiz	SIM	NÃO	SIM	SIM	SIM	SIM	NÃO	NÃO	NÃO	NÃO
Falta disciplinar grave (art. 482 CLT)	SIM	NÃO	SIM	NÃO	SIM	NÃO	NÃO	NÃO	NÃO	NÃO
Ausência injustificada à escola que implica perda do ano letivo	SIM	NÃO	SIM	SIM	SIM	SIM	NÃO	NÃO	NÃO	NÃO

CAUSA DA RESCISÃO	SALDO DE SA- LÁRIO	AVISO PRÉVIO	13° SALÁRIO		FÉRIAS +1/3		FGTS		INDENI- ZAÇÃO CLT, ART. 479	INDENI- ZAÇÃO CLT, ART. 480
			INTE- GRAL	PROPOR- CIONAL	INTE- GRAL	PROPOR- CIONAL	SAQUE	MULTA		
A pedido do aprendiz	SIM	NÃO	SIM	SIM	SIM	SIM	NÃO	NÃO	NÃO	NÃO
Fechamento do estabelecimento sem possibilidade de transferência para outro e sem prejuízo ao aprendiz ou morte do empregador constituído em empresa individual.	SIM	NÃO	SIM	SIM	SIM	SIM	SIM	SIM	SIM	NÃO
Rescisão indireta	SIM	NÃO	SIM	SIM	SIM	SIM	SIM	SIM	SIM	NÃO
Descaracterização, quando não se puder transformar o contrato para prazo indeterminado	SIM	NÃO	SIM	SIM	SIM	SIM	SIM	SIM	SIM	NÃO

Ocorrendo a extinção ou rescisão do contrato de aprendizagem que resultar em descumprimento da cota mínima, o empregador deverá contratar novo aprendiz.

A diminuição do quadro de pessoal da empresa, ainda que em razão de dificuldades financeiras ou de conjuntura econômica desfavorável, não autoriza a rescisão antecipada dos contratos de aprendizagem em curso, que deverão ser cumpridos até o seu termo final.

4.22 CERTIFICADO DE QUALIFICAÇÃO PROFISSIONAL DE APRENDIZAGEM

Aos aprendizes que concluírem os programas de aprendizagem com aproveitamento, será concedido pela entidade qualificada em formação técnico-profissional metódica o certificado de qualificação profissional.

O certificado de qualificação profissional deverá enunciar o título e o perfil profissional para a ocupação na qual o aprendiz foi qualificado.

5. ALTERAÇÃO CONTRATUAL

O art. 468 da CLT determina que, nos contratos individuais de trabalho, a alteração das respectivas condições só é lícita quando houver mútuo consentimento e não resultar, direta ou indiretamente, prejuízos ao empregado, sob pena de nulidade da cláusula infringente desta garantia.

Embora a legislação vigente assegure, portanto, a liberdade de contratação das partes, resguarda as alterações contratuais contra a arbitrariedade do empregador, impondo que essa seja produto da manifestação de vontade das partes e, além disso, não cause prejuízo ao empregado, sob pena de ser considerada nula de pleno direito, não produzindo, consequentemente, qualquer efeito no contrato de trabalho.

Lembramos, porém, que com a chamada "Reforma Trabalhista" (Lei nº 13.467/2017), foi instituída a prevalência do negociado sobre o legislado. Isto significa dizer que, o que for acordado via negociação coletiva (acordo ou convenção) prevalece sobre o determinado por lei e será aplicado aos trabalhadores representados, observadas as exceções.

6. ALTERAÇÃO NA PROPRIEDADE E/OU ESTRUTURA JURÍDICA DAS EMPRESAS

As alterações ocorridas tanto na propriedade como na estrutura jurídica das empresas não afetarão os contratos de trabalho, bem como os direitos adquiridos dos trabalhadores. Assim, os contratos de trabalho e direitos trabalhistas dos empregados mantêm-se íntegros ainda que haja mudança de razão social, transformação de sociedade por cotas de responsabilidade limitada em sociedade anônima ou vice-versa, mudança de sócios, compra e venda da empresa, fusão, cisão, encampação etc.

Caracterizada a sucessão empresarial ou de empregadores, as obrigações trabalhistas, inclusive as contraídas à época em que os empregados trabalhavam para a empresa sucedida, são de responsabilidade do sucessor.

O sócio retirante responde subsidiariamente pelas obrigações trabalhistas relativas ao período em que figurou como sócio nas ações ajuizadas até dois anos após a modificação do contrato, observada a seguinte ordem de preferência:

a) empresa devedora;
b) sócios atuais; e
c) sócio retirante.

A empresa sucedida/sócio retirante responderá solidariamente com a sucessora quando ficar comprovada fraude na transferência.

7. TRANSFERÊNCIA

7.1 TRANSFERÊNCIA DE EMPREGADOS

O empregador não poderá transferir o empregado para outra localidade sem que haja a sua concordância, salvo se exercer cargo de confiança ou se em seu contrato tiver como condição, implícita ou explícita, a transferência, quando esta decorra de real necessidade de serviço.

Importante observar que não se considera transferência a que não acarretar necessariamente a mudança do domicílio do empregado. Por exemplo, a transferência do empregado para uma cidade limítrofe de seu domicílio não é considerada transferência.

7.2 HIPÓTESES EM QUE A TRANSFERÊNCIA É LÍCITA

Não obstante o anteriormente exposto, em caso de necessidade de serviço, o empregador poderá transferir o empregado nas hipóteses abaixo:

a) se o empregado exercer cargo de confiança;
b) no contrato de trabalho, tiver como condição, implícita ou explícita, a transferência;

c) quando ocorrer a extinção do estabelecimento em que trabalhar o empregado; e

d) transferência provisória.

Nas transferências provisórias, a empresa ficará obrigada a efetuar um pagamento suplementar, de no mínimo 25% dos salários que o empregado percebia naquela localidade, enquanto durar essa situação. Esse adicional tem natureza salarial e, enquanto durar essa transferência, integra o salário do empregado para todos os efeitos, 13º salário, férias, aviso prévio, repouso semanal remunerado, incidência de contribuição previdenciária, FGTS e Imposto de Renda.

7.3 TRANSFERÊNCIAS ILÍCITAS OU PROIBIDAS

Em algumas situações, a transferência não é permitida, como, por exemplo:

a) em razão do cargo que ocupa, como no caso do dirigente sindical e do membro da Cipa;

b) com a intenção de punir o empregado (transferência arbitrária).

7.4 EXTINÇÃO DO ESTABELECIMENTO

A transferência do empregado para outro estabelecimento da mesma empresa é lícita quando há a extinção do estabelecimento contratante. Nesta situação não é exigida a concordância do empregado uma vez que o próprio fato determina a necessidade da transferência.

7.5 DESPESAS COM A TRANSFERÊNCIA

As despesas resultantes da transferência com o frete e o carreto da mudança, passagens etc. correrão por conta do empregador.

7.6 EMPRESAS DO MESMO GRUPO ECONÔMICO – POSSIBILIDADE DE TRANSFERÊNCIA

O empregado, observadas as condições anteriores, poderá ser transferido não só de um estabelecimento, filial, agência ou sucursal para outro da mesma empresa como também entre empresas do mesmo grupo econômico.

O art. 2º, §§ 2º e 3º da CLT estabelece que sempre que uma ou mais empresas, tendo, embora, cada uma delas, personalidade jurídica própria, estiverem sob a direção, controle ou administração de outra, ou ainda quando, mesmo guardando cada uma sua autonomia, integrem grupo econômico, serão responsáveis solidariamente pelas obrigações decorrentes da relação de emprego.

Esclarece, ainda, que não caracteriza grupo econômico a mera identidade de sócios, sendo necessárias, para a configuração do grupo, a demonstração do interesse integrado, a efetiva comunhão de interesses e a atuação conjunta das empresas dele integrantes.

7.7 TRANSFERÊNCIA PARA OUTRA EMPRESA

Embora haja doutrinadores que admitem a transferência do empregado entre empresas que não pertençam ao mesmo grupo econômico desde que a empresa para a qual o empregado estiver sendo transferido assuma todo o ônus (despesas, férias, 13º salário, garantias trabalhistas etc.) desta transferência, o entendimento predominante, ao qual nos filiamos, é no sentido de que a transferência é ilícita quando os estabelecimentos/empresas não pertencerem ao mesmo grupo econômico. Assim, se os estabelecimentos não são da mesma empresa ou as empresas envolvidas não pertencem a um mesmo grupo econômico, a transferência não pode ser realizada, motivo pelo qual deverão ser rescindidos os contratos de trabalho dos respectivos empregados, que serão admitidos pelas novas empresas que os contratarem.

7.8 ANOTAÇÕES NA CTPS

A transferência do empregado deverá ser anotada na CTPS Digital. Entretanto, estas anotações serão realizadas por meio do eSocial até o dia 15 do mês subsequente ao da ocorrência.

8. CADASTRO GERAL DE EMPREGADOS E DESEMPREGADOS (CAGED)

As informações relativas à transferência que eram informadas no Caged, passaram a ser cumpridas por meio do eSocial.

9. SALÁRIO E REMUNERAÇÃO

9.1 SALÁRIO

O salário tomado em seu sentido estrito é a parcela básica correspondente ao valor previamente pactuado e fixado como contraprestação pelos serviços prestados, ou seja, é o salário essencial. Seu pagamento se dá de forma habitual.

9.2 REMUNERAÇÃO

A remuneração, por sua vez, é o salário tomado em sentido amplo (*lato sensu*) e é constituída não só da parcela fixa estipulada (salário *stricto sensu*), mas também das parcelas salariais adicionais, ou seja, valores que são pagos conforme as peculiaridades da atividade ou das condições de trabalho a que o empregado estiver submetido, por exemplo: adicionais de insalubridade, extraordinário, periculosidade etc. Esse pagamento pode ocorrer de forma habitual ou esporádica.

A Lei nº 13.467/2017, que instituiu a reforma trabalhista, alterou o art. 457 da CLT para determinar que são incluídas na remuneração:

a) a importância fixa estipulada;

b) as gorjetas;

c) as gratificações legais; e

d) as comissões pagas pelo empregador.

Foi ainda determinado que as verbas elencadas a seguir, mesmo quando pagas com habitualidade, não integram a remuneração do empregado, não se incorporam ao contrato de trabalho e não constituem base de incidência de qualquer encargo trabalhista e previdenciário:

a) ajuda de custo;

b) auxílio-alimentação (vedado o pagamento em dinheiro);

c) diárias para viagem (independentemente do valor);

d) prêmios;

e) abonos;

f) assistência médica ou odontológica (própria ou conveniada); e

g) reembolso de despesas médico-hospitalares, com medicamentos, óculos, aparelhos ortopédicos, próteses, órteses e outras similares.

São considerados prêmios as liberalidades concedidas pelo empregador em forma de bens, serviços ou valor em dinheiro, a empregado ou a grupo de empregados em razão de desempenho superior ao ordinariamente esperado no exercício de suas atividades.

9.3 PARCELAS INTEGRANTES

As parcelas integrantes, como próprio nome já diz, são aquelas que fazem parte da remuneração, ou seja, são incorporadas à remuneração não só a quantia fixa estipulada, como também, entre outras, as comissões, as gratificações legais, as gorjetas, as parcelas *in natura* que são aquelas em espécies, que a empresa por força do contrato ou do costume fornecer habitualmente ao trabalhador.

Integram a remuneração do empregado, entre outras, as seguintes parcelas:

a) salário;

b) comissões, percentagens, com base na produção do empregado – é uma forma de salário em que o empregado recebe um percentual do produto de seu trabalho. Assim, por exemplo, o empregado recebe 5% sobre o valor das vendas por ele realizadas;

c) gorjetas – importância dada de forma espontânea pelo cliente ou a que for cobrada pela empresa, como adicional nas contas e destinada à distribuição aos empregados;

   Súmula 354 do TST

   Gorjetas – Natureza jurídica – Repercussões

   As gorjetas, cobradas pelo empregador na nota de serviço ou oferecidas espontaneamente pelos clientes, integram a remuneração do empregado, não servindo de base de cálculo para as parcelas de aviso prévio, adicional noturno, horas extras e repouso semanal remunerado.

d) gratificações legais – as gratificações previstas na legislação;

e) adicionais de periculosidade ou insalubridade: são devidos só e enquanto perdurarem as condições desfavoráveis à segurança ou saúde do empregado;

   – As atividades ou as operações insalubres são aquelas que, por sua natureza, condições ou métodos de trabalho, expõem os empregados a agentes nocivos à saúde, acima dos limites de tolerância.

   – A Constituição Federal vedou a utilização do salário mínimo para qualquer fim. Em decorrência dessa vedação constitucional, há controvérsia sobre a base de cálculo do adicional e, até que o Poder Judiciário venha julgar definitivamente a questão, recomenda-se que as empresas se acautelem diante do critério a ser adotado, podendo a questão ser solucionada por meio de negociação coletiva de trabalho.

- Periculosidade – As atividades ou operações perigosas são aquelas que, por sua natureza ou métodos de trabalho, impliquem risco acentuado em virtude de exposição permanente do trabalhador a: inflamáveis, explosivos ou energia elétrica; a roubos ou outras espécies de violência física nas atividades profissionais de segurança pessoal ou patrimonial. São também consideradas perigosas as atividades de trabalhador em motocicleta. O empregado que trabalha nessas condições tem direito ao adicional de 30% sobre o seu salário sem os acréscimos resultantes de gratificações, ou participações nos lucros da empresa;

f) adicional de transferência – o empregado que for transferido provisoriamente para localidade diversa da resultante do contrato de trabalho (deslocamento que acarreta mudança de domicílio), terá direito ao adicional de, no mínimo, 25% de seu salário, enquanto durar a transferência.

9.4 SALÁRIO MÍNIMO

O art. 7º da Constituição Federal em seu inciso IV determina ser direito do trabalhador o salário mínimo, fixado em lei, nacionalmente unificado, capaz de atender a suas necessidades vitais básicas e às de sua família com moradia, alimentação, educação, saúde, lazer, vestuário, higiene, transporte e previdência social, com reajustes periódicos que lhe preservem o poder aquisitivo, sendo vedada sua vinculação para qualquer fim.

Assim sendo, não se poderá contratar empregado com remuneração inferior ao salário mínimo. Determina a CLT que, nos casos de salário fixado por unidade de obra, este mínimo deverá ser garantido ao empregado, ainda que sua produção não o tenha atingido.

Não obstante o anteriormente exposto, ressaltamos que, conforme estabelece o art. 611-A da CLT, acrescido pela Lei nº 13.467/2017 (Reforma Trabalhista), a qual vigora desde 11.11.2017, por meio de negociação coletiva (convenção ou acordo) poderá ser pactuada a forma de remuneração por produtividade e por desempenho individual, situação em que, o que for negociado, terá prevalência sobre a disposição legal.

Baseados nesta determinação, poder-se-ia concluir, a princípio, que os mencionados documentos coletivos poderiam autorizar salário por produção inferior ao mínimo legal, ou seja, o empregado seria remunerado com base no que produziu independentemente de garantia de valor mínimo. Entretanto, é bom lembrar que o art. 7º, VII, da Constituição Federal garante aos empregados que recebem remuneração variável salário nunca inferior ao mínimo. Desta forma, se o documento coletivo estabelecer forma de remuneração inferior ao mínimo, esta regra poderá ter a sua constitucionalidade contestada.

9.5 PISO SALARIAL ESTADUAL

A lei autorizou os Estados e o Distrito Federal a instituir o piso salarial proporcional à extensão e à complexidade do trabalho para os empregados que não tenham piso salarial definido em lei federal, convenção ou acordo coletivo de trabalho. Nos Estados em que não houver lei estabelecendo um salário mínimo superior ao mínimo legal nacionalmente unificado, deve-se observar este último.

9.6 SALÁRIO MÍNIMO PROFISSIONAL

Remuneração mínima, estabelecida em lei, para trabalhadores de certas categorias profissionais.

9.7 SALÁRIO NORMATIVO

Algumas categorias profissionais, por meio do documento coletivo de trabalho (acordo, convenção ou sentença normativa) fixam o valor da remuneração mínima devida aos integrantes da respectiva categoria, independentemente da função que exerçam na empresa.

9.8 GORJETAS

Gorjetas são valores recebidos de terceiros (clientes) e não do empregador. Quando recebidos como adicional na nota de serviço, tais valores formam um fundo especial, sob a custódia do empregador, que fará a sua distribuição aos empregados.

9.9 EMPREGADOS DE EMPRESAS DE PRESTAÇÃO DE SERVIÇO – BENEFÍCIOS ASSEGURADOS

9.9.1 SERVIÇOS NAS DEPENDÊNCIAS DA CONTRATANTE

Enquanto os serviços forem executados nas dependências da contratante, serão asseguradas aos empregados da empresa prestadora de serviços (contratada), as mesmas condições:

I) sanitárias, de medidas de proteção à saúde e de segurança no trabalho e de instalações adequadas à prestação do serviço;

II) relativas a:
   a) alimentação garantida aos empregados da contratante, quando oferecida em refeitórios;
   b) utilização dos serviços de transporte;
   c) atendimento médico ou ambulatorial existente nas dependências da contratante ou local por ela designado;
   d) treinamento adequado, fornecido pela contratada, quando a atividade o exigir.

Contratante e contratada poderão estabelecer, se assim entenderem, que os empregados da contratada farão jus a salário equivalente ao pago aos empregados da contratante, além de outros direitos.

Nos contratos que impliquem mobilização de empregados da contratada em número igual ou superior a 20% dos empregados da contratante, esta poderá disponibilizar aos empregados da contratada os serviços de alimentação e de atendimento ambulatorial em outros locais apropriados e com igual padrão de atendimento, com vistas a manter o pleno funcionamento dos serviços existentes.

9.9.2 SERVIÇOS EM OUTRO LOCAL PREVISTO EM CONTRATO

Quando o trabalho for realizado tanto nas dependências da contratante como em outro local previamente convencionado em contrato, é responsabilidade da contratante garantir as condições de segurança, higiene e salubridade dos trabalhadores.

A contratante poderá estender ao trabalhador da empresa de prestação de serviços o mesmo atendimento médico, ambulatorial e de refeição destinado aos seus empregados, existente nas dependências da contratante ou no local por ela designado.

9.10 EQUIPARAÇÃO SALARIAL

Conforme já informado, a empresa contratante e a contratada poderão estabelecer, se assim entenderem, que os empregados da contratada farão jus a salário equivalente ao pago aos empregados da contratante, além de outros direitos.

A equiparação salarial não será aplicada. Observe-se que o art. 461 da CLT estabelece que, sendo idêntica a função, a todo trabalho de igual valor, prestado ao mesmo empregador, no mesmo estabelecimento empresarial, corresponderá igual salário, sem distinção de sexo, etnia, nacionalidade ou idade.

Para tanto, é considerado trabalho de igual valor, aquele que for feito com igual produtividade e com a mesma perfeição técnica, entre pessoas cuja diferença de tempo de serviço para o mesmo empregador não seja superior a quatro anos e a diferença de tempo na função não seja superior a dois anos. Desta forma, embora possa haver idêntica função, que o trabalho tenha igual valor e seja prestado no mesmo estabelecimento, o empregador não será o mesmo. Assim, não há que se falar em equiparação salarial.

9.11 FALTAS OU ATRASOS JUSTIFICADOS

As faltas ou atrasos justificados por lei, documento coletivo de trabalho, bem como as abonadas pelo empregador não acarretam ao empregado a redução do salário a que tem direito.

No quadro a seguir apresentamos as principais ausências legais que impedem o desconto na remuneração, bem como os períodos respectivos.

FALTA – MOTIVO	AUSÊNCIA – DURAÇÃO
Falecimento do cônjuge, ascendente (pai, mãe, avô, avó, bisavô, bisavó, trisavô, trisavó etc.) e descendente (filho(a), neto(a), bisneto(a), trineto(a) etc.) ou irmão	2 dias (consecutivos)
Casamento	3 dias consecutivos
Licença paternidade	5 dias consecutivos em caso de nascimento de filho)
Doação voluntária de sangue devidamente comprovada	1 dia (a cada 12 meses de trabalho)
Alistamento eleitoral	2 dias (consecutivos ou não)
Exigências do serviço militar referidas na Lei nº 4.375/1964, art. 65, "c" (Lei do Serviço Militar)	Período necessário
Exame vestibular para ingresso em estabelecimento de ensino superior	Dias necessários
Comparecimento a juízo	Pelo tempo que se fizer necessário
Participação de reunião oficial de organismo internacional do qual o Brasil seja membro na condição de representante de entidade sindical	Tempo que se fizer necessário
Acompanhar consultas médicas e exames complementares durante o período de gravidez de sua esposa ou companheira	Tempo necessário para acompanhamento em até 6 consultas ou exames complementares

FALTA - MOTIVO	AUSÊNCIA - DURAÇÃO
Acompanhar filho de até 6 anos em consulta médica	1 (a cada ano)
Exames preventivos de câncer devidamente comprovados	Até 3 dias em cada 12 meses
Licença maternidade, observados os requisitos da legislação previdenciária para percepção do benefício de salário maternidade	120 dias (prorrogado por mais 14 dias, conforme a legislação ou 14 dias no caso de aborto não criminoso)
Faltas justificadas pela empresa	Período justificado

FALTA - MOTIVO	AUSÊNCIA - DURAÇÃO
Comparecimento para depor como testemunha, quando devidamente arrolado ou convocado	Período necessário
Comparecimento como parte à Justiça do Trabalho	Período necessário
Jurado no Tribunal do Júri	Período necessário
Doença ou acidente do trabalho	Até 15 dias
Convocação para serviço eleitoral	Período determinado pelo Juiz
Greve, desde que tenha havido acordo, convenção, laudo arbitral ou decisão da Justiça do Trabalho que disponha sobre a manutenção dos direitos trabalhistas aos grevistas durante a paralisação das atividades	Período de paralisação
Curso de aprendizagem	Período de frequência
Professor (a) - casamento ou falecimento de cônjuge, pai, mãe ou filho	9 dias
Representantes dos trabalhadores em atividade, decorrentes das atuações do Conselho Nacional de Previdência Social (CNPS)	Período de atuação
Férias	Período correspondente
Representantes dos trabalhadores no Conselho Curador do FGTS	Período de atividade no órgão
Representante dos empregados quando convocado para atuar como conciliador nas Comissões de Conciliação Prévia	Período de afastamento

FALTA – MOTIVO	AUSÊNCIA – DURAÇÃO
Consultas médicas e demais exames complementares durante a gravidez	6 consultas (tempo necessário)
Outros motivos previstos em acordo, convenção ou dissídio coletivo de trabalho da entidade sindical representativa da categoria profissional	Dias correspondentes

Nota:

Vale lembrar que à empresa com serviço médico próprio ou em convênio, cabe o exame médico e o abono das faltas correspondentes ao período de afastamento do empregado por motivo de doença ou acidente do trabalho, encaminhando o segurado à perícia médica da Previdência Social quando a incapacidade ultrapassar 15 dias.

10. DIREITOS

Na vigência do contrato de trabalho, poderão, além dos direitos abaixo elencados, ser assegurados outros direitos previstos no acordo ou convenção coletiva de trabalho da categoria profissional respectiva ou por liberalidade do empregador.

10.1 JORNADA DE TRABALHO

A jornada normal diária de trabalho, fixada pela CF/1988, é de até 8 horas, não podendo exceder a 44 horas semanais, ressalvados os casos mais benéficos, ou seja, jornada reduzida, prevista em:

- Lei;
- cláusula de sentença normativa;
- acordo, ou convenção coletiva de trabalho da categoria;
- espontaneamente, por meio do contrato.

Jornada de trabalho vem a ser a duração diária das atividades do empregado, ou seja, a quantidade de tempo em que o empregado, por força do contrato de trabalho, fica à disposição do empregador, seja trabalhando efetivamente ou aguardando ordens. Neste período, o trabalhador não pode dispor de seu tempo em proveito próprio.

Lembre-se que a Lei nº 13.467/2017, que instituiu a reforma trabalhista, acresceu o art. 611-A à CLT para determinar, entre outras disposições, que a convenção coletiva e o acordo coletivo de trabalho têm prevalência sobre a lei, quando dispuserem, entre outros, sobre jornada de trabalho, observados os limites constitucionais.

10.1.1 JORNADA 12 X 36

A Lei nº 13.467/2017 que instituiu a reforma trabalhista, entre outras providências, acrescentou o art. 59-A à CLT, dispondo que, em exceção à jornada normal de até 8 h diárias e 44 semanais, é facultado às partes, mediante acordo individual escrito, convenção coletiva ou acordo coletivo de trabalho, estabelecer horário de trabalho de 12 horas seguidas por 36 horas ininterruptas de descanso.

Para tanto:

a) os intervalos para repouso e alimentação podem ser observados ou indenizados;

b) a remuneração mensal pactuada abrangerá os pagamentos devidos pelo DSR e pelo descanso em feriados, e

c) serão considerados compensados os feriados e as prorrogações de trabalho noturno, quando houver; e

d) não será exigida licença prévia das autoridades competentes, no caso de prorrogação da jornada em atividade insalubre.

10.2 SALÁRIO

Remuneração relativa aos dias/horas trabalhados no mês, incluindo o salário fixo mais adicionais salariais, além dos repousos semanais remunerados.

10.3 FÉRIAS

O empregado terá direito anualmente ao gozo de um período de férias, sem prejuízo da remuneração após cada período de 12 meses de vigência do contrato de trabalho.

Entretanto, desde que haja concordância do empregado, as férias poderão ser usufruídas em até 3 períodos, sendo que um deles não poderá ser inferior a 14 dias corridos e os demais não poderão ser inferiores a 5 dias corridos, cada um.

10.3.1 DIAS DE GOZO DE FÉRIAS – ESCALA

O número de dias de férias a que o empregado faz jus dependerá do número de faltas injustificadas durante o período aquisitivo respectivo.

NÚMERO DE DIAS CORRIDOS DE FÉRIAS	NÚMERO DE FALTAS INJUSTIFICADAS AO SERVIÇO NO CURSO DO PERÍODO AQUISITIVO
30	até 5
24	de 6 a 14
18	de 15 a 23
12	de 24 a 32

O empregado que faltar mais de 32 vezes injustificadamente no curso do período aquisitivo perderá o direito às férias correspondentes.

Entende-se que somente devem ser consideradas as faltas de período integral, não se computando, para fins de aplicação da escala, ausências de meio período, atrasos de horas ou minutos etc., nem os dias de repouso semanal remunerado e feriados que eventualmente não tiverem sido pagos ao empregado durante o ano em decorrência de falta(s) injustificada(s) durante a semana.

10.3.2 TRABALHO A TEMPO PARCIAL – FÉRIAS

Os empregados contratados pelo regime de tempo parcial, ou seja, aquele cuja duração não exceda a 30 horas semanais, sem possibilidade de horas suplementares ou aquele cuja duração não exceda 26 horas semanais com possibilidade de até 6 horas suplementares semanais, também têm direito a 30, 24, 18 ou 12 dias de férias, conforme o número de faltas injustificadas no período aquisitivo respectivo.

O trabalhador em tempo parcial receberá a remuneração calculada de forma proporcional à jornada executada, em relação aos empregados que cumprem, nas mesmas funções, tempo integral.

10.3.3 REMUNERAÇÃO

A remuneração das férias corresponde ao salário do empregado acrescido dos adicionais salariais, tais como o de horas extras, noturno etc., bem como das parcelas salariais variáveis, acrescidas do adicional de 1/3 da Constituição Federal, e poderá ser paga de forma simples ou em dobro, conforme observe ou não o prazo legal para a sua concessão.

As férias deverão ser pagas com base no salário da época em que forem concedidas. Havendo no mês da concessão das férias reajustes salariais, estas deverão ser remuneradas considerando-se o salário já com o reajuste.

10.3.4 FORMAS

Salário pago por hora com jornada variável, apura-se a média aritmética do número de horas do período aquisitivo, multiplicando-se o resultado pelo valor hora vigente por ocasião da concessão.

Salário por tarefa, apura-se a média aritmética da produção do período aquisitivo, multiplicando-se o resultado pelo valor da tarefa vigente na data da concessão.

Salário por percentagem ou comissão, apura-se a média dos valores percebidos pelo empregado, nos 12 meses que antecederem a data de sua concessão.

10.4 13º SALÁRIO
10.4.1 CONCEITO

A gratificação de Natal, mais conhecida como 13º salário, é devida a todos os empregados urbanos, rurais e domésticos.

10.4.2 PRAZO PARA PAGAMENTO

A gratificação natalina será paga em duas parcelas, a primeira, entre os meses de fevereiro e novembro de cada ano e a segunda, até 20 de dezembro.

10.4.3 REMUNERAÇÃO

A remuneração do 13º salário corresponde ao salário do empregado acrescido dos adicionais salariais, tais como horas extras, noturno, de periculosidade, de insalubridade etc., bem como das parcelas salariais variáveis.

O 13º salário integral corresponde a 1/12 da remuneração devida em dezembro ou na data da rescisão contratual, por mês de serviço do ano correspondente, considerando-se mês integral a fração igual ou superior a 15 dias de trabalho no mês civil.

Os empregados que recebem salário variável, farão jus à gratificação calculada com base em 1/11 (um onze avos) da soma das importâncias variáveis devidas nos meses trabalhados até novembro de cada ano ou até a rescisão contratual conforme o caso. A essa gratificação somar-se-á a que corresponder à parte do salário contratual fixo, se houver.

Em janeiro, o cálculo do 13º salário deve ser revisto com a inclusão da parcela variável de dezembro, acertando-se a diferença, se houver, a favor do empregado ou do empregador, conforme o caso.

10.4.4 FALTAS JUSTIFICADAS

As faltas justificadas, bem como as abonadas pelo empregador, não acarretam a redução do número de avos a que o empregado tem direito para fins de pagamento do 13º salário.

10.5 AVISO PRÉVIO

Direito dos trabalhadores urbanos e rurais, proporcional ao tempo de serviço, sendo, no mínimo, de 30 dias. Ao aviso prévio de 30 dias, serão acrescidos 3 dias por ano de serviço prestado na mesma empresa, até o máximo de 60 dias, perfazendo um total de até 90 dias.

O aviso prévio é concedido nos contratos a prazo indeterminado e a prazo determinado, desde que, neste último, haja cláusula assecuratória de direito recíproco de rescisão antecipada e tal direito seja exercido por qualquer das partes.

A concessão do aviso prévio pelo empregador possibilita ao empregado a procura de novo emprego, e, quando o empregado pede demissão, a finalidade é dar ao empregador a oportunidade de contratar outro empregado para o cargo.

Assim, a parte que, sem justo motivo, quiser rescindir o contrato de trabalho poderá fazê-lo desde que dê ciência à outra parte de sua intenção com antecedência mínima de 30 dias.

10.6 INDENIZAÇÃO – DATA-BASE

O empregado dispensado sem justa causa no período de 30 dias que antecede a data de sua correção salarial terá direito à indenização adicional equivalente a um salário mensal, conforme art. 9º das Leis nºs 6.708, de 30.10.1979 e 7.238, de 29.10.1984.

A Súmula TST nº 182 prevê: "O tempo do aviso prévio, mesmo indenizado, conta-se para efeito da indenização adicional prevista no art. 9º da Lei nº 6.708/1979."

A Súmula TST nº 314 determina: "Se ocorrer rescisão contratual no período de 30 (trinta) dias que antecede à data-base, observada a Súmula nº 182 do TST, o pagamento das verbas rescisórias com o salário já corrigido não afasta o direito à indenização adicional prevista nas Leis nºs 6.708/1979 e 7.238/1984."

Embora a Súmula acima tenha dado margem a interpretações divergentes, a Comissão de Súmula, ao emitir o Parecer ao Processo TST-IUJ-RR nº 5.110/85.6, que o aprovou, entendeu que, na hipótese de a dispensa consumar-se dentro do mês da data-base, não é devido o pagamento da indenização adicional, mas as verbas rescisórias serão reajustadas conforme o disposto em acordo, convenção ou dissídio coletivo da categoria.

Caso a dispensa ocorra no período de 30 dias que antecede o mês da data base, ainda que a empresa efetue o pagamento da rescisão com o salário já reajustado (se já tiver conhecimento do percentual de reajuste), o pagamento da indenização adicional será devido.

10.7 ESTABILIDADE PROVISÓRIA

A estabilidade consiste no direito do empregado permanecer no emprego, desde que haja a ocorrência das hipóteses reguladas em lei ou documento coletivo de trabalho. É adquirida pelo empregado a partir do momento em que seja vedada sua dispensa sem justa causa.

As estabilidades podem ser:

a) legais: quando estiverem expressamente previstas na legislação;

b) convencionais: quando forem fruto de negociação coletiva e estiverem presentes nos documentos coletivos, ou seja, acordos e convenções coletivas de trabalho, e nas sentenças normativas da Justiça do Trabalho.

Caso a norma ou cláusula de documento preveja que é vedada a dispensa arbitrária ou sem justa causa, isto quer dizer que o empregado não poderá ser demitido, exceto por justa causa, nem o período de estabilidade a ele conferido ser indenizado, ou seja, a garantia é de emprego efetivo e não pode ser convertida em salários antecipados.

Por outro lado, as normas ou cláusulas podem prever garantia de emprego e/ou salário, o que dá à empresa a opção de manter o contrato de trabalho em vigor ou indenizar todo o período com todas as integrações e os reflexos nas verbas trabalhistas, conforme a legislação em vigor.

A empresa que não observar a impossibilidade de transformação de uma garantia de emprego em indenização poderá, caso seja devidamente acionada, ser compelida judicialmente a reintegrar imediatamente o empregado, restaurando o contrato de trabalho no estado em que se encontrava por ocasião da rescisão.

Abaixo, relacionamos as principais garantias previstas na legislação:

a) do empregado não optante pelo regime do FGTS que tenha adquirido direito à estabilidade até a data da promulgação da Constituição Federal (5.10.1988). É o caso dos que contavam com mais de 10 anos de serviço na mesma empresa naquela data (art. 14, Lei nº 8.036, de 11.05.1990);

b) do empregado eleito para cargo de membro de Comissão Interna de Prevenção de Acidentes (Cipa), desde o registro de sua candidatura até um ano após o final de seu mandato (art. 10, II, "a", da Constituição Federal – Ato das Disposições Constitucionais Transitórias e art. 165 da CLT). O TST, por meio da Súmula nº 339, estende esta estabilidade ao empregado eleito suplente da Cipa;

c) da empregada gestante, desde a confirmação da gravidez até 5 meses após o parto (art. 10, II, "b", da Constituição Federal – Ato das Disposições Constitucionais Transitórias). Essa garantia, nos mesmos termos, foi estendida: à empregada doméstica, por meio da Lei Complementar nº 150/2015; a quem detiver a guarda da criança, no caso de morte da trabalhadora gestante, nos termos da Lei Complementar nº 146/2014; ao empregado adotante, ao qual tenha sido concedido guarda provisória para fins de adoção;

d) do empregado sindicalizado a partir do registro da candidatura a cargo de direção ou representação sindical e, se eleito, ainda que suplente, até um ano após o final do mandato, salvo se cometer falta grave nos termos da lei. Disposição esta aplicável à organização de sindicatos rurais e de colônias de pescadores, atendidas as condições que a lei estabelecer (art. 8º, VIII, da CF e art. 543 da CLT);

e) dos convocados para cumprir as exigências do serviço militar, ou encargo público (art. 472 da CLT);

f) dos membros do Conselho Curador do FGTS, enquanto representantes dos trabalhadores, efetivos e suplentes, desde a nomeação até um ano após o término do mandato de representação, somente podendo ser demitidos por motivo de falta grave, regularmente comprovada por meio de processo sindical (art. 3º, § 9º, da Lei nº 8.036, de 11.05.1990);

g) dos membros do Conselho Nacional de Previdência Social (CNPS) enquanto representantes dos trabalhadores em atividade, titulares e suplentes, desde a nomeação até um ano após o término do mandato de representação. Somente poderão ser demitidos por falta grave, regularmente comprovada em processo judicial (art. 3º, § 7º, da Lei nº 8.213, de 24.07.1991);

h) do segurado que sofreu acidente do trabalho, que tem garantida, pelo prazo mínimo de 12 meses, a manutenção do seu contrato de trabalho na empresa, após a cessação do auxílio por incapacidade temporária, independentemente de percepção de auxílio acidente (art. 118 da Lei nº 8.213, de 24.07.1991);

i) dos empregados de empresas que sejam eleitos diretores de sociedades cooperativas por eles criadas, os quais gozam das mesmas garantias asseguradas aos dirigentes sindicais, mencionados anteriormente (art. 55, Lei nº 5.764, de 16.12.1971 – esta lei define a política nacional de cooperativismo e dá outras providências);

j) da mulher em situação de violência doméstica e familiar – por força da Lei nº 11.340, de 7.08.2006, foram criados mecanismos para coibir e prevenir a violência doméstica e familiar contra a mulher e, entre as medidas de assistência e proteção asseguradas, foi determinado que, para preservar a integridade física e psicológica da mulher em situação de violência doméstica e familiar, o juiz assegurar-lhe-á, entre outros, a manutenção do vínculo trabalhista por até 6 meses, quando for necessário o seu afastamento do local de trabalho;

k) veda-se a dispensa dos representantes dos empregados, membros da Comissão de Conciliação Prévia, titulares e suplentes, até um ano após o final do mandato (que é de um ano, permitida uma recondução), salvo se cometerem falta grave, nos termos da lei. (CLT, art. 625-B, § 1º).

Quanto às estabilidades convencionais, os diversos documentos coletivos de trabalho relativos às categorias profissionais existentes, que são muitas, demonstram-nos uma série de situações em que estão previstos garantia de emprego e salário, como, por exemplo:

a) no retorno das férias;
b) no retorno do afastamento por doença;
c) em época próxima à aposentadoria;
d) complementar à estabilidade da gestante prevista em lei;
e) para fiscalizar acordos firmados com o sindicato da categoria, por deliberação das partes; e
f) em idade de alistamento militar.

As estabilidades convencionais têm regras próprias, ou seja, duração, possibilidade de conversão em indenização, condições para obtenção etc., o que obriga as empresas ao conhecimento prévio das disposições dos citados documentos sindicais, cuja inobservância pode gerar autuação por parte da fiscalização do Ministério do Trabalho e Previdência.

10.7.1 CONTRATO POR PRAZO DETERMINADO

Tanto a doutrina como a jurisprudência trabalhistas defendiam o entendimento de que o contrato por tempo determinado era incompatível com qualquer forma de estabilidade, visto que o término do contrato está predeterminado desde a sua celebração.

Ocorre que o Tribunal Superior do Trabalho (TST), por meio das suas Súmulas nº 244, item III, e 378, item III determinou:

> (...)
>
> III – A empregada gestante tem direito à estabilidade provisória prevista no art. 10, inciso II, alínea "b", do Ato das Disposições Constitucionais Transitórias, mesmo na hipótese de admissão mediante contrato por tempo determinado.

Portanto, a posição do Tribunal é favorável à concessão da estabilidade provisória da gestante mesmo nos contratos de trabalho por tempo determinado.

> SÚMULA Nº 378. ESTABILIDADE PROVISÓRIA. ACIDENTE DE TRABALHO. ART. 118 DA LEI Nº 8.213/1991 (inserido o item III)
> (...)
>
> III – O empregado submetido a contrato de trabalho por tempo determinado goza da garantia provisória de emprego, decorrente de acidente de trabalho, prevista no art. 118 da Lei nº 8.213/1991.
>
> Não obstante o anteriormente mencionado, o Supremo Tribunal Federal – STF, ao julgar o RE 629.053 – Tema de Repercussão Geral nº 497, decidiu por unanimidade, que a garantia provisória da gestante é garantida contra a dispensa arbitrária ou sem justa causa, desta forma, não se aplica no caso de extinção no término de contrato a prazo. Portanto, conforme a decisão do STF, alcançado o termo final, o contrato a prazo estará extinto ainda que a empregada esteja em estado de gestação.

10.8 VALE-TRANSPORTE

O vale-transporte (VT) constitui benefício que o empregador antecipará ao trabalhador para utilização efetiva em despesas de deslocamento residência-trabalho e vice-versa.

10.8.1 DESLOCAMENTO — CONCEITO

Entende-se por deslocamento a soma dos segmentos componentes da viagem do beneficiário, por um ou mais meios de transporte, entre sua residência e o local de trabalho.

10.8.2 DIREITO – EXERCÍCIO – CONDIÇÕES

Por ocasião da admissão do empregado, este deve informar, por escrito ou por meio eletrônico, ao empregador:

a) endereço residencial;

b) serviços e meios de transporte mais adequados ao deslocamento residência-trabalho e vice-versa; e

c) deverá também firmar compromisso de utilizar o benefício exclusivamente no deslocamento residência-trabalho e vice-versa.

10.8.3 CUSTEIO

O vale-transporte (VT) é custeado:

a) pelo beneficiário, na parcela equivalente a 6% do seu salário básico ou vencimento, excluídos quaisquer adicionais ou vantagens;

b) pelo empregador, no que exceder à parcela mencionada anteriormente.

10.9 BENEFÍCIOS AOS EMPREGADOS DAS EMPRESAS PRESTADORAS DE SERVIÇO

Conforme mencionamos anteriormente, são assegurados aos empregados de empresas de prestação de serviço, enquanto os serviços forem executados nas dependências da contratante, as mesmas condições:

I) sanitárias, de medidas de proteção à saúde e de segurança no trabalho e de instalações adequadas à prestação do serviço;

II) relativas a:

a) alimentação garantida aos empregados da contratante, quando oferecida em refeitórios;

b) utilização dos serviços de transporte;

c) atendimento médico ou ambulatorial existente nas dependências da contratante ou local por ela designado;

d) treinamento adequado, fornecido pela contratada, quando a atividade o exigir.

Contratante e contratada poderão estabelecer, se assim entenderem, que os empregados da contratada farão jus a salário equivalente ao pago aos empregados da contratante, além de outros direitos.

Nos contratos que impliquem mobilização de empregados da contratada em número igual ou superior a 20% dos empregados da contratante, esta poderá disponibilizar aos empregados da contratada os serviços de alimentação e de atendimento ambulatorial em outros locais apropriados e com igual padrão de atendimento, com vistas a manter o pleno funcionamento dos serviços existentes.

10.9.1 SERVIÇOS EM OUTRO LOCAL PREVISTO EM CONTRATO

Quando o trabalho for realizado em outro local previamente convencionado em contrato, é responsabilidade da contratante garantir as condições de segurança, higiene e salubridade dos trabalhadores.

A contratante poderá estender ao trabalhador da empresa de prestação de serviços o mesmo atendimento médico, ambulatorial e de refeição destinado aos seus empregados, existente nas dependências da contratante ou no local por ela designado.

Além do anteriormente mencionado, a empresa prestadora de serviço também deverá observar cláusulas constantes do documento coletivo de trabalho da categoria profissional que a represente, no que tange aos benefícios.

CAPÍTULO 10
CONTRATAÇÃO PARA PRESTAR SERVIÇO NO EXTERIOR

As empresas poderão transferir ou contratar empregados para prestar serviço no exterior.

A Lei nº 7.064, de 6 de dezembro de 1982, regulamentada pelo Decreto nº 10.854/2021, dispõe sobre a situação de trabalhadores contratados no Brasil ou transferidos por seus empregadores para prestar serviços no exterior.

O empregado designado para prestar serviços de natureza transitória, por período não superior a 90 (noventa) dias, quando tiver ciência expressa dessa transitoriedade e receber, além da passagem de ida e volta, diárias durante o período de trabalho no exterior, as quais, seja qual for o respectivo valor, não terão natureza salarial, estão excluídos das suas disposições.

A lei considera transferido o empregado cujo contrato estava sendo executado no território brasileiro e seja transferido para prestá-lo no exterior, ou cedido à empresa sediada no estrangeiro, para trabalhar no exterior, desde que mantido o vínculo trabalhista com o empregador brasileiro e o contratado por empresa sediada no Brasil para trabalhar a seu serviço no exterior.

A empresa deverá assegurar, independentemente da observância da legislação do local da execução dos serviços, os direitos previstos na Lei nº 7.064/1982, a aplicação da legislação brasileira de proteção ao trabalho, naquilo que não for incompatível com o disposto na lei anteriormente mencionada, quando mais favorável do que a legislação territorial, no conjunto de normas e em relação a cada matéria.

É ainda assegurado a aplicação da legislação brasileira sobre Previdência Social, Fundo de Garantia do Tempo de Serviço (FGTS) e Programa de Integração Social (PIS/ Pasep), que deverá ser respeitada.

I. REMUNERAÇÃO

O salário ajustado por escrito entre a empresa e o empregado deverá ser:

a) obrigatoriamente estipulado em moeda nacional, mas a remuneração devida durante a transferência do empregado, computado o adicional de transferência, poderá, no todo ou em parte, ser paga no exterior, em moeda estrangeira;
b) o valor não poderá ser inferior ao mínimo estabelecido para a categoria profissional do empregado no Brasil;
c) ficará sujeito aos reajustes e aumentos e incidirá exclusivamente sobre os valores ajustados em moeda nacional.

O adicional de transferência também deverá ser acordado entre a empresa e o empregado. Entretanto, não será devido quando do seu retorno ao Brasil.

A remuneração (salário, adicional etc.), no todo ou em parte, poderá ser convertida e remetida ao exterior, para o local de trabalho, por intermédio de instituições bancárias, autorizadas a operar em câmbio, estando sujeitas à fiscalização do Banco Central do Brasil. O empregado ou seu procurador deverá requerê-la por escrito, e a empresa deverá declarar o valor da remuneração paga ao empregado, o local da prestação de serviço no exterior e o número de inscrição do empregado no cadastro de pessoas físicas – CPF.

2. FÉRIAS

O empregado poderá gozar anualmente férias no Brasil, correndo por conta da empresa empregadora, ou para a qual tenha sido cedido, o custeio da viagem, inclusive o cônjuge e os demais dependentes com ele residentes, após dois anos de permanência no exterior.

No retorno definitivo do empregado antes da época do gozo das férias, a empresa não estará obrigada a arcar com o custeio da viagem.

3. RETORNO AO BRASIL

O empregado poderá retornar ao Brasil por determinação da empresa quando:

I) não se tornar mais necessário ou conveniente o serviço do empregado no exterior;
II) der o empregado justa causa para a rescisão do contrato.

O retorno ao Brasil também é assegurado, no término do prazo da transferência ou antes deste, poderá ocorrer nas seguintes hipóteses:

a) após 3 (três) anos de trabalho contínuo;
b) para atender à necessidade grave de natureza familiar, devidamente comprovada;
c) por motivo de saúde, conforme recomendação constante de laudo médico;
d) quando der o empregador justa causa para a rescisão do contrato;
e) não se tornar mais necessário ou conveniente o serviço do empregado no exterior.

A empresa deverá custear o retorno do empregado. Quando o retorno se verificar, por iniciativa do empregado, ou por justa causa para rescisão do contrato, deverá reembolsar as respectivas despesas.

4. CÔMPUTO DO PERÍODO NO TEMPO DE SERVIÇO DO EMPREGADO

O empregado terá computado no seu tempo de serviço o período de duração da transferência para todos os efeitos da legislação brasileira, mesmo que a legislação local de prestação do serviço considere essa prestação como resultante de um contrato autônomo e determine a liquidação dos direitos oriundos da respectiva cessação.

5. DIREITOS NO TÉRMINO DA TRANSFERÊNCIA

Quando a legislação local garantir a liquidação de direitos pela cessação do contrato, a empresa empregadora poderá deduzir esse pagamento dos depósitos do FGTS.

Caso o saldo da conta do FGTS não seja suficiente para a dedução, a diferença poderá ser novamente deduzida do saldo dessa conta quando da cessação, no Brasil, do respectivo contrato de trabalho.

As deduções serão calculadas mediante conversão em moeda nacional ao câmbio do dia em que se operar o pagamento.

Para que a empresa possa efetuar o levantamento dos valores relativos a essas deduções será exigido alvará expedido em decorrência de homologação judicial, a qual ocorrerá mediante a apresentação de cópia autêntica da documentação comprobatória da liquidação dos direitos do empregado no exterior, traduzida por tradutor juramentado. O juiz determinará à Caixa Econômica Federal que informe, no prazo de três dias úteis, o valor existente na conta vinculada do empregado, na data do pedido de homologação.

A homologação deverá conter a importância a ser deduzida, em moeda estrangeira. O alvará autorizará o levantamento do valor correspondente em moeda nacional. A Caixa Econômica Federal efetuará a conversão ao câmbio do dia em que efetivar o pagamento, utilizando o dólar dos Estados Unidos da América como moeda de conversão, quando a liquidação de direitos do empregado tenha sido efetuada em moeda com a qual a nacional não tenha paridade direta.

6. ISENÇÃO DE CONTRIBUIÇÕES

A empresa, enquanto durar a prestação de serviços no exterior, não estará obrigada, em relação aos empregados transferidos, a recolher as contribuições referentes a: Salário Educação, Serviço Social da Indústria, Serviço Social do Comércio, Serviço Nacional de Aprendizagem Comercial, Serviço Nacional de Aprendizagem Industrial e Instituto Nacional de Colonização e Reforma Agrária.

CAPÍTULO II
TRABALHO TEMPORÁRIO

Além das disposições gerais anteriormente citadas, as empresas de trabalho temporário deverão observar com relação aos trabalhadores temporários e as empresas contratantes as disposições abaixo.

1. REGISTRO DAS EMPRESAS DE TRABALHO TEMPORÁRIO

A empresa de trabalho temporário deve ser registrada no Ministério do Trabalho e Previdência. São requisitos a serem observados para o seu funcionamento e registro:

a) prova de inscrição no Cadastro Nacional da Pessoa Jurídica (CNPJ);

b) prova do competente registro na Junta Comercial da localidade em que tenha sede;

c) prova de possuir capital social de, no mínimo, R$ 100.000,00.

2. CONCEITOS

Trabalhador temporário é a pessoa que, por intermédio de empresa de trabalho temporário, presta serviço a uma empresa para atender à necessidade transitória de substituição de pessoal regular e permanente ou a demanda complementar de serviços.

Empresa de trabalho temporário é a pessoa jurídica devidamente registrada no Ministério do Trabalho e Previdência, responsável pela colocação de trabalhadores, em caráter temporário, à disposição de outras empresas. Sua atividade consiste em colocar trabalhadores à disposição de outras empresas, temporariamente.

Empresa tomadora de serviço ou cliente é a pessoa jurídica ou entidade a ela equiparada, que celebra contrato de prestação de trabalho temporário com empresa de trabalho temporário.

3. ATIVIDADE DA EMPRESA DE TRABALHO TEMPORÁRIO

A atividade da empresa de trabalho temporário consiste em colocar à disposição de outras empresas, temporariamente, trabalhadores, devidamente qualificados, por elas remunerados e assistidos, obrigando-se também a registrar na Carteira de Trabalho Digital/eSocial do trabalhador sua condição de temporário.

4. REQUISITOS

A empresa não pode contratar um trabalhador temporário quando bem desejar. Para tanto, é necessário a ocorrência dos pressupostos legais para esta contratação que são:

a) necessidade de substituição de seus empregados permanentes; ou
b) demanda complementar de serviços.

Esses dois pressupostos é que caracterizam o trabalho temporário e devem ser comprovados em caso de fiscalização.

Exemplos

Situações que autorizam a contratação de trabalhadores temporários:

a) afastamento ou impedimento de empregado efetivo por motivo de férias, benefício por incapacidade temporária, licença maternidade, entre outros;
b) fatores imprevisíveis ou, quando decorrente de fatores previsíveis, tenha natureza intermitente, periódica ou sazonal (pico de produção, por exemplo).

5. RELAÇÃO CONTRATUAL ENTRE A EMPRESA DE TRABALHO TEMPORÁRIO E O TOMADOR DO SERVIÇO

O contrato celebrado pela empresa de trabalho temporário e a tomadora de serviços será necessariamente escrito, ficará à disposição da autoridade fiscalizadora no estabelecimento da tomadora de serviços e poderá abranger qualquer atividade desenvolvida pela tomadora, seja atividade-meio ou atividade-fim. O contrato deverá conter:

a) qualificação das partes;
b) motivo justificador da demanda de trabalho temporário;
c) prazo da prestação de serviços;
d) valor da prestação de serviços; e
e) disposições sobre a segurança e a saúde do trabalhador, independentemente do local de realização do trabalho.

6. CONTRATAÇÃO – PRAZO

A contratação do trabalhador temporário se verifica mediante contrato entre a empresa requisitante da mão de obra e a empresa de trabalho temporário que colocará o trabalhador à disposição da primeira.

Com relação a um mesmo empregado, o contrato não poderá exceder de 180 dias, consecutivos ou não, podendo ser prorrogado por mais 90 dias, consecutivos ou não, desde que comprovada a manutenção das condições que ensejaram o contrato.

O trabalhador temporário que cumprir o período de 270 dias (180 + 90) somente poderá ser colocado à disposição da mesma tomadora de serviços em novo contrato temporário, após 90 dias do término do contrato anterior. A contratação anterior ao prazo mencionado caracteriza vínculo empregatício com a tomadora.

É nula de pleno direito qualquer cláusula proibitiva da contratação do trabalhador pela empresa tomadora de serviço ou cliente.

7. DIREITOS

O contrato de trabalho celebrado entre empresa de trabalho temporário e cada um dos assalariados colocados à disposição de uma empresa tomadora ou cliente deve ser obrigatoriamente escrito e dele devem constar, expressamente, os direitos conferidos aos trabalhadores.

Aos trabalhadores temporários, são assegurados os seguintes direitos:

a) remuneração equivalente à percebida pelos empregados de mesma categoria da empresa tomadora ou cliente, calculada à base horária, garantido, em qualquer hipótese, a percepção do salário mínimo;

b) jornada normal máxima de 8 horas diárias e 44 semanais, salvo nas atividades em que a lei estabeleça jornada menor, remuneradas as horas extras, não excedentes de 2, com acréscimo mínimo de 50%;

c) PIS (cadastramento do trabalhador temporário e sua inclusão na RAIS de responsabilidade da empresa de trabalho temporário);

d) Repouso Semanal Remunerado (RSR);

e) remuneração adicional por trabalho noturno de, no mínimo, 20% superior em relação à diurna;

f) vale-transporte;

g) férias proporcionais, no caso de despedida sem justa causa, pedido de demissão ou término normal do contrato, à razão de 1/12 do último salário percebido, acrescido do terço constitucional, por mês trabalhado, considerando-se como mês completo a fração igual ou superior a 15 dias;

h) Fundo de Garantia do Tempo de Serviço (FGTS);

i) 13º salário (Gratificação Natalina) correspondente a 1/12 da última remuneração, por mês trabalhado, ou fração igual ou superior a 15 dias;

j) seguro desemprego.

É responsabilidade da empresa contratante garantir as condições de segurança, higiene e salubridade dos trabalhadores, quando o trabalho for realizado em suas dependências ou em local por ela designado.

A contratante estenderá ao trabalhador da empresa de trabalho temporário o mesmo atendimento médico, ambulatorial e de refeição destinado aos seus empregados, existente nas dependências da contratante, ou local por ela designado.

8. ACIDENTE DO TRABALHO OCORRIDO COM TRABALHADOR TEMPORÁRIO

A empresa tomadora ou cliente deve comunicar à empresa de trabalho temporário a ocorrência de acidente cuja vítima seja um assalariado posto à sua disposição, considerando-se local de trabalho, neste caso, tanto aquele onde se efetua a prestação do trabalho, quanto à sede da empresa de trabalho temporário.

A empresa de trabalho temporário tem o dever de comunicar o acidente ao Instituto Nacional do Seguro Social (INSS) por meio do envio do evento S-2210 – Comunicação de Acidente do Trabalho.

9. COMPROVANTE DE REGULARIDADE PERANTE O INSS

As empresas de trabalho temporário são obrigadas a fornecer às empresas tomadoras ou clientes, a seu pedido, comprovante da regularidade de sua situação com o INSS.

10. FISCALIZAÇÃO – EXIGÊNCIA

As empresas de trabalho temporário são obrigadas a apresentar à inspeção do trabalho, quando solicitado:

- a) o contrato firmado com o trabalhador temporário;
- b) os comprovantes de recolhimento das contribuições previdenciárias; e
- c) outros documentos que comprovem o cumprimento de suas obrigações.

Deverá também discriminar, separadamente, em nota fiscal os valores pagos a titulo de obrigações trabalhistas e fiscais e a taxa de agenciamento de colocação à disposição dos trabalhadores temporários.

A empresa tomadora de serviço ou cliente, por sua vez, se obriga a apresentar à fiscalização, quando solicitado, o contrato firmado com a empresa de trabalho temporário.

11. FALÊNCIA

No caso de falência da empresa de trabalho temporário, a empresa tomadora de serviço ou cliente é solidariamente responsável pelo recolhimento das contribuições previdenciárias, no tocante ao tempo em que o trabalhador esteve sob suas ordens, assim como em referência ao mesmo período, pela remuneração e indenização devidas aos trabalhadores.

12. TÉRMINO NORMAL DE CONTRATO DE TRABALHO TEMPORÁRIO OU RESCISÃO

A rescisão do contrato de trabalho temporário acarreta o pagamento de todas as verbas rescisórias devidas, calculadas proporcionalmente à duração do contrato e conforme o tipo de rescisão efetuada.

13. PROIBIÇÕES

É vedado à empresa de trabalho temporário cobrar do trabalhador qualquer importância, mesmo a título de mediação, podendo apenas efetuar os descontos previstos em lei, sob pena de cancelamento de seu registro para funcionamento, sem prejuízo das sanções administrativas e penais cabíveis.

Não poderá, também, a empresa de trabalho temporário ter ou utilizar trabalhador temporário em seus serviços, exceto quando houver a contratação do temporário por outra empresa de trabalho temporário e for comprovada a substituição transitória de pessoal permanente ou demanda complementar de serviços.

14. PROIBIÇÃO DE CONTRATAÇÃO PARA SUBSTITUIR TRABALHADORES EM GREVE

É proibida a contratação de trabalho temporário para a substituição de trabalhadores em greve, salvo nos casos previstos em lei. Desta forma, a substituição só poderá ocorrer em caso de greve legalmente declarada abusiva ou quando se tratar de greve em atividades essenciais.

15. PREVIDÊNCIA SOCIAL

A empresa de trabalho temporário está sujeita às contribuições previdenciárias, bem como ao cumprimento das obrigações acessórias, da mesma forma que as demais empresas, de acordo com o seu enquadramento no código FPAS.

O trabalhador temporário e os empregados permanentes da empresa de trabalho temporário contribuem de acordo com a tabela de descontos dos empregados.

16. RETENÇÃO PREVIDENCIÁRIA

A empresa contratante de serviços sujeitos à retenção previdenciária, prestados mediante cessão de mão de obra ou empreitada, inclusive em regime de trabalho temporário, deverá reter 11%, ou mais conforme o caso, do valor bruto da nota fiscal, fatura ou recibo de prestação de serviços e recolher à Previdência Social a importância retida em documento de arrecadação.

O valor retido deve ser compensado pela empresa contratada quando do recolhimento das contribuições devidas à Previdência Social.

17. FOLHA DE PAGAMENTO

A empresa de trabalho temporário é obrigada a elaborar folha de pagamento especial para os trabalhadores temporários. Entretanto, esta obrigação é cumprida mediante o envio com sucesso dos eventos S-1200 e S-1210 ao eSocial.

18. ATIVIDADES EXCLUÍDAS

O trabalho temporário não se aplica às empresas de vigilância e transporte de valores, permanecendo as respectivas relações de trabalho reguladas por legislação especial, e subsidiariamente pela CLT.

CAPÍTULO 12
RESPONSABILIDADE SOLIDÁRIA E SUBSIDIÁRIA

Responsabilidade solidária é aquela que obriga, de forma igualitária, as partes integrantes da relação jurídica, o que vale dizer, se todos são igualmente responsáveis, a obrigação pode ser cobrada de forma alternativa, de uma ou outra parte, ou de ambas, inexistindo a obrigação de se observar o benefício de ordem.

Responsabilidade subsidiária é aquela que tem um devedor principal, que deverá sofrer a cobrança em primeiro lugar e só quando este não cumprir a obrigação é que poderá ser efetuada a cobrança do devedor secundário. Portanto, nesta relação, o benefício de ordem deve ser observado.

No âmbito da legislação trabalhista, encontramos os dois tipos de responsabilidade.

Os §§ 2º e 3º do art. 2º da CLT dispõe:

"§ 2º Sempre que uma ou mais empresas, tendo, embora, cada uma delas, personalidade jurídica própria, estiverem sob a direção, controle ou administração de outra, ou ainda quando, mesmo guardando cada uma sua autonomia, integrem grupo econômico, serão responsáveis solidariamente pelas obrigações decorrentes da relação de emprego.

§ 3º Não caracteriza grupo econômico a mera identidade de sócios, sendo necessárias, para a configuração do grupo, a demonstração do interesse integrado, a efetiva comunhão de interesses e a atuação conjunta das empresas dele integrantes".

O art. 10A determina:

"Art. 10-A. O sócio retirante responde subsidiariamente pelas obrigações trabalhistas da sociedade relativas ao período em que figurou como sócio, somente em ações ajuizadas até dois anos depois de averbada a modificação do contrato, observada a seguinte ordem de preferência:

– a empresa devedora

– os sócios atuais;

– os sócios retirantes.

Parágrafo único. O sócio retirante responderá solidariamente com os demais quando ficar comprovada fraude na alteração societária decorrente da modificação do contrato.

O art. 455 do mesmo diploma legal reza:

Nos contratos de subempreitada, responderá o subempreiteiro pelas obrigações derivadas do contrato de trabalho que celebrar, cabendo, todavia, aos empregados, o direito de reclamação contra o empreiteiro principal pelo inadimplemento daquelas obrigações por parte do primeiro.

Parágrafo único. Ao empreiteiro principal fica ressalvada, nos termos da lei civil, ação regressiva contra o subempreiteiro e a retenção de importâncias a este devidas, para a garantia das obrigações previstas neste artigo."

Observe-se que, no primeiro caso (§ 2º do art. 2º), a responsabilidade é solidária, o que implica dizer que qualquer das empresas integrantes do grupo econômico pode ser compelida, em igualdade de condições, ao cumprimento da obrigação. No segundo e terceiro casos (arts. 10A e 455), a responsabilidade principal é da empresa devedora e do contratante direto do trabalhador (subempreiteiro), respectivamente. Somente no caso destes não cumprirem as obrigações trabalhistas é que o devedor secundário será chamado à lide.

Nas relações entre as empresas tomadoras e prestadoras de serviço, no que tange aos direitos trabalhistas dos empregados, observa-se a aplicação da responsabilidade subsidiária, salvo a existência de fraudes. Portanto, a obrigação de observar os direitos trabalhistas é da empresa prestadora dos serviços. Caso esta não as cumpra, os empregados poderão acionar o devedor secundário (tomador dos serviços), o qual responderá pelos direitos correspondentes ao período em que os serviços lhe foram prestados.

TÍTULO II

FUNDO DE GARANTIA DO TEMPO DE SERVIÇO

FUNDO DE GARANTIA DO TEMPO DE SERVIÇO

O Fundo de Garantia do Tempo de Serviço (FGTS) foi instituído pela Lei nº 5.107, de 13.09.1966, sendo atualmente regido pela Lei nº 8.036, de 11.05.1990.

1. OPÇÃO

O direito ao regime do Fundo de Garantia do Tempo de Serviço (FGTS) é assegurado aos trabalhadores urbanos e rurais, independentemente de opção, a partir de 5 de outubro de 1988.

Desde outubro/2015, o empregado doméstico passou a ser obrigatoriamente incluído no regime do FGTS, tendo sido disciplinado o regime unificado de pagamento de tributos e contribuições e dos demais encargos do empregador doméstico, sob o título de "Simples Doméstico".

O depósito também é devido para os diretores não empregados, caso as empresas tenham optado por estender a estes o regime do FGTS.

Os empregadores, assim entendidos as pessoas físicas ou jurídicas de direito privado ou público, da Administração Pública direta, indireta ou fundacional de qualquer dos Poderes da União, dos Estados, do Distrito Federal e dos Municípios, que admitirem trabalhadores a seu serviço, bem como aquele que, regido por legislação especial, se encontrar nessa condição ou figurar como fornecedor ou tomador de mão de obra, estão obrigados a proceder ao seu cadastramento, bem como ao cadastramento dos trabalhadores que lhe prestam serviço, no sistema FGTS.

O cadastramento do empregador e do trabalhador no sistema FGTS ocorre com a efetivação do primeiro recolhimento e o processamento do respectivo arquivo gerado pelo Sefip, GRRF, GRF internet e eSocial.

A identificação do empregador no sistema FGTS é feita por meio de sua inscrição no CNPJ/CAEPF ou ainda o CPF, na hipótese do empregador doméstico via GRF internet e eSocial.

O trabalhador é identificado no sistema FGTS por meio do número de inscrição no PIS/Pasep/CI/CPF.

2. DEPÓSITO

Os empregadores devem depositar mensalmente em conta bancária vinculada, até o dia 7 do mês subsequente ao da competência da remuneração, importância correspondente a 8% da remuneração paga ou devida no mês anterior, a cada trabalhador, incluídas as parcelas de que tratam os arts. 457 e 458 da CLT e a gratificação de Natal a que se refere a Lei nº 4.090, de 13 de julho de 1962, com as modalidades da Lei nº 4.749, de 12.08.1965. Não sendo dia útil, antecipar o recolhimento.

Os contratos de aprendizagem, nos termos da Lei nº 10.097/2000, sujeitam-se à alíquota do FGTS, devida pelo empregador, reduzida para 2%.

No caso de empregado abrangido pelo contrato de trabalho a prazo determinado, com redução de encargos previstos na Lei nº 9.601, de 21.01.1998, o depósito do FGTS foi calculado pela aplicação da alíquota de 2% de 22.01.1998 a 21.01.2003; atualmente, corresponde a 8%.

> **Importante**
>
> Conforme estabelece a Lei nº 14.438/2022, o prazo para o empregador efetuar os depósitos do FGTS será alterado para o dia 20 do mês subsequente ao da competência da remuneração, contudo, esta alteração somente surtirá efeitos a partir da data de início da arrecadação por meio da prestação dos serviços digitais de geração de guias, devendo o Ministério do Trabalho e Previdência editar as normas complementares necessárias para tanto, o que ainda não ocorreu.

2.1 EMPREGADORES NÃO SUJEITOS FGTS

Não se encontram obrigados a efetuar o depósito do FGTS os seguintes empregadores:

a) os órgãos públicos em relação aos servidores públicos civis ou militares sujeitos a regime jurídico próprio;

b) as empresas em geral, em relação aos valores pagos aos diretores não empregados, trabalhadores eventuais e autônomos.

Em relação aos diretores não empregados, a empresa tem a faculdade de estender a estes o regime do FGTS.

2.2 RECOLHIMENTOS RESCISÓRIOS

Os recolhimentos rescisórios incluem os valores de FGTS relativos ao mês da rescisão, ao aviso prévio indenizado, quando for o caso, e ao mês imediatamente anterior, que ainda não houver sido recolhido.

Contempla, ainda, a multa rescisória, cuja base de cálculo corresponde ao montante de todos os depósitos realizados na conta vinculada durante a vigência do contrato de trabalho, atualizados monetariamente e acrescidos dos respectivos juros, não sendo permitida, para este fim, a dedução dos saques ocorridos. A multa é devida em caso de despedida sem justa causa, despedida por culpa recíproca ou força maior reconhecida pela Justiça do Trabalho e em caso de rescisão por acordo entre as partes.

O valor da multa corresponde à aplicação dos seguintes percentuais sobre a base de cálculo:

a) 40% – nos casos de dispensa sem justa causa, inclusive a indireta;

b) 20% – nos casos de rescisão decorrente de culpa recíproca ou de força maior, reconhecida por sentença da Justiça Trabalhista, transitada em julgado;

c) 20% – nos casos de rescisão por acordo entre empregado e empregador.

Para o diretor não empregado é devido o recolhimento do FGTS rescisório, contemplando os valores de FGTS devidos relativos ao mês da rescisão e ao mês imediatamente anterior, que ainda não houver sido recolhido, não se aplicando o aviso prévio.

O recolhimento da multa rescisória para diretor não empregado é facultativo para as empresas privadas e, para as empresas públicas, é vedado o pagamento da multa rescisória pelas empresas estatais federais, observado o determinado na legislação pertinente e na Resolução CGPAR nº 14/2016, para os casos de exoneração antecipada de mandato ou quando houver exoneração para as nomeações sem prazo de vigência.

3. DEPÓSITO DO FGTS DURANTE O AFASTAMENTO – OBRIGATORIEDADE

No caso de afastamento do trabalhador das suas atividades, seja em decorrência de lei ou de acordo, embora muitas vezes a empresa não se encontre obrigada ao pagamento de salários, pode estar sujeita ao depósito do FGTS sobre o valor da remuneração que o empregado estaria recebendo caso não houvesse ocorrido o afastamento. Assim, entre outras hipóteses, o depósito do FGTS é obrigatório nas seguintes situações:

a) licença remunerada;

b) serviço militar obrigatório;

c) primeiros 15 dias de afastamento para tratamento de saúde, exceto no caso de concessão de novo benefício decorrente da mesma doença dentro de 60 dias contados da cessação do benefício anterior;

d) licença por acidente do trabalho, independentemente do período de afastamento;

e) licença maternidade;

f) licença paternidade;

g) gozo de férias;

h) exercício, pelo trabalhador, de cargo de confiança imediata do empregador (diretoria, gerência etc.). Nesta hipótese o valor base para o cálculo do FGTS é a quantia que o trabalhador passar a receber no exercício do cargo de confiança, salvo se a do cargo efetivo for maior;

i) demais casos de ausências remuneradas.

4. DAS PARCELAS QUE INTEGRAM E NÃO INTEGRAM O SALÁRIO PARA FINS DE RECOLHIMENTO DO FUNDO DE GARANTIA DO TEMPO DE SERVIÇO (FGTS)

IMPORTANTE

A reforma trabalhista, instituída pela Lei nº 13.467/2017, em vigor desde 11.11.2017, alterou vários artigos da CLT, entre eles os artigos 457 e 458 que tratam do conceito de remuneração, para determinar que, para efeitos trabalhistas, desde a mencionada data, integram o salário:

a) a importância fixa estipulada;

b) as gorjetas;

c) as gratificações legais; e

d) as comissões pagas pelo empregador.

Foi ainda determinado que as verbas elencadas a seguir, mesmo quando pagas com habitualidade, não integram a remuneração do empregado, não se incorporam ao contrato de trabalho e não constituem base de incidência de qualquer encargo trabalhista e previdenciário:

a) ajuda de custo;

b) auxílio-alimentação (vedado o pagamento em dinheiro);

c) diárias para viagem (independentemente do valor);

d) prêmios;

e) abonos;

f) assistência médica ou odontológica (própria ou conveniada); e

g) reembolso de despesas médico-hospitalares, com medicamentos, óculos, aparelhos ortopédicos, próteses, órteses e outras similares.

O art. 15 da Lei nº 8.036/1990 (Lei do FGTS), determina que todos os empregadores ficam obrigados a depositar, até o dia 7 de cada mês, em conta bancária vinculada, a importância correspondente a 8 por cento da remuneração paga ou devida, no mês anterior, a cada trabalhador, incluídas na remuneração as parcelas de que tratam os arts. 457 e 458 da CLT e a gratificação de Natal.

Assim, ocorrendo alteração nos mencionados artigos da CLT (457 e 458), conclui-se que estas modificações alcançam as determinações do mencionado art. 15 da Lei nº 8.036/1990.

Entretanto, em virtude da possibilidade de entendimento contrário, é aconselhável verificar o posicionamento do Ministério do Trabalho e Previdência acerca do assunto.

Isto posto, lembramos que a Instrução Normativa MTP nº 2/2021, a qual dispõe sobre os procedimentos a serem observados pela auditoria fiscal do trabalho, determina em seu art. 221, que integram a remuneração para efeito de depósito do FGTS, entre outras, as seguintes parcelas:

I) o salário-base, inclusive as prestações *in natura*;

II) as horas extras;

III) os adicionais de insalubridade, periculosidade, penosidade e do trabalho noturno;

IV) o adicional por tempo de serviço;

Nota das autoras

No tocante à verba "adicional por tempo de serviço" observa-se que a mesma não se coaduna com o novo conceito trabalhista de remuneração instituído pela "reforma trabalhista". Assim sendo, não deveria ser considerada para efeito de depósitos do FGTS.

V) o adicional por transferência de localidade de trabalho;

VI) o salário-família, no que exceder o valor legal obrigatório;

VII) o abono ou gratificação de férias, desde que excedente a 20 (vinte) dias do salário, concedido em virtude de cláusula contratual, de regulamento da empresa, ou de convenção ou acordo coletivo;

VIII) o valor de um terço do abono constitucional das férias;

IX) as comissões;

X) as diárias para viagem, pelo seu valor global, quando não houver comprovação da viagem ou em caso de fraude;

XI) as etapas, no caso dos marítimos;

XII) as gorjetas;

XIII) a gratificação de natal, seu valor proporcional e sua parcela devida sobre o aviso prévio indenizado, inclusive na extinção de contrato a prazo certo e de safra, e a gratificação periódica contratual, pelo seu duodécimo;

Nota das autoras

No tocante à verba "gratificação periódica contratual" observa-se que a mesma não se coaduna com o novo conceito trabalhista de remuneração instituído pela "reforma trabalhista", o qual abarca apenas as gratificações legais. Assim sendo, não deveria ser considerada para efeito de depósitos do FGTS.

XIV) as gratificações legais, as de função e as que tiverem natureza de contraprestação pelo trabalho;

> **Nota das autoras**
>
> A reforma trabalhista determina que integram a remuneração as gratificações legais. Assim sendo, demais gratificações não previstas em lei não integram este conceito e, portanto, não deveriam ser consideradas para efeito de depósitos do FGTS.

XV) as gratificações incorporadas em razão do exercício de cargo de confiança, antes de 11 de novembro de 2017, data de início da vigência da Lei nº 13.467/2017;

XVI) as retiradas de diretores não empregados, quando haja deliberação da empresa, garantindo-lhes os direitos decorrentes do contrato de trabalho;

XVII) as retiradas de diretores empregados, quando existente a subordinação jurídica, descrita de forma clara e precisa no relatório circunstanciado e em eventuais autos de infração;

XVIII) o valor a título de licença-prêmio;

XIX) o valor pelo repouso semanal remunerado;

XX) o valor pelos domingos e feriados civis e religiosos trabalhados, bem como o valor relativo à dobra em razão de feriados trabalhados, não compensados;

XXI) o valor a título de aviso prévio, trabalhado ou indenizado, proporcional ao tempo de serviço;

XXII) o valor a título de quebra de caixa;

> **Nota das autoras**
>
> No tocante à verba "quebra de caixa" observa-se que a mesma não se coaduna com o novo conceito trabalhista de remuneração instituído pela "reforma trabalhista". Assim sendo, não deveria ser considerada para efeito de depósitos do FGTS.

XXIII) o valor do tempo de reserva, nos termos do § 6º do art. 235-E da CLT, durante sua vigência;

XXIV) prêmios concedidos pelo empregador com natureza de contraprestação, originados antes de 11 de novembro de 2017, data de início da vigência da Lei nº 13.467/2017 ou em caso de fraude;

XXV) abonos concedidos pelo empregador com natureza de contraprestação, originados antes de 11 de novembro de 2017, data de início da vigência da Lei nº 13.467/2017 ou em caso de fraude;

XXVI) valor relativo ao período integral do intervalo intrajornada, quando não concedido em seu período mínimo antes de 11 de novembro de 2017, data de início da vigência da Lei nº 13.467/2017;

XXVII) parcela à qual, por força de convenção ou acordo coletivo de trabalho, for atribuída natureza salarial;

XXVIII) hora ou fração trabalhada durante o intervalo intrajornada;

XXIX) alimentação fornecida *in natura* em desacordo com o PAT;

> **Nota das autoras**
>
> No tocante à verba "alimentação fornecida *in natura*" seja ela com observância ou não do PAT, observa-se que a mesma não se coaduna com o novo conceito trabalhista de remuneração instituído pela "reforma trabalhista". Assim sendo, não deveria ser considerada para efeito de depósitos do FGTS.

XXX) valor dos tickets, vales e cartões fornecidos a título de auxílio alimentação em desacordo com o PAT antes de 11.11.2017; e

XXXI) as importâncias pagas em dinheiro a título de auxílio alimentação, independentemente de adesão ao PAT.

PARCELAS NÃO INTEGRANTES DA REMUNERAÇÃO PARA FINS DE FGTS

A Instrução Normativa MTP nº 2/2021, a qual dispõe sobre os procedimentos a serem observados pela auditoria fiscal do trabalho, determina em seu art. 222, que não integram a remuneração para efeito de depósito do FGTS, entre outras, as seguintes parcelas:

I) participação do empregado nos lucros ou resultados da empresa, quando paga ou creditada de acordo com a Lei nº 10.101, de 19 de dezembro de 2000;

II) abono correspondente à conversão de um terço das férias em pecúnia e seu respectivo adicional constitucional;

III) abono ou gratificação de férias, concedido em virtude de contrato de trabalho, de regulamento da empresa, de convenção ou acordo coletivo de trabalho, cujo valor não exceda a 20 (vinte) dias do salário;

IV) o valor correspondente ao pagamento da dobra da remuneração de férias concedidas após o prazo legal;

V) importâncias recebidas a título de férias indenizadas e o respectivo adicional constitucional;

VI) indenização por tempo de serviço anterior a 5 de outubro de 1988, de empregado não-optante pelo FGTS;

VII) indenização relativa à dispensa de empregado no período de 30 (trinta) dias que antecede sua data-base, de acordo com o disposto no art. 9º da Lei nº 7.238, de 29 de outubro de 1984;

VIII) indenização por despedida sem justa causa do empregado nos contratos com termo estipulado de que trata o art. 479 da CLT, bem como na indenização prevista na alínea "f" do art. 12º da Lei nº 6.019, de 3 de janeiro de 1974.

IX) indenização do tempo de serviço do safrista, quando do término normal do contrato de que trata o art. 14 da Lei nº 5.889, de 8 de junho de 1973.

X) indenização recebida a título de incentivo à demissão;

XI) indenização rescisória do FGTS sobre o montante de todos os depósitos realizados na conta vinculada do trabalhador, de que trata o art. 18º da Lei nº 8.036, de 11 de maio de 1990.

XII) indenização relativa à licença-prêmio;

XIII) ajuda de custo, em parcela única, recebida exclusivamente em decorrência de mudança de localidade de trabalho do empregado, na forma do art. 470 da CLT;

XIV) ajuda de custo, quando paga mensalmente, recebida como verba indenizatória para ressarcir despesa relacionada à prestação de serviços ou à transferência do empregado, nos termos do art. 470 da CLT;

XV) ajuda de custo, em caso de transferência permanente, e o adicional mensal, em caso de transferência provisória, recebidos pelo aeronauta nos termos da Lei nº 5.929, de 30 de outubro de 1973.

XVI) diárias para viagem, desde que comprovada sua natureza indenizatória;

Nota das autoras

Observe-se que a reforma trabalhista determinou que as diárias para viagem não integram a remuneração, independentemente de qualquer comprovação. Portanto, desde que concedidas para os fins a que se destinam, ou seja, ressarcir gastos com serviços externos, não são consideradas como remuneração.

XVII) valor da bolsa de aprendizagem, garantida ao adolescente até quatorze anos de idade, de acordo com o disposto no art. 64º da Lei nº 8.069, de 13 de julho de 1990, vigente até 15 de dezembro de 1998, em face da promulgação da Emenda Constitucional nº 20;

XVIII) valor da bolsa ou outra forma de contraprestação, quando paga ao estagiário nos termos da Lei nº 11.788, de 25 de setembro de 2008;

XIX) cotas do salário-família e demais benefícios pagos pela Previdência Social, nos termos e limites legais, salvo o salário maternidade e o auxílio doença decorrente de acidente do trabalho;

XX) alimentação fornecida *in natura* de acordo com o Programa de Alimentação do Trabalhador – PAT, instituído pela Lei nº 6.321, de 14 de abril de 1976;

Nota das autoras

Lembre-se que, conforme a reforma trabalhista o auxílio-alimentação (vedado o seu pagamento em dinheiro) não integra a remuneração. Desta forma, seja a alimentação fornecida por meio ou fora do PAT não integra a remuneração do trabalhador.

XXI) instrumentos de pagamento fornecidos a título de auxílio alimentação quando realizados de acordo com o PAT, antes de 11.11.2017;

XXII) instrumentos de pagamento fornecidos a título de auxílio alimentação independentemente de adesão ao PAT, a partir de 11.11.2017;

XXIII) vale-transporte, nos termos e limites legais, bem como transporte fornecido pelo empregador para deslocamento ao trabalho e retorno, em percurso servido ou não por transporte público;

XXIV) valor da multa paga ao trabalhador em decorrência do atraso na quitação das parcelas rescisórias;

XXV) importâncias recebidas a título de ganhos eventuais e abonos expressamente desvinculados do salário por força de lei;

> **Nota das autoras**
>
> No tocante à verba "abono" observa-se que a mesma não se coaduna com o novo conceito trabalhista de remuneração instituído pela "reforma trabalhista". Assim sendo, não deveria ser considerada para efeito de depósitos do FGTS, independentemente de estar expressamente desvinculados do salário por força de lei.

XXVI) abono do Programa de Integração Social – PIS e do Programa de Assistência ao Servidor Público – PASEP;

XXVII) valores correspondentes a transporte, alimentação e habitação fornecidos pelo empregador ao empregado contratado para trabalhar em localidade distante de sua residência, em canteiro de obras ou local que, por força da atividade, exija deslocamento e estada, observadas as normas de proteção estabelecidas pelo Ministério do Trabalho e Previdência;

XXVIII) importância paga ao empregado a título de complementação ao valor do auxílio-doença, desde que este direito seja extensivo à totalidade dos empregados da empresa;

> **Nota das autoras**
>
> Esta verba "complementação de auxílio-doença" não se coaduna com o novo conceito trabalhista de remuneração instituído pela "reforma trabalhista". Assim sendo, não deveria ser considerada para efeito de depósitos do FGTS, independentemente de ser extensiva ou não à totalidade dos empregados da empresa.

XXIX) parcelas destinadas à assistência ao empregado da agroindústria canavieira, de que tratava o art. 36 da Lei nº 4.870, de 1º de dezembro de 1965, já revogado;

XXX) prêmios compreendidos como parcelas pagas por liberalidade e em razão de desempenho superior ao ordinariamente esperado no exercício das atividades do empregado, originados a partir de 11 de novembro de 2017, data de início da vigência da Lei nº 13.467/2017;

XXXI) abonos originados a partir de 11 de novembro de 2017, data de início da vigência da Lei nº 13.467/2017, desde que não sejam pagos como contraprestação pelo trabalho;

Nota das autoras

No tocante à verba "abono" observa-se que a mesma não se coaduna com o novo conceito trabalhista de remuneração instituído pela "reforma trabalhista". Assim sendo, não deveria ser considerada para efeito de depósitos do FGTS.

XXXII) indenização devida pelo período parcial ou integral de intervalo intrajornada suprimido, quando o fato gerador for originado a partir de 11 de novembro de 2017, data de início da vigência da Lei nº 13.467/2017;

XXXIII) valor das contribuições efetivamente pagas pelo empregador a título de previdência privada;

XXXIV) valor relativo à assistência médica, hospitalar e odontológica, prestada diretamente pelo empregador ou mediante seguro-saúde;

XXXV) valor correspondente a vestuários, equipamentos e outros acessórios fornecidos ao empregado e utilizados no local de trabalho para prestação dos serviços, inclusive na hipótese de teletrabalho;

XXXVI) ressarcimento de despesas pelo uso de veículo do empregado, quando devidamente comprovadas;

XXXVII) valor relativo à concessão de educação, em estabelecimento de ensino do empregador ou de terceiros, compreendendo valores relativos à matrícula, mensalidade, anuidade, livros e material didático;

XXXVIII) valores recebidos em decorrência da cessão de direitos autorais;

XXXIX) auxílio-creche pago em conformidade com a legislação trabalhista, para ressarcimento de despesas devidamente comprovadas com crianças de até 6 (seis) anos de idade;

XL) auxílio-babá, limitado ao salário mínimo, pago em conformidade com a legislação trabalhista, para ressarcimento de despesas de remuneração e contribuição previdenciária de empregado que cuide de crianças de até 6 (seis) anos de idade;

Nota das autoras

No tocante às verbas "auxílio-babá e auxílio-creche" observa-se que as mesmas não se coadunam com o novo conceito trabalhista de remuneração instituído pela "reforma trabalhista". Assim sendo, independentemente do valor pago e da idade da criança, não deveriam ser consideradas para efeito de depósitos do FGTS.

XLI) valor das contribuições efetivamente pagas pelo empregador a título de prêmio de seguro de vida e de acidentes pessoais;

XLII) o valor do tempo de espera, nos termos do § 9º do art. 235-C da CLT;

XLIII) valor pago ao empregado a título de multa correspondente a um trinta avos da média da gorjeta por dia de atraso;

XLIV) valor correspondente a alimentação seja *in natura* ou por meio de documento de legitimação, tais como tickets, vales, cupons, cheques, cartões eletrônicos destinados à aquisição de refeições ou de gêneros alimentícios no período de vigência da Medida Provisória 905/2019;

XLV) ajuda compensatória mensal paga em conformidade com o inciso V do § 1º do art. 9º da Lei nº 14.020/2020;

XLVI) parcela de compensação indenizatória antecipada pelo empregador no contrato de trabalho verde e amarelo, mediante acordo com o empregado, nas hipóteses do § 1º e § 2º do art. 6º da Medida Provisória nº 905/2019; e

XLVII) retiradas de diretores empregados com contratos suspensos, quando ausente a subordinação jurídica.

DOCUMENTOS DE RECOLHIMENTO DO FUNDO DE GARANTIA DO TEMPO DE SERVIÇO (FGTS)

As instruções pertinentes aos recolhimentos mensais e rescisórios ao FGTS e das contribuições sociais constam atualmente no "Manual de Orientações Recolhimentos Mensais e Rescisórios ao FGTS e das Contribuições Sociais", disponibilizado no site da Caixa.

Os recolhimentos do FGTS devem ser efetuados utilizando-se das seguintes guias:

a) Guia de Recolhimento do FGTS (GRF) emitida pelo Sefip;
b) Guia de Recolhimento FGTS (GRFGTS);
c) Documento de Arrecadação eSocial (DAE);
d) Guia de Recolhimento Rescisório do FGTS (GRRF);
e) Guia de Recolhimento do FGTS para Empresas Filantrópicas emitida pelo Sefip;
f) Guia de Regularização de Débitos do FGTS (GRDE);
g) Documento Específico de Recolhimento do FGTS (DERF).

IMPORTANTE

As informações prestadas no sistema eSocial irão substituir as informações relativas ao FGTS prestadas na GFIP, a qual será substituída pela Declaração de Débitos e Créditos Tributários Federais Previdenciários e de outras Entidades e Fundos (DCTFWeb). Entretanto, a data a partir da qual ocorrerá esta substituição ainda depende da divulgação de ato legal por parte do órgão competente.

5. LOCAL DE RECOLHIMENTO

Os recolhimentos ao FGTS mensal e rescisório são realizados em agências da Caixa ou bancos conveniados de livre escolha do empregador no âmbito da circunscrição regional onde está sediado o estabelecimento, à exceção dos empregadores optantes pela centralização dos recolhimentos.

6. PRAZOS DE RECOLHIMENTO

O recolhimento mensal é efetuado até o dia 7 de cada mês, em relação à remuneração do mês anterior.

O prazo de vencimento para recolhimento relativo à multa rescisória, ao aviso-prévio indenizado e ao mês da rescisão é até o 10º dia corrido a contar do dia imediatamente posterior ao desligamento. Caso o 10º dia corrido seja posterior ao dia 7 do mês subsequente, o vencimento do mês da rescisão e do aviso-prévio indenizado ocorre no dia 7.

Para todos os documentos de arrecadação deve ser observada a data de validade e de vencimento expressa na guia, conforme o caso.

> Conforme estabelece Lei nº 14.438/2022, o prazo para o empregador efetuar os depósitos do FGTS será alterado para o dia 20 do mês subsequente ao da competência da remuneração, contudo, esta alteração somente surtirá efeitos a partir da data de início da arrecadação por meio da prestação dos serviços digitais de geração de guias, devendo o Ministério do Trabalho e Previdência editar as normas complementares necessárias para tanto, o que ainda não ocorreu.

7. CENTRALIZAÇÃO DO RECOLHIMENTO

O empregador que possua mais de um estabelecimento, sem necessidade de autorização prévia da Caixa, define pela centralização dos depósitos do FGTS quando da geração do arquivo SEFIP, mantendo em relação àquelas unidades, o controle de pessoal, os registros contábeis, a Relação de Estabelecimentos Centralizados (REC) e a Relação de Empregados (RE), exceto quando houver recolhimento ou informações com tomador de serviço/obra de construção civil, também centralizados.

Para as situações de complemento de recolhimento ao FGTS, em que o estabelecimento centralizador não participe do movimento, a empresa elege um novo estabelecimento como centralizador dentre aqueles que possuírem recolhimento, mantendo os demais como centralizados.

O local do recolhimento complementar é aquele em que a empresa centraliza seu depósito regular do FGTS.

No caso de centralização dos recolhimentos o empregador informa à Caixa, mediante expediente específico onde é relacionado o nome, o CNPJ e o endereço da unidade centralizadora e das centralizadas, bem como apresenta formulário de Pedido de Transferência de Conta Vinculada (PTC), disponível no site da Caixa (www.caixa.gov.br) para unificação dos saldos conforme definido no "Manual de Orientações ao Empregador – Retificação de Dados, Transferência de Contas Vinculadas e Devolução de Valores Recolhidos a Maior".

A opção pela centralização condiciona o empregador à realização dos recolhimentos rescisórios no âmbito da mesma circunscrição regional onde são efetuados os recolhimentos mensais.

No preenchimento do "Termo de Rescisão do Contrato de Trabalho – TRCT", quando utilizado pelo empregador, consigna logo abaixo do título do documento, a expressão "Centralização recolhimentos – _____/_____ (Município/UF)".

A Guia de Recolhimento do Fundo de Garantia do Tempo de Serviço e Informações à Previdência Social (GFIP), será substituída, para efeitos de FGTS, pela Declaração de Débitos e Créditos Tributários Federais Previdenciários e de Outras Entidades e Fundos (DCTFWeb). Entretanto, o prazo a partir do qual esta substituição ocorrerá ainda não foi divulgado pelo órgão competente.

TÍTULO III
LEGISLAÇÃO PREVIDENCIÁRIA

CAPÍTULO 1
LEGISLAÇÃO PREVIDENCIÁRIA

INTRODUÇÃO

Quando da abertura, encerramento ou qualquer alteração na estrutura jurídica ou propriedade da empresa, devem ser observados alguns procedimentos abordados a seguir.

CAPÍTULO 2
EMPRESA

1. CONCEITO DE EMPRESA

Considera-se empresa, para fins previdenciários, o empresário ou a sociedade que assume o risco da atividade econômica urbana ou rural, com fins lucrativos ou não, bem como os órgãos e as entidades da administração pública direta, indireta e fundacional.

2. ENTIDADES EQUIPARADAS À EMPRESA

Equiparam-se à empresa para efeitos previdenciários:

a) o contribuinte individual, em relação aos segurados que lhe prestam serviço;
b) a cooperativa;
c) a associação ou a entidade de qualquer natureza ou finalidade;
d) a missão diplomática e a repartição consular de carreiras estrangeiras;
e) o operador portuário e o órgão gestor de mão de obra de que trata a Lei nº 12.815/2013;
f) o proprietário do imóvel, o incorporador ou o dono de obra de construção civil, quando pessoa física, em relação ao segurado que lhe presta serviço; e
g) o condomínio.

3. GRUPO ECONÔMICO

A Lei nº 13.467/2017 alterou a redação do art. 2º da CLT para determinar que quando duas ou mais empresas se encontram sob a direção, o controle ou a administração de uma delas, ainda que cada uma delas tenha personalidade jurídica própria, ou ainda, quando, mesmo guardando cada uma sua autonomia, integrem grupo econômico, serão responsáveis solidariamente pelas obrigações decorrentes da relação de emprego.

Estabeleceu ainda que não caracteriza grupo econômico a mera identidade de sócios, sendo necessárias, para a configuração do grupo, a demonstração do interesse integrado, a efetiva comunhão de interesses e a atuação conjunta das empresas dele integrantes.

4. CONSÓRCIO

É a associação de empresas, que podem estar submetidas a um mesmo controle ou não, sem personalidade jurídica própria, cujo contrato de constituição e respectivas alterações devem ser registrados em Junta Comercial, formado com o objetivo de executar determinado empreendimento.

CAPÍTULO 3
CADASTRAMENTO

I. CADASTRO NO INSS

Todas as empresas e equiparados, independentemente do ramo de atividade desenvolvido, inclusive as obras de construção civil (consideradas como estabelecimentos), estão obrigadas a proceder ao seu cadastro no INSS.

Equiparam-se à empresa para efeito de cadastro:

- a) o contribuinte individual, em relação ao segurado que lhe presta serviço;
- b) o profissional liberal (contribuinte individual) responsável por mais de um estabelecimento deverá cadastrar uma matrícula Cadastro de Atividade Econômica de Pessoa Física (CAEPF) para cada estabelecimento em que tenha segurados empregados a seu serviço;
- c) a cooperativa, associação ou entidade de qualquer natureza ou finalidade;
- d) a missão diplomática e a repartição consular de carreira estrangeiras;
- e) o segurado especial;
- f) o executor de obra de construção civil, pessoa física;
- g) o condomínio; e
- h) o produtor rural, pessoa física.

Para as empresas, a matrícula será o número de inscrição no Cadastro Nacional de Pessoa Jurídica (CNPJ). As pessoas físicas que exercem atividade econômica e são dispensadas de CNPJ, efetuarão a matrícula no Cadastro de Atividade Econômica da Pessoa Física (CAEPF). As obras de construção civil serão matriculadas no Cadastro Nacional de Obras (CNO).

Cada propriedade rural de produtor rural pessoa física, deverá ter o seu próprio cadastro. Portanto, se o mesmo produtor possuir mais de uma propriedade, ainda que situadas no mesmo município, cada uma delas deverá ser cadastrada distintamente, não sendo admitido um só cadastro para mais de uma propriedade. Entretanto, caso tenha escritório administrativo para prestação de serviços somente à propriedade rural de empregador pessoa física, deverá utilizar uma só matrícula.

No caso de os produtores rurais explorarem em conjunto uma única propriedade rural, com auxílio de empregados, dividindo os riscos e os produtos havidos, será emitida uma só matrícula CAEPF em nome do produtor indicado na inscrição estadual, seguida da expressão "e outros".

Ocorrendo a venda da propriedade rural, deverá ser emitida outra matrícula para o adquirente. O antigo proprietário deverá providenciar o encerramento da matrícula sob sua responsabilidade, relativa à propriedade vendida, mediante solicitação de alteração cadastral.

2. CADASTRO GERAL

O cadastro é constituído dos dados de contribuintes inscritos no Cadastro Nacional de Pessoa Jurídica (CNPJ) e de contribuintes inscritos no Cadastro de Atividade Econômica de Pessoa Física (CAEPF).

3. EMPRESAS INSCRITAS NO CNPJ

O cadastro da empresa será feito, simultaneamente, com a inscrição no Cadastro Nacional da Pessoa Jurídica (CNPJ). Assim, ao proceder à inscrição no CNPJ, a empresa estará automaticamente cadastrada no INSS e será identificada pelo CNPJ.

4. EMPRESAS INSCRITAS NO CADASTRO DE ATIVIDADE ECONÔMICA DE PESSOA FÍSICA (CAEPF)

As empresas e equiparados que não estejam sujeitos à inscrição no CNPJ, os proprietários ou donos de obras de construção civil, a pessoa física ou pessoa jurídica construtora, produtores rurais pessoas físicas, segurado especial, profissional liberal com empregados etc. deverão proceder ao seu cadastro no INSS, no prazo de 30 dias contados da data do início das suas atividades, do início da obra, da comercialização da produção rural ou da contratação de trabalhador, conforme o caso.

As obras de construção civil serão cadastradas no Cadastro Nacional de Obras (CNO). Assim, os proprietários ou donos de obras de construção civil, a pessoa física ou pessoa jurídica construtora, deverão proceder o cadastro no prazo de 30 dias a contar do início da obra.

Por ocasião do cadastramento, em geral, não é exigida qualquer documentação. O cadastro, via de regra, é formalizado com base nas informações necessárias, prestadas pelo sujeito passivo.

As informações prestadas têm caráter declaratório e são de inteira responsabilidade do declarante. O INSS ou a RFB podem, conforme o caso, a qualquer tempo, exigir a comprovação dos dados declarados.

A comprovação das informações, quando exigidas, poderá ser efetuada mediante a apresentação dos seguintes documentos:

a) instrumento de constituição da empresa e respectivas alterações ou atas de eleição da diretoria, registrados no órgão competente;

b) comprovante de inscrição no CNPJ;

c) contrato de empreitada total celebrado com proprietário, dono da obra ou incorporador, no caso de empresa construtora responsável pela matrícula;

d) carteira de identidade, número de inscrição no Cadastro de Pessoas Físicas (CPF) e comprovante de residência do responsável pessoa física;

e) projeto aprovado da obra a ser executada ou Anotações de Responsabilidade Técnica (ART), no CREA, ou Registro de Responsabilidade Técnica (RRT) no CAU, ou sempre que exigível pelos órgãos competentes, alvará de concessão de licença para a construção;

f) contrato com a Administração Pública e edital para obras vinculadas a procedimentos licitatórios.

5. MATRÍCULA DE OFÍCIO

Caso o contribuinte não proceda ao seu cadastramento no INSS, regularizando a sua situação, a matrícula poderá ser efetuada de ofício. As Juntas

Comerciais, bem como os Cartórios de Registro Civil de Pessoas Jurídicas, estão obrigados a prestar à RFB todas as informações referentes aos atos constitutivos e alterações posteriores relativos a empresas neles registradas.

6. INSCRIÇÃO DOS SEGURADOS CONTRIBUINTE INDIVIDUAL, EMPREGADO DOMÉSTICO, ESPECIAL E FACULTATIVO

A inscrição dos segurados contribuinte individual, empregado doméstico, segurado especial e facultativo será feita uma única vez, perante o INSS.

7. COMPROVAÇÃO DE INEXISTÊNCIA DE DÉBITOS PREVIDENCIÁRIOS

A comprovação da inexistência de débitos previdenciários é exigida, entre outros, no registro ou arquivamento, em órgão próprio, de atos relativos à baixa ou redução de capital de empresário individual, redução de capital social, cisão total ou parcial, transformação ou extinção de entidade ou sociedade comercial ou civil e transferência de controle de cotas de sociedades de responsabilidade limitada.

O contribuinte, portanto, para proceder a alterações ou extinção da empresa, deverá apresentar aos órgãos competentes a Certidão Negativa de Débitos (CND).

7.1 PEDIDO DE CERTIDÃO NEGATIVA DE DÉBITO

A prova de regularidade fiscal perante a Fazenda Nacional será efetuada mediante apresentação de certidão expedida conjuntamente pela Secretaria da Receita Federal do Brasil (RFB) e pela Procuradoria-Geral da Fazenda Nacional (PGFN), referente a todos os créditos tributários federais e à Dívida Ativa da União (DAU) por elas administrados.

A certidão será solicitada e emitida pela Internet, nos endereços <http://www.gov.br/receitafederal/pt/br> ou <http://www.regularize.pgfn.gov.br>.

Quando as informações constantes das bases de dados da RFB ou da PGFN forem insuficientes para a emissão da certidão, o sujeito passivo poderá consultar sua situação fiscal no Centro Virtual de Atendimento (e-Cac), mediante utilização de código de acesso ou certificado digital.

Regularizadas as pendências que impedem a emissão da certidão, esta poderá ser emitida por meio da Internet.

CAPÍTULO 4
OBRIGAÇÕES PREVIDENCIÁRIAS

I. FOLHA DE PAGAMENTO

A empresa é obrigada a elaborar folha de pagamento da remuneração paga, devida ou creditada a todos os segurados a seu serviço, de forma coletiva por estabelecimento, obra de construção civil e por tomador de serviços.

A folha de pagamento, elaborada mensalmente, deverá discriminar:

a) nomes dos segurados;

b) agrupados, por categoria, os segurados empregado, trabalhador avulso e contribuinte individual;

c) cargo, função ou serviço prestado pelo segurado;

d) parcelas integrantes da remuneração;

e) destacar o nome das seguradas em gozo de salário maternidade;

f) indicar o número de cotas de salário família atribuídas a cada segurado empregado ou trabalhador avulso;

g) parcelas não integrantes da remuneração; e

h) descontos efetuados.

A Instrução Normativa RFB nº 971/2009, artigo 47 determina que a obrigação da elaboração da folha de pagamento será cumprida na forma anteriormente mencionada e mediante o envio com sucesso dos eventos S-1200 e S-1210 do eSocial.

2. CONTRIBUIÇÕES PREVIDENCIÁRIAS – PRAZO DE RECOLHIMENTO

As empresas deverão recolher as contribuições previdenciárias, bem como os valores retidos sobre o valor dos serviços prestados mediante cessão de mão de obra e empreitada, sujeitos à retenção, por meio do documento de arrecadação, até o dia 20 do mês seguinte àquele a que se referirem as remunerações, emissão da nota fiscal ou fatura conforme o caso, antecipando o vencimento para o dia útil imediatamente anterior, quando não houver expediente bancário no dia 20.

3. CONTRIBUIÇÃO PREVIDENCIÁRIA PATRONAL BÁSICA

As empresas em geral devem recolher, além de outras contribuições de sua competência, a contribuição previdenciária patronal básica equivalente a 20% sobre o total das remunerações ou retribuições pagas, devidas ou creditadas a qualquer título no decorrer do mês ao segurado contribuinte individual, segurado empregado e trabalhador avulso que lhe preste serviço.

No caso de banco comercial, banco de investimento, banco de desenvolvimento, caixas econômicas, sociedades de crédito, de financiamento ou de investimento, sociedades de crédito imobiliário, sociedades corretoras, distribuidoras de títulos ou de valores mobiliários, inclusive bolsas de mercadorias e de valores, empresas de arrendamento mercantil, empresas de seguros privados ou de capitalização, agentes autônomos de seguros privados ou de crédito e entidades de previdência privada, abertas ou fechadas, é devida a contribuição adicional de 2,5% sobre a base de cálculo acima definida, totalizando uma contribuição de 22,5%.

4. DESONERAÇÃO DA FOLHA DE PAGAMENTO

Com o fim de fortalecer a economia brasileira, melhorando a competitividade das nossas empresas tanto no mercado interno como no mercado internacional, o Governo Federal tomou várias medidas buscando desonerar investimentos e exportações, aumentar recursos, ampliar financiamentos, estimular pequenos negócios, desenvolver tecnologia nos setores produtivos, ampliar a defesa comercial e aumentar a qualificação profissional dos trabalhadores.

No âmbito previdenciário, a medida tomada consistiu na desoneração da folha de pagamento, que, como é sabido, representa um significativo custo para as empresas, especialmente as que precisam de um volume maior de mão de obra.

A desoneração da folha de pagamento das empresas beneficiadas consiste, exclusivamente, na substituição da base de cálculo da contribuição previdenciária patronal básica de 20% sobre o total da folha de pagamento de empregados, trabalhadores avulsos e contribuintes individuais, pela contribuição sobre a receita bruta, ou seja, a base de cálculo da contribuição previdenciária patronal básica passa a ser a receita bruta e não a folha de pagamento.

A adoção do sistema de desoneração da folha de pagamento é temporária (podendo ocorrer até 31.12.2023) e opcional. Portanto, antes de adotar o sistema da desoneração da folha de pagamento, a empresa poderá verificar se a mudança lhe será ou não favorável, ou seja, irá comparar se a contribuição previdenciária patronal básica (20%) sobre a folha de pagamento dos empregados, trabalhadores avulsos e contribuintes individuais lhe acarretará aumento ou diminuição do encargo previdenciário se comparado com a contribuição calculada sobre a sua receita bruta. As demais contribuições previdenciárias a cargo da empresa, tais como: contribuição para o financiamento do benefício de aposentadoria especial e aqueles concedidos em razão do grau de incidência de incapacidade laborativa decorrente dos riscos ambientais do trabalho (GIIL-RAT) e as contribuições devidas a outras entidades e fundos (terceiros), permanecem inalteradas.

4.1 EMPRESAS ABRANGIDAS PELA DESONERAÇÃO DA FOLHA DE PAGAMENTO

A contribuição previdenciária patronal básica de 20%, calculada sobre o total da folha de pagamento de empregados, trabalhadores avulsos e contribuintes individuais das empresas a seguir relacionadas, pode ser substituída até 31.12.2023 (mediante opção) pela aplicação de alíquotas variáveis de 1% a 4,5%, conforme o caso, sobre o valor da receita bruta, excluídas as vendas canceladas e os descontos incondicionais concedidos.

Para tanto, considera-se empresa a sociedade empresária, a sociedade simples, a cooperativa, a Empresa Individual de Responsabilidade Limitada e o empresário a que se refere o art. 966 da Lei nº 10.406/2002 (Código Civil), devidamente registrados no Registro de Empresas Mercantis ou no Registro Civil de Pessoas Jurídicas, conforme o caso.

4.1.1 OPÇÃO

A opção pela tributação substitutiva será manifestada mediante o pagamento da contribuição incidente sobre a receita bruta relativa a janeiro de cada ano, ou à primeira competência subsequente para a qual haja receita bruta apurada, e será irretratável para todo o ano-calendário.

Assim, feita a opção no mês de janeiro, durante todo o ano, o cálculo da contribuição previdenciária patronal básica será efetuado sobre o valor da receita bruta, somente podendo haver alteração no ano seguinte.

Na hipótese de empresas que contribuam simultaneamente com base no exercício de atividade desonerada e fabricação de produtos desonerados, a opção valerá para ambas as contribuições, sendo vedada a opção por apenas uma delas.

Caso a empresa abrangida pela desoneração não faça a opção ficará sujeita à contribuição previdenciária patronal básica sobre a folha de pagamento durante todo o ano-calendário.

Para as empresas do setor da construção civil, enquadradas nos grupos 412 (construção de edifícios), 432 (instalações elétricas, hidráulicas e outras instalações em construções) 433 (obras de acabamento) e 439 (outros serviços especializados para construção) da CNAE 2.0, a opção será efetuada por obra de construção civil e será manifestada mediante o pagamento da contribuição incidente sobre a receita bruta relativa à competência de cadastro no CNO ou à primeira competência subsequente para a qual haja receita bruta apurada para a obra, e será irretratável até o seu encerramento.

4.1.2 ALÍQUOTAS

A contribuição previdenciária patronal básica sobre a receita bruta observa a aplicação de 6 diferentes alíquotas (4,5%, 3%, 2,5%, 2%, 1,5% ou 1%), conforme a atividade da empresa.

4.1.2.1 ALÍQUOTA DE 4,5%

Até 31.12.2023, podem contribuir com a alíquota de 4,5% as empresas:

a) que prestam os serviços de Tecnologia da Informação (TI) e Tecnologia da Informação e Comunicação (TIC);

Nota

São considerados serviços de TI e TIC:

a) análise e desenvolvimento de sistemas;

b) programação;

c) processamento de dados e congêneres;

d) elaboração de programas de computadores, inclusive de jogos eletrônicos;

e) licenciamento ou cessão de direito de uso de programas de computação;

f) assessoria e consultoria em informática;

g) suporte técnico em informática, inclusive instalação, configuração e manutenção de programas de computação e bancos de dados, bem como serviços de suporte técnico em equipamentos de informática em geral;

h) planejamento, confecção, manutenção e atualização de páginas eletrônicas;

i) a atividade de execução continuada de procedimentos de preparação ou processamento de dados de gestão empresarial, pública ou privada, e gerenciamento de processos de clientes, com o uso combinado de mão de obra e sistemas computacionais.

b) que exercem atividades de concepção, desenvolvimento ou projeto de circuitos integrados;

c) do setor da construção civil enquadradas nos grupos 412, 432, 433 e 439 da Classificação Nacional de Atividades Econômicas (CNAE) 2.0;

d) de construção de obras de infraestrutura, enquadradas nos grupos 421, 422, 429 e 431 da CNAE 2.0.

> **Nota**
>
> As empresas para as quais a substituição da contribuição previdenciária sobre a folha de pagamento pela Contribuição Previdenciária sobre a Receita Bruta (CPRB) estiver vinculada ao seu enquadramento no CNAE deverão considerar apenas o CNAE principal, observando que:
>
> a) o enquadramento no CNAE principal será efetuado pela atividade econômica principal da empresa, assim considerada, dentre as atividades constantes no ato constitutivo ou alterador, aquela de maior receita auferida ou esperada;
>
> b) a "receita auferida" será apurada com base no ano-calendário anterior, que poderá ser inferior a 12 meses, quando se referir ao ano de início ou de reinício de atividades da empresa;
>
> c) a "receita esperada" é uma previsão da receita do período considerado e será utilizada no ano-calendário de início ou de reinício de atividades da empresa.
>
> No caso de empresas que tiveram suas atividades reiniciadas será aplicado o disposto na letra "b" se ficou inativa por menos de 12 meses e o disposto na letra "c" se ficou inativa superior a 12 meses.

4.1.2.1.1 CONSTRUÇÃO CIVIL – REGRAS ESPECIAIS

As empresas de construção civil, enquadradas nos grupos 412, 432, 433 e 439 da CNAE 2.0, responsáveis pela matrícula da obra, observam para as obras matriculadas no CEI/CNO:

a) até 31.03.2013, o recolhimento da contribuição previdenciária patronal básica sobre a folha de pagamento, até o seu término;

b) no período compreendido entre 1º.04 e 31.05.2013, a contribuição previdenciária patronal básica incidirá sobre a receita bruta, até o seu término;

c) no período compreendido entre 1º.06 a 31.10.2013, a contribuição previdenciária patronal básica poderá incidir mediante opção, sobre a receita bruta ou sobre a folha de pagamento;

d) no período compreendido entre 1º.11.2013 e 30.11.2015, a contribuição previdenciária patronal básica incidirá sobre a receita bruta, até o seu término; e

e) a partir de 1º.12.2015, a contribuição previdenciária patronal básica poderá incidir sobre a receita bruta ou sobre a folha de pagamento, de acordo com a opção.

Nas situações mencionadas nas letras "b", "c" e "d", a contribuição previdenciária patronal básica sobre a receita bruta permanecerá com alíquota de 2% até o final da obra.

4.1.2.2 ALÍQUOTA DE 3%

Até 31.12.2023, podem contribuir com a alíquota de 3% sobre a receita bruta as empresas que prestam serviços de *call center*.

4.1.2.3 ALÍQUOTA DE 2,5%

Até 31.12.2023, podem contribuir com a alíquota de 2,5% as empresas que fabricam os produtos classificados na TIPI nos códigos relacionados com tal alíquota, no Anexo V da Instrução Normativa RFB nº 2.053/2021, reproduzido adiante.

> **Nota**
>
> A substituição aplica-se apenas em relação aos produtos industrializados pela empresa. Para tanto, devem ser considerados os conceitos de industrialização e de industrialização por encomenda previstos na legislação do Imposto sobre Produtos Industrializados (IPI).
> A desoneração aplica-se às empresas que produzam no território nacional os itens mencionados no Anexo V, inclusive em relação aos itens produzidos por um estabelecimento e comercializados por outro da mesma pessoa jurídica.
> Caso a produção seja efetuada por encomenda, a desoneração será aplicada:
>
> a) somente à empresa executora, caso esta execute todo o processo de produção; ou
>
> b) tanto à empresa executora, quanto à encomendante, na hipótese de produção parcial por encomenda, desde que resulte das respectivas operações, tomadas separadamente, item desonerado.

4.1.2.4 ALÍQUOTA DE 2%

Até 31.12.2023, podem contribuir com alíquota de 2% as empresas:

a) de transporte rodoviário coletivo de passageiros, com itinerário fixo, municipal, intermunicipal em região metropolitana, intermunicipal, interestadual e internacional enquadradas nas classes 4921-3 e 4922-1 da CNAE 2.0;

b) de transporte ferroviário de passageiros, enquadradas nas subclasses 4912-4/01 e 4912-4/02 da CNAE 2.0;

c) de transporte metroferroviário de passageiros, enquadradas na subclasse 4912-4/03 da CNAE 2.2.

4.1.2.5 ALÍQUOTA DE 1,5%

Até 31.12.2023, podem contribuir com alíquota de 1,5% empresas que fabricam os produtos classificados na TIPI nos códigos relacionados com tal alíquota, no Anexo V da Instrução Normativa RFB nº 2.053/2021, reproduzido adiante, bem como as seguintes empresas:

a) jornalísticas e de radiodifusão sonora e de sons e imagens de que trata a Lei nº 10.610/2002, enquadradas nas classes 1811-3, 5811-5, 5812-3, 5813-1, 5822-1, 5823-9, 6010-1, 6021-7 e 6319-4 da CNAE 2.0;

b) de transporte rodoviário de cargas, enquadradas na classe 4930-2 da CNAE 2.0.

Nota

As empresas que têm como atividade econômica principal a edição de livros classificada na classe 5811-5/00 da CNAE 2.0, por não serem empresas jornalísticas e de radiodifusão, não estão sujeitas à contribuição previdenciária substitutiva devendo recolher as contribuições previdenciárias sobre a folha de pagamento.

As empresas que têm como atividade econômica principal, nos termos da legislação, a edição de revistas e periódicos classificada na classe 5813-1/00 da CNAE 2.0, por serem empresas jornalísticas, estão sujeitas à contribuição previdenciária substitutiva.

4.1.2.6 ALÍQUOTA DE 1%

Até 31.12.2023, podem contribuir com alíquota de 1% as empresas que fabricam os produtos classificados na TIPI nos códigos relacionados com tal alíquota, no Anexo V da Instrução Normativa RFB nº 2.053/2021, reproduzido adiante.

4.1.2.7 ATIVIDADES COM ALÍQUOTAS DIFERENCIADAS

As empresas que se dedicam a atividades ou fabriquem produtos sujeitos a diferentes alíquotas sobre a receita bruta irão calcular a contribuição mediante a aplicação da respectiva alíquota sobre a receita bruta correspondente a cada atividade ou produto.

4.1.3 RECEITA BRUTA

Para a apuração da contribuição previdenciária substitutiva, deve-se observar que:

a) a receita bruta deve ser considerada sem o ajuste de que trata o inciso VIII do art. 183 da Lei nº 6.404/1976 (Lei de Sociedade por Ações);

b) na determinação da base de cálculo da contribuição previdenciária sobre a receita (CPRB), serão excluídos:

- A receita bruta decorrente de exportações;
- A receita bruta decorrente de transporte internacional de carga;
- As vendas canceladas e os descontos incondicionais concedidos;
- O IPI, se incluído na receita bruta;
- O ICMS, quando cobrado pelo vendedor dos bens ou prestador dos serviços na condição de substituto tributário;
- A receita bruta reconhecida pela construção, recuperação, reforma, ampliação ou melhoramento da infraestrutura, cuja contrapartida seja ativo intangível representativo de direito de exploração, no caso de contratos de concessão de serviços públicos;
- O valor do aporte de recursos realizado nos termos do § 2º do art. 6º da lei no 11.079/2004 (Que institui normas gerais para licitação e contratação de parceria público-privada no âmbito da administração pública).

> **Nota**
>
> A CPRB pode ser apurada utilizando-se os mesmos critérios adotados na legislação da contribuição para o PIS/Pasep e da Cofins para o reconhecimento no tempo de receitas e para o diferimento do pagamento dessas contribuições.
>
> No caso de contrato de concessão de serviços públicos, a receita decorrente da construção, recuperação, reforma, ampliação ou melhoramento da infraestrutura, cuja contrapartida seja ativo financeiro representativo de direito contratual incondicional de receber caixa ou outro ativo financeiro, integrará a base de cálculo da contribuição à medida do efetivo recebimento.
>
> A parcela excluída a título de valor do aporte de recursos realizados nos termos do § 2º do art. 6º da Lei nº 11.079/2004 deverá ser computada na determinação da base de cálculo da CPRB em cada período de apuração durante o prazo restante previsto no contrato para construção, recuperação, reforma, ampliação ou melhoramento da infraestrutura que será utilizada na prestação de serviços públicos.

4.1.4 SIMPLES NACIONAL – DESONERAÇÃO

A empresa optante pelo Simples Nacional também poderá optar pela desoneração da folha de pagamento desde que sua atividade principal, assim considerada aquela de maior receita auferida ou esperada, esteja:

a) entre as atividades de prestação de serviços de: construção de imóveis e obras de engenharia em geral, inclusive sob a forma de subempreitada, execução de projetos e serviços de paisagismo; e

b) enquadrada nos grupos 412, 421, 422, 429, 431, 432, 433 ou 439 da CNAE 2.0 (construção civil).

A Microempresa (ME) ou Empresa de Pequeno Porte (EPP) que esteja de acordo com as condições mencionadas e exerça, concomitantemente, atividade enquadrada no Anexo IV em conjunto com outra atividade enquadrada em um dos demais Anexos da Lei Complementar nº 123/2006, contribuirá:

a) com base na contribuição substitutiva (desoneração), com relação à parcela da receita bruta auferida nas atividades enquadradas no Anexo IV da Lei Complementar nº 123/2006; e

b) na forma prevista nos demais Anexos da Lei Complementar nº 123/2006, com relação às demais parcelas da receita bruta.

Observar, ainda, que:

a) para efeito de receita bruta, será considerada a receita recebida no mês, no caso de empresas optantes pelo Simples Nacional que tenham optado, na forma regulamentada pelo Comitê Gestor do Simples Nacional (CGSN), pelo regime de caixa de apuração de receitas;

b) CPRB relativa ao período de apuração (PA) compreendido entre janeiro/2014 e novembro/2015, deverá ser informada, pelo Programa Gerador do Documento de Arrecadação do Simples Nacional – Declaratório (PGDAS-D), disponível no Portal do Simples Nacional na internet; e

c) o recolhimento da CPRB deverá ser realizado mediante DARF.

Importante

Desde 1º.01.2018, o Anexo IV da Lei Complementar nº 123/2006 passou a vigorar com a redação da Lei Complementar nº 155/2016.

4.1.5 COOPERATIVAS DE PRODUÇÃO

As cooperativas de produção que fabricam os produtos classificados na TIPI, nos códigos do art. 8º da Lei nº 12.546/2011, na redação da Lei nº 13.670/2018, reproduzidos adiante, são abrangidas pela desoneração da folha de pagamento.

4.1.6 ATIVIDADES DESONERADAS E NÃO DESONERADAS EXERCIDAS CONCOMITANTEMENTE

No caso de empresas que se dedicam a outras atividades, além das abrangidas pela desoneração, o cálculo da CPRB obedecerá:

a) à aplicação da alíquota correspondente à desoneração, conforme o caso, quanto à parcela da receita bruta correspondente às atividades abrangidas pela substituição da base de cálculo; e

b) quanto à parcela da receita bruta relativa a atividades não sujeitas à CPRB, a 20%, sobre a remuneração de empregados, trabalhadores avulsos e contribuintes individuais, reduzindo-se o valor da contribuição a recolher ao percentual resultante da razão entre a receita bruta de atividades não relacionadas aos serviços ou à fabricação dos produtos abrangidos pela substituição e a receita bruta total.

A regra de proporcionalidade aplica-se somente às empresas que se dediquem às atividades desoneradas, se a receita bruta decorrente dessas atividades for inferior a 95% da receita bruta total. Caso seja ultrapassado esse limite, a CPRB será calculada sobre a receita bruta total auferida no mês.

> **Nota**
>
> A proporcionalidade, não se aplica às empresas para as quais a substituição da contribuição previdenciária sobre a folha de pagamento pela contribuição sobre a receita bruta estiver vinculada ao seu enquadramento no CNAE.

Nos meses em que não auferirem receita relativa às atividades desoneradas, ou seja, auferirem apenas receitas relativas às atividades não desoneradas, as empresas deverão recolher as contribuições de 20% sobre a totalidade da folha de pagamentos.

Nos meses em que não auferirem receita relativa a atividades não abrangidas pela desoneração, ou seja, auferirem apenas receitas relativas às atividades desoneradas, as empresas deverão recolher a contribuição sobre a receita bruta total, não sendo aplicada a proporcionalidade.

As empresas que se dedicam exclusivamente às atividades desoneradas, nos meses em que não auferirem receita, não recolherão as contribuições relativas a 20% sobre a folha de pagamento.

Elaboramos dois exemplos relativos à apuração do valor da contribuição previdenciária básica de empresas que exercem atividade de TI/ TIC, conforme a seguir.

a) empresas que exploram somente a atividade de TI e TIC: Considerando que a empresa contasse com:

Folha de pagamento = R$ 40.000,00

Receita bruta com as exclusões permitidas = R$ 100.000,00

Contribuição substitutiva sobre a receita – alíquota = 4,5%

Assim, temos:

4,5% de R$ 100.000,00 = R$ 4.500,00

Nesta hipótese, não há a contribuição de 20% sobre a folha de pagamento, posto que a empresa exerce tão somente atividades de TI/TIC.

Antes da desoneração, esta empresa observava a contribuição previdenciária básica sobre folha de pagamento equivalente a: 20% de R$ 40.000,00 = R$ 8.000,00

Neste caso, a desoneração foi positiva pois acarretou significativa diminuição da carga tributária.

b) empresas que exploram a atividade de TI/TIC e outras atividades não relacionadas à TI/TIC:

Considerando que a empresa contasse com:

Folha de pagamento = R$ 40.000,00 Receita bruta total = R$ 180.000,00

Receita bruta de atividades de TI/TIC = R$ 110.000,00 Receita bruta de atividades não relacionadas TI/TIC = R$ 70.000,00

Cálculo:

Contribuição sobre a receita bruta TI/TIC 4,5% de R$ 110.000,00 = R$ 4.950,00

Apuração da contribuição sobre a folha:

$$\frac{\text{Receita bruta de atividades não relacionadas à TI/TIC}}{\text{Receita bruta total}} \times 100$$

$$\frac{R\$\ 70.000,00}{R\$\ 180.000,00} \times 100$$

0,3889 × 100 = 38,89%

Contribuição previdenciária normal sobre a folha de pagamento 20% de R$ 40.000,00 = R$ 8.000,00

Contribuição devida

38,89% de R$ 8.000,00 = R$ 3.111,20

Contribuição previdenciária total:

a) sobre a receita bruta = R$ 4.950,00;
b) contribuição sobre a folha de pagamento = R$ 3.111,20.

Antes da desoneração, esta empresa teria sobre a folha de pagamento a contribuição previdenciária básica de R$ 8.000,00 (20% de R$ 40.000,00).

Depois da desoneração, a contribuição previdenciária básica da empresa, considerando a incidente sobre a folha de pagamento e a incidente sobre a receita, é de R$ 8.061,20 (R$ 4.950,00 + R$ 3.111,20). Portanto, neste caso, a desoneração acarretou acréscimo da carga tributária.

Lembre-se de que as demais contribuições previdenciárias sobre a folha de pagamento (GIIL-RAT, terceiros etc.) continuam inalteradas. A substituição atinge tão somente a contribuição previdenciária básica de 20%.

4.1.7 NÃO APLICAÇÃO DA SUBSTITUIÇÃO DA BASE DE CÁLCULO

A substituição da base de cálculo da contribuição previdenciária não será aplicada:

a) às empresas de TI e TIC que exerçam as atividades de representação, distribuição ou revenda de programas de computador, cuja receita bruta decorrente dessas atividades seja igual ou superior a 95% da receita bruta total;

b) às empresas do setor industrial que produzam itens não desonerados cuja receita bruta decorrente da produção desses itens seja igual ou superior a 95% da receita bruta total.

A data de recolhimento das contribuições previdenciárias obedecerá ao disposto na alínea "b" do inciso I do art. 30 da Lei nº 8.212/1991, ou seja, até o dia 20 do mês subsequente ao da competência.

As empresas em gozo da desoneração continuam sujeitas ao cumprimento das demais obrigações previstas na legislação previdenciária.

4.1.8 13º SALÁRIO

Tratando-se de empresas que se dedicam a outras atividades, além das desoneradas, o cálculo da contribuição para o 13º salário será realizado com observância dos seguintes critérios:

a) para fins de cálculo da razão entre a receita bruta de atividades não relacionadas à desoneração e a receita bruta total aplicada ao 13º salário, será considerada a receita bruta acumulada nos 12 meses anteriores ao mês de dezembro de cada ano-calendário, portanto, no período de novembro do ano em curso a dezembro do ano anterior;

b) no caso de empresa em início de atividades ou que ingressar no regime de tributação CPRB, no decurso do ano, a apuração mencionada na letra "a" será realizada de forma proporcional à data do início de atividades ou da entrada da empresa no regime de substituição.

O cálculo da contribuição previdenciária referente ao 13º salário pago na rescisão será realizado utilizando-se a mesma sistemática aplicada às contribuições relativas às demais parcelas do salário-de-contribuição pagas no mês.

Considerando que, no ano de 2021, a empresa contou com:

Receita bruta total = R$ 1.000.000,00 – (período de dezembro/2020 a novembro/2021)

Receita bruta de atividades abrangidas pela desoneração =

R$ 750.000,00 – (período de dezembro/2020 a novembro/2021)

Receita bruta de atividades não abrangidas pela desoneração =

R$ 250.000,00 – (período de dezembro/2020 a novembro/2021)

Folha de 13º salário = R$ 10.500,00

Cálculo:

Valor da contribuição previdenciária básica: R$ 2.100,00 (20% de R$ 10.500,00)

Apurado o valor da contribuição, aplica-se sobre ele o percentual resultante da razão da receita bruta anual das atividades não relacionadas com a desoneração e a receita bruta total (R$ 250.000,00 ÷ R$ 1.000.000,00 = 0,25). Assim, temos:

R$ 2.100,00 × 0,25 = R$ 525,00

R$ 525,00 – valor da contribuição previdenciária sobre a folha de 13º salário.

4.1.9 RELAÇÃO DE ATIVIDADES SUJEITAS À INCIDÊNCIA DA CPRB DESDE 1º.09.2018

Reproduzimos a seguir as relações de atividades sujeitas à incidência da Contribuição Previdenciária sobre a Receita Bruta (CPRB) constante do Anexo IV da Instrução Normativa RFB nº 2.053/2021.

ANEXO IV
Relação de Atividades Sujeitas à Contribuição Previdenciária sobre a Receita Bruta (CPRB) a partir de 1º de setembro de 2018

SETOR	ALÍQUOTA
1. Serviços de Tecnologia da Informação (TI) e de Tecnologia da Informação e Comunicação (TIC).	
Análise e desenvolvimento de sistemas.	4,5%
Programação.	
Processamento de dados e congêneres.	
Elaboração de programas de computadores, inclusive de jogos eletrônicos.	
Licenciamento ou cessão de direito de uso de programas de computação.	
Assessoria e consultoria em informática.	
Suporte técnico em informática, inclusive instalação, configuração e manutenção de programas de computação e bancos de dados.	
Planejamento, confecção, manutenção e atualização de páginas eletrônicas.	
Atividades de concepção, desenvolvimento ou projeto de circuitos integrados.	
Suporte técnico em informática, inclusive instalação, configuração e manutenção de programas de computação e bancos de dados, bem como serviços de suporte técnico em equipamentos de informática em geral.	
Execução continuada de procedimentos de preparação ou processamento de dados de gestão empresarial, pública ou privada, e gerenciamento de processos de clientes, com o uso combinado de mão de obra e sistemas computacionais (BPO).	
2. Teleatendimento.	
Call center.	3%
3. Setor de Transportes e Serviços Relacionados.	
Transporte rodoviário coletivo de passageiros, com itinerário fixo, municipal, intermunicipal em região metropolitana, intermunicipal, interestadual e internacional enquadradas nas classes 4921-3 e 4922-1 da CNAE 2.0.	2%
Transporte ferroviário de passageiros, enquadradas nas subclasses 4912-4/01 e 4912-4/02 da CNAE 2.0.	

Transporte metroferroviário de passageiros, enquadradas na subclasse 4912-4/03 da CNAE 2.0.	
Transporte rodoviário de cargas, enquadradas na classe 4930-2 da CNAE 2.0.	1,5%
4. Construção Civil.	
Empresas do setor de construção civil, enquadradas nos grupos 412, 432, 433 e 439 da CNAE 2.01.	4,5%
Empresas de construção civil de obras de infraestrutura, enquadradas nos grupos 421, 422, 429 e 431 da CNAE 2.0.	
5. Jornalismo.	
Empresas jornalísticas e de radiodifusão sonora e de sons e imagens de que trata a Lei nº 10.610, de 20 de dezembro de 2002, enquadradas nas classes 1811-3, 5811-5, 1,5% 5812-3, 5813-1, 5822-1, 5823-9, 6010-1, 6021-7 e 6319-4 da CNAE 2.0.	1,5%
6. Setor Industrial (Enquadradas na Tabela de Incidência do Imposto sobre Produtos Industrializados (TIPI), aprovada pelo Decreto nº 7.660, de 23 de dezembro de 2011).	
Empresas que produzem os itens classificados na TIPI nos códigos referidos no Anexo V.	Ver Anexo V

Produtos cuja fabricação faculta a CPRB desde de 1º.09.2018 – Relação

(ANEXO V DA INSTRUÇÃO NORMATIVA RFB Nº 2.053/2021)

NCM	ALÍQUOTA
02.03	1%
0206.30.00	1%
0206.4	1%
02.07	1%
02.09	1%
0210.1	1%
0210.99.00	1%
03.02 (exceto 03.02.90.00)	2,5%
03.03	1%
03.04	1%
1601.00.00	1%
1602.3	1%
1602.4	1%
3926.20.00	2,5%
40.15	2,5%
4016.93.00	2,5%
41.04	2,5%
41.05	2,5%
41.06	2,5%
41.07	2,5%
41.14	2,5%
42.03	2,5%

NCM	ALÍQUOTA
43.03	2,5%
4818.50.00	2,5%
5004.00.00	2,5%
5005.00.00	2,5%
5006.00.00	2,5%
50.07	2,5%
5104.00.00	2,5%
51.05	2,5%
51.06	2,5%
51.07	2,5%
51.08	2,5%
51.09	2,5%
5110.00.00	2,5%
51.11	2,5%
51.12	2,5%
5113.00	2,5%
5203.00.00	2,5%
52.04	2,5%
52.05	2,5%
52.06	2,5%
52.07	2,5%
52.08	2,5%
52.09	2,5%
52.10	2,5%
52.11	2,5%
52.12	2,5%
53.06	2,5%
53.07	2,5%
53.08	2,5%
53.09	2,5%
53.10	2,5%
5311.00.00	2,5%
Capítulo 54 (exceto 5402.46.00; 5402.47.00; e 5402.33.10)	2,5%
Capítulo 55	2,5%
Capítulo 56	2,5%
Capítulo 57	2,5%
Capítulo 58	2,5%
Capítulo 59	2,5%
Capítulo 60	2,5%
Capítulo 61	2,5%
Capítulo 62	2,5%
Capítulo 63	2,5% (exceto 6309.00, que contribui com 1,5%)
64.01	1,5%
64.02	1,5%
64.03	1,5%

NCM	ALÍQUOTA
64.04	1,5%
64.05	1,5%
64.06	1,5%
6505.00	2,5%
6812.91.00	2,5%
7303.00.00	2,5%
7304.11.00	2,5%
7304.19.00	2,5%
7304.22.00	2,5%
7304.23.10	2,5%
7304.23.90	2,5%
7304.24.00	2,5%
7304.29.10	2,5%
7304.29.31	2,5%
7304.29.39	2,5%
7304.29.90	2,5%
7305.11.00	2,5%
7305.12.00	2,5%
7305.19.00	2,5%
7305.20.00	2,5%
7306.11.00	2,5%
7306.19.00	2,5%
7306.21.00	2,5%
7306.29.00	2,5%
7308.20.00	2,5%
7308.40.00	2,5%
7309.00.10	2,5%
7309.00.90	2,5%
7311.00.00	2,5%
7315.11.00	2,5%
7315.12.10	2,5%
7315.12.90	2,5%
7315.19.00	2,5%
7315.20.00	2,5%
7315.81.00	2,5%
7315.82.00	2,5%
7315.89.00	2,5%
7315.90.00	2,5%
8307.10.10	2,5%
8308.10.00	2,5%
8308.20.00	2,5%
8401	2,5%
8402	2,5%
8403	2,5%
8404	2,5%
8405	2,5%
8406	2,5%

NCM	ALÍQUOTA
8407	2,5%
8408	2,5%
8410	2,5%
8412 (exceto 8412.2, 8412.30.00, 8412.40 e 8412.50)	2,5%
8413	2,5%
8414	2,5%
8415	2,5%
8416	2,5%
8417	2,5%
8418 (exceto 8418.69.30, 8418.69.40)	2,5%
8419	2,5%
8420	2,5%
8421	2,5%
8422 (exceto 8422.11.90 e 8422.19.00)	2,5%
8423	2,5%
8424	2,5%
8425	2,5%
8426	2,5%
8427	2,5%
8428	2,5%
8429	2,5%
8430	2,5%
8431	2,5%
8432	2,5%
8433	2,5%
8434	2,5%
8435	2,5%
8436	2,5%
8437	2,5%
8438	2,5%
8439	2,5%
8440	2,5%
8441	2,5%
8442	2,5%
8443	2,5%
8444	2,5%
8445	2,5%
8446	2,5%
8447	2,5%
8448	2,5%
8449	2,5%
8452	2,5%
8453	2,5%
8454	2,5%
8455	2,5%
8456	2,5%

NCM	ALÍQUOTA
8457	2,5%
8458	2,5%
8459	2,5%
8460	2,5%
8461	2,5%
8462	2,5%
8463	2,5%
8464	2,5%
8465	2,5%
8466	2,5%
8467	2,5%
8468	2,5%
8470.50.90	2,5%
8470.90.10	2,5%
8470.90.90	2,5%
8472	2,5%
8474	2,5%
8475	2,5%
8476	2,5%
8477	2,5%
8478	2,5%
8479	2,5%
8480	2,5%
8481	2,5%
8482	2,5%
8483	2,5%
8484	2,5%
8485	2,5%
8486	2,5%
8487	2,5%
8501	2,5%
8502	2,5%
8503	2,5%
8505	2,5%
8514	2,5%
8515	2,5%
8543	2,5%
8701.10.00	2,5%
8701.30.00	2,5%
8701.94.10	2,5%
8701.95.10	2,5%
87.02 (exceto 8702.90.10)	1,5%
8704.10.10	2,5%
8704.10.90	2,5%
8705.10.10	2,5%
8705.10.90	2,5%
8705.20.00	2,5%

NCM	ALÍQUOTA
8705.30.00	2,5%
8705.40.00	2,5%
8705.90.10	2,5%
8705.90.90	2,5%
8706.00.20	2,5%
87.07	2,5%
8707.90.10	2,5%
8708.29.11	2,5%
8708.29.12	2,5%
8708.29.13	2,5%
8708.29.14	2,5%
8708.29.19	2,5%
8708.30.11	2,5%
8708.40.11	2,5%
8708.40.19	2,5%
8708.50.11	2,5%
8708.50.12	2,5%
8708.50.19	2,5%
8708.50.91	2,5%
8708.70.10	2,5%
8708.94.11	2,5%
8708.94.12	2,5%
8708.94.13	2,5%
8709.11.00	2,5%
8709.19.00	2,5%
8709.90.00	2,5%
8716.20.00	2,5%
8716.31.00	2,5%
8716.39.00	2,5%
8804.00.00	2,5%
9015	2,5%
9016	2,5%
9017	2,5%
9022	2,5%
9024	2,5%
9025	2,5%
9026	2,5%
9027	2,5%
9028	2,5%
9029	2,5%
9031	2,5%
9032	2,5%
9506.91.00	2,5%
96.06	2,5%
96.07	2,5%
9620.00.00	2,5%

5. FINANCIAMENTO DOS BENEFÍCIOS POR INCAPACIDADE LABORATIVA E APOSENTADORIA ESPECIAL

A contribuição da empresa destinada ao financiamento dos benefícios concedidos em razão do grau de incidência de incapacidade laborativa decorrente dos riscos ambientais do trabalho (GIILRAT), e para financiamento da aposentadoria especial em cuja atividade preponderante o risco de acidente do trabalho seja considerado leve, médio ou grave, é de 1%, 2% ou 3%, respectivamente e incidente sobre o total da remuneração paga, devida ou creditada, a qualquer título durante o mês, aos segurados empregados e trabalhadores avulsos.

A Lei nº 8.212/1991, art. 22, determina que se considera preponderante a atividade econômica que ocupa, na empresa, o maior número de segurados empregados e trabalhadores avulsos.

Entretanto, o Regulamento da Previdência Social (RPS), aprovado pelo Decreto nº 3.048/1999, determina que é considerada preponderante a atividade que ocupa, em cada estabelecimento da empresa, o maior número de segurados empregados e trabalhadores avulsos.

A Receita Federal do Brasil (RFB) por meio da Instrução Normativa RFB nº 971/2009, art. 72, § 1º, II, também determina ser preponderante a atividade que ocupa no estabelecimento o maior número de empregados e trabalhadores avulsos, observado que, na ocorrência de mesmo número de empregados e avulsos em atividades distintas, será considerado preponderante aquela que corresponder ao maior grau de risco.

O enquadramento da atividade nos correspondentes graus de risco é de responsabilidade da empresa, e deve ser feito mensalmente, com base em sua atividade econômica preponderante, observados o código na Classificação Nacional de Atividades Econômicas (CNAE) da atividade e a alíquota correspondente ao grau de risco, constantes do Anexo V do Regulamento da Previdência Social, aprovado pelo Decreto nº 3.048/1999, na redação do Decreto nº 10.410/2020, e, segundo a Receita Federal do Brasil, deve obedecer às seguintes disposições:

a) empresa com um estabelecimento e uma única atividade econômica será enquadrada na respectiva atividade;

b) a empresa com estabelecimento único e mais de uma atividade econômica, simulará o enquadramento em cada atividade e prevalecerá, como preponderante, aquela que tem o maior número de segurados empregados e trabalhadores avulsos;

c) a empresa com mais de um estabelecimento e com mais de uma atividade econômica deverá apurar a atividade preponderante em cada estabelecimento, simulando o enquadramento em cada atividade, prevalecendo como preponderante aquela que ocupar o maior número de segurados empregados e trabalhadores avulsos, exceto com relação à obra de construção civil.

> **Nota**
>
> A Súmula STJ nº 351 dispõe:
> "A alíquota de contribuição para o Seguro de Acidente do Trabalho (SAT) é aferida pelo grau de risco desenvolvido em cada empresa, individualizada pelo seu CNPJ, ou pelo grau de risco da atividade preponderante quando houver apenas um registro."

d) os órgãos da Administração Pública Direta, tais como Prefeituras, Câmaras, Assembleias Legislativas, Secretarias e Tribunais, identificados com inscrição no Cadastro Nacional da Pessoa Jurídica (CNPJ) serão enquadrados na respectiva atividade; e

e) a empresa de trabalho temporário será enquadrada na atividade com a descrição "7820-5/00 Locação de Mão de Obra Temporária".

5.1 OBRA DE CONSTRUÇÃO CIVIL

A obra de construção civil edificada por empresa cujo objeto social não se constitua na construção ou na prestação de serviços à construção civil será enquadrada no Código CNAE e grau de risco próprios da construção civil e não na atividade econômica desenvolvida pela empresa.

Os empregados que trabalham na obra não serão considerados para o enquadramento da empresa no grau de risco.

5.2 ERRO NO AUTOENQUADRAMENTO

Verificado erro no autoenquadramento, a Receita Federal do Brasil (RFB) adotará as medidas necessárias à sua correção, e, se for o caso, constituirá o crédito tributário decorrente.

5.3 REDUÇÃO OU MAJORAÇÃO

Estes percentuais (1%, 2% ou 3%) poderão ser reduzidos em até 50% ou aumentados em até 100%, em razão do desempenho da empresa em relação à respectiva atividade econômica, mediante aplicação do Fator Acidentário de Prevenção (FAP).

O FAP consiste num multiplicador variável num intervalo contínuo de cinco décimos (0,5000) a dois inteiros (2,0000), considerado o critério de truncamento na quarta casa decimal, a ser aplicado à respectiva alíquota.

O Regulamento da Previdência Social (RPS) determina que para fins da redução ou majoração em comento, proceder-se-á à discriminação do desempenho da empresa, dentro da respectiva atividade econômica, a partir da criação de um índice composto pelos índices de gravidade, de frequência e de custo que pondera os respectivos percentis.

Entretanto, a Resolução CNPS nº 1.327/2015 determina que o FAP da empresa com mais de um estabelecimento será calculado para cada estabelecimento, identificado pelo seu CNPJ completo.

A matriz para os cálculos da frequência, gravidade e custo, e para o cálculo do FAP, será composta pelos registros de Comunicação de Acidentes de Trabalho (CAT) de óbito e de benefícios de natureza acidentária, excetuados os decorrentes de trajeto, assim identificados por meio da CAT ou por meio de outro instrumento que vier a substituí-la. Os benefícios de natureza acidentária serão contabilizados no CNPJ completo (14 dígitos) ao qual ficou vinculado quando da sua concessão.

A geração do índice de frequência, do índice de gravidade e do índice de custo para cada um dos estabelecimentos se faz conforme o disposto a seguir.

O índice de frequência indica o quantitativo de benefícios e mortes por acidente de trabalho no estabelecimento. Para tanto são computados os registros de benefícios das espécies B91 – Auxílio-doença por acidente de trabalho, B92 – Aposentadoria por invalidez por acidente de trabalho, B93 – Pensão por morte por acidente de trabalho e B94 – Auxílio-acidente por acidente de trabalho, assim como as CAT de óbito para as quais não houve a concessão de B93 – Pensão por morte por acidente de trabalho.

Fórmula do índice de frequência

Índice de frequência = [(número de benefícios acidentários (B91, B92, B93 e B94) + acrescido do número de CATs de óbito para as quais não houve a concessão de B93 – Pensão por morte por acidente de trabalho, por estabelecimento, excetuados os decorrentes de trajeto, assim identificados por meio da CAT ou por meio de outro instrumento que vier a substituí-la) ÷ número médio de vínculos] × 1.000.

O índice de gravidade indica a gravidade das ocorrências acidentárias em cada estabelecimento. Para tanto são computados todos os casos de B91 – Auxílio-doença por acidente de trabalho, B92 – Aposentadoria por invalidez por acidente de trabalho, B93 – Pensão por morte por acidente de trabalho e B94 – Auxílio-acidente por acidente de trabalho, assim como as CATs de óbito para as quais não houve a concessão de B93 – Pensão por morte por acidente de trabalho, excetuados os decorrentes de trajeto, assim identificados por meio da CAT ou por meio de outro instrumento que vier a substituí-la. É atribuído peso diferente para cada tipo de afastamento em função da gravidade.

Fórmula do índice de gravidade

Índice de gravidade = ((número de auxílios-doença por acidente de trabalho (B91) × 0,10 + número de aposentadorias por invalidez (B92) x 0,30 + número de pensões por morte por acidente de trabalho (B93) + CATs de óbito para as quais não houve a concessão de B93 – Pensão por morte por acidente de trabalho × 0,50 + o número de auxílios-acidente por acidente de trabalho (B94) × 0,10, excetuados os decorrentes de trajeto, assim identificados por meio da CAT ou por meio de outro instrumento que vier a substituí-la) ÷ número médio de vínculos) x 1.000).

O índice de custo representa as despesas da Previdência Social com pagamento de benefícios de natureza acidentária e sua relação com as contribuições das empresas. Para tanto são computados os valores pagos pela Previdência Social em rendas mensais de benefícios, excetuados os decorrentes de trajeto.

No caso do auxílio-doença por acidente de trabalho (B91), o custo é calculado pelo tempo de afastamento, em meses e fração de mês, do segurado dentro do Período-Base de cálculo do FAP. Nos casos da aposentadoria por invalidez por acidente de trabalho (B92) e do auxílio-acidente por acidente de trabalho (B94), os custos são calculados fazendo uma projeção da expectativa de sobrevida do beneficiário a partir da tábua completa de mortalidade construída pela Fundação Instituto Brasileiro de Geografia e Estatística – IBGE, para toda a população brasileira, considerando-se a média nacional única para ambos os sexos. No caso da pensão por morte por acidente de trabalho (B93) os custos serão calculados considerando as regras vigentes para duração do benefício.

Fórmula do índice de custo

Índice de custo = ((valor total pago pela Previdência Social pelos benefícios de auxílio-doença por acidente de trabalho (B91), aposentadoria por invalidez por acidente de trabalho (B92), pensão por morte por acidente de trabalho (B93) e auxílio-acidente por acidente de trabalho (B94), excetuados os decorrentes de trajeto, assim identificados por meio da CAT ou por meio de outro instrumento que vier a substituí-la) ÷ valor total de remuneração paga pelo estabelecimento aos segurados) × 1.000).

Com a reforma da Previdência Social, instituída pela Emenda Constitucional nº 103, o benefício de auxílio doença passou a ser denominado "auxílio por incapacidade temporária" e a aposentadoria por invalidez, passou a ser denominada "benefício por incapacidade permanente".

O Ministério do Trabalho e Previdência em conjunto com o Ministério da Economia publicam anualmente, sempre no mês de setembro, no Diário Oficial da União (DOU), os róis dos percentis de frequência, gravidade e custo por Subclasse da CNAE e divulga na internet o FAP de cada empresa, com as respectivas ordens de frequência, gravidade, custo e demais elementos que possibilitem a esta verificar o respectivo desempenho dentro da sua CNAE-Subclasse.

5.4 APLICAÇÃO DO FAP NO ANO DE 2022

O FAP produz efeitos tributários a partir do 1º dia do 4º mês subsequente ao de sua divulgação. O FAP calculado em 2021 e vigente para o ano de 2022, juntamente com as respectivas ordens de frequência, gravidade e custo e demais elementos que possibilitem ao estabelecimento verificar o respectivo desempenho dentro da sua subclasse da CNAE, foram disponibilizados pelo Ministério do Trabalho e Previdência em conjunto com o Ministério da Economia no dia 30.09.2021.

O FAP atribuído aos estabelecimentos poderá ser contestado junto ao Conselho de Recursos da Previdência Social, da Secretaria da Previdência, no prazo fixado, exclusivamente por meio eletrônico. A contestação deverá versar, exclusivamente, sobre razões relativas a divergências quanto aos elementos previdenciários que compõem o cálculo do FAP.

5.5 COMPLEMENTAÇÃO

Para a complementação das prestações por acidente do trabalho e aposentadoria especial, as empresas cujos empregados estejam sujeitos à exposição aos agentes nocivos químicos, físicos, biológicos ou associação de agentes que enseja a concessão de aposentadoria especial, deverão efetuar uma contribuição adicional, de 12%, 9% ou 6%, respectivamente, se a atividade exercida pelo segurado a serviço da empresa der direito à concessão de aposentadoria especial após 15, 20 ou 25 anos de contribuição, incidente exclusivamente sobre a remuneração desses segurados sujeitos às condições especiais que prejudiquem a saúde ou a integridade física.

5.6 RELAÇÃO DE ATIVIDADES PREPONDERANTES E CORRESPONDENTES GRAUS DE RISCOS CONFORME A CLASSIFICAÇÃO NACIONAL DE ATIVIDADES ECONÔMICAS (CNAE)

A tabela da Classificação Nacional de Atividade Econômica (CNAE) e correspondente grau de risco consta do Anexo V do Regulamento da Previdência Social (RPS), aprovado pelo Decreto nº 3.048/1999 na redação do Decreto nº 10.410/2020.

6. CONTRIBUIÇÕES PARA TERCEIROS (ENTIDADES E FUNDOS)

Essas contribuições não se enquadram como previdenciárias. São valores pertencentes a outras entidades ou fundos (Senai, Sesc, Senat, Sesi, Sebrae, Salário Educação etc.), que são fiscalizadas e arrecadadas pela RFB e, posteriormente, repassadas às entidades respectivas. As alíquotas das contribuições relativas a terceiros variam de acordo com o enquadramento do estabelecimento no Fundo de Previdência e Assistência Social (FPAS).

Terceiros são as entidades privadas de serviço social e de formação profissional vinculadas ao sistema sindical, criadas por lei e mantidas por meio de contribuições compulsoriamente cobradas dos empregadores sobre a folha de pagamento. São eles:

a) Serviço Nacional de Aprendizagem do Comércio (Senac);
b) Serviço Social do Comércio (Sesc);
c) Serviço Nacional de Aprendizagem Industrial (Senai);
d) Serviço Social da Indústria (Sesi);
e) Serviço Nacional de Aprendizagem do Transporte (Senat);
f) Serviço Social de Transporte (Sest);
g) Serviço Nacional de Aprendizagem Rural (Senar);
h) Serviço Nacional de Aprendizagem do Cooperativismo (Sescoop);
i) Serviço Brasileiro de Apoio às Micro e Pequenas Empresas (Sebrae);
j) Diretoria de Portos e Costas (DPC);
k) Fundo Aeroviário;
l) Instituto Nacional de Colonização e Reforma Agrária (Incra); e
m) Fundo Nacional de Desenvolvimento da Educação (FNDE).

A Secretaria da Receita Federal do Brasil (RFB) é que tem a competência para exercer as atividades relativas à tributação, fiscalização, arrecadação e cobrança da contribuição devida por lei a terceiros, ressalvada a hipótese de recolhimento direto da contribuição à entidade correspondente mediante convênio celebrado entre esta e a empresa.

A contribuição a terceiros está sujeita aos mesmos prazos, condições, sanções e privilégios das contribuições sociais destinadas ao financiamento da seguridade social, inclusive no que diz respeito à cobrança judicial.

Entretanto, tais regras são aplicadas, exclusivamente, à contribuição cuja base de cálculo seja a mesma das que incidem sobre a remuneração paga, devida ou creditada a segurados do Regime Geral da Previdência Social (RGPS) ou instituídas sobre outras bases a título de substituição.

6.1 BASE DE CÁLCULO

A contribuição devida a terceiros é calculada sobre o total da remuneração paga, devida ou creditada a empregados e trabalhadores avulsos.

6.2 ENTIDADES NÃO SUJEITAS À CONTRIBUIÇÃO PARA TERCEIROS

Não estão sujeitos à contribuição para terceiros:

a) os órgãos e as entidades do Poder Público, inclusive as agências reguladoras de atividade econômica (Agência Nacional de Petróleo – ANP, Agência Nacional de Vigilância Sanitária – Anvisa, Agência Nacional de Saúde – ANS etc.);

b) os organismos internacionais, as missões diplomáticas, as repartições consulares e as entidades congêneres;

c) o Conselho Federal da Ordem dos Advogados do Brasil e as Seccionais da OAB;

d) os conselhos de profissões regulamentadas;

e) as instituições públicas de ensino de qualquer grau;

f) as serventias notariais e de registro, exceto quanto à contribuição social do salário educação;

g) as entidades privadas de serviço social e de formação profissional (Senac, Sesc, Senai, Sesi, Senat, Sest, Senar, Sescoop e Sebrae – Sistema S), constituídas sob a forma de serviço social autônomo, exceto quanto à contribuição social do salário educação e à contribuição devida ao Incra;

h) entidades beneficentes de assistência social.

6.3 EMPRESA BRASILEIRA DE NAVEGAÇÃO

Sobre a remuneração paga por empresa brasileira de navegação a tripulantes de embarcação inscrita no Registro Especial Brasileiro (REB) não incide a contribuição destinada ao Fundo de Desenvolvimento do Ensino Profissional Marítimo, conforme determina a Lei nº 9.432/1997.

6.4 BRASILEIRO CONTRATADO NO BRASIL PARA PRESTAR SERVIÇOS NO EXTERIOR

A contribuição para terceiros não incide sobre a remuneração paga, devida ou creditada ao brasileiro contratado no Brasil para prestar serviços no exterior, ou para lá transferido, nos termos do artigo 11 da Lei nº 7.064/1982.

A não incidência terá vigência apenas no período em que o trabalhador permanecer no exterior a serviço da empresa que o contratou no Brasil.

6.5 EMPRESAS SUJEITAS À CONTRIBUIÇÃO

Para fins de recolhimento da contribuição devida a terceiros, a pessoa jurídica deverá classificar a atividade por ela desenvolvida e atribuir-lhe o código FPAS correspondente.

A classificação terá por base a principal atividade desenvolvida pela empresa, assim considerada a que constitui seu objeto social, conforme declarado nos atos constitutivos e no Cadastro Nacional da Pessoa Jurídica (CNPJ), observadas as regras a seguir, na ordem em que apresentadas:

a) a classificação será feita de acordo com o Quadro de Atividades e Profissões a que se refere o artigo 577 da CLT, ressalvadas as atividades industriais e comerciais adiante tratadas e aquelas em relação às quais a lei estabeleça forma diversa de contribuição;

b) a atividade declarada como principal no CNPJ deverá corresponder à classificação feita na forma da letra "a", prevalecendo esta em caso de divergência;

c) na hipótese de a pessoa jurídica desenvolver mais de uma atividade, prevalecerá, para fins de classificação, a atividade preponderante, assim considerada a que representa o objeto social da empresa, ou a unidade de produto, para a qual convergem as demais em regime de conexão funcional;

d) se nenhuma das atividades desenvolvidas pela pessoa jurídica se caracterizar como preponderante, aplica-se a cada atividade o respectivo código FPAS.

Considera-se regime de conexão funcional, para fins de definição da atividade preponderante, a finalidade comum em função da qual duas ou mais atividades se interagem, sem descaracterizar sua natureza individual, a fim de realizar o objeto social da pessoa jurídica.

Classificada a atividade, ser-lhe-á atribuído o código FPAS e as alíquotas de contribuição correspondentes, de acordo com as tabelas (Quadros 1 a 6), considerado o grupo econômico como indicativo das diversas atividades em que se decompõe.

QUADRO I – CONFEDERAÇÃO NACIONAL DA INDÚSTRIA

GRUPO DE ATIVIDADE	CÓDIGO FPAS	ALÍQUOTA TOTAL – TERCEIROS
1º Alimentação;	507	5,8%
2º Vestuário;	507	5,8%
3º Construção e mobiliário;	507	5,8%
4º Urbanas (saneamento, coleta e tratamento de resíduos, energia, gás, água e esgoto);	507	5,8%
5º Extrativas;	507	5,8
6º Fiação e tecelagem;	507	5,8%
7º Artefatos de couro;	507	5,8%
8º Artefatos de borracha;	507	5,8%
9º Joalheiras, lapidação de pedras preciosas;	507	5,8%
10º Químicas e farmacêuticas;	507	5,8%
11º Papel, papelão, cortiça;	507	5,8%
12º Gráficas;	507	5,8%
13º Vidros, cristais, espelhos, cerâmicas, louças, porcelanas;	507	5,8%
15º Instrumentos musicais, brinquedos;	507	5,8%
16º Cinematográficas;	507	5,8%
17º Beneficiamentos;	507	5,8%
18º Artesanatos (pessoa jurídica);	507	5,8%
19º Metalúrgicas, mecânicas, materiais elétricos.	507	5,8%

QUADRO 2 – CONFEDERAÇÃO NACIONAL DO COMÉRCIO

GRUPO DE ATIVIDADE	CÓDIGO FPAS	ALÍQUOTA TOTAL – TERCEIROS
1º Comércio atacadista;	515	5,8%
2º Comércio varejista;	515	5,8%
3º Agentes autônomos do comércio;	515	5,8%
4º Comércio armazenador;	515	5,8%
5º Turismo e hospitalidade;	515	5,8%
6º Serviços de saúde.	515	5,8%

QUADRO 3 – CONFEDERAÇÃO NACIONAL DOS TRANSPORTES MARÍTIMOS, FLUVIAIS E AÉREOS

GRUPO DE ATIVIDADE	CÓDIGO FPAS	ALÍQUOTA TOTAL – TERCEIROS
1º Empresas de navegação marítima e fluvial;	540	5,2%
2º Empresas aeroviárias;	558	5,2%
3º Empresários e administradores de portos;	540	5,2%
4º Empresas prestadoras de serviços portuários;	540	5,2%
5º Empresas de pesca.	540	5,2%
6º Empresas de dragagem.	540	5,2%

QUADRO 4 – CONFEDERAÇÃO NACIONAL DOS TRANSPORTES TERRESTRES

GRUPO DE ATIVIDADE	CÓDIGO FPAS	ALÍQUOTA TOTAL – TERCEIROS
1º Empresas ferroviárias;	507	5,8%
2º Empresas de transportes rodoviários;	612	5,8%
3º Empresas de carris urbanos (inclusive cabos aéreos);	507	5,8%

GRUPO DE ATIVIDADE	CÓDIGO FPAS	ALÍQUOTA TOTAL – TERCEIROS
4º Empresas metroviárias.	507	5,8%
5º Empresas de transporte de valores	612	5,8%
6º Empresas de locação de veículos	612	5,8%
7º Empresas de distribuição de petróleo	612	5,8%

QUADRO 5 – CONFEDERAÇÃO NACIONAL DE COMUNICAÇÕES E PUBLICIDADES

GRUPO DE ATIVIDADE	CÓDIGO FPAS	ALÍQUOTA TOTAL – TERCEIROS
1º Empresas de comunicações (telegráficas, empresa de correios, inclusive franqueadas e telefônicas);	507	5,8%
2º Empresas de publicidade;	566	4,5%
3º Empresas jornalísticas.	566	4,5%

QUADRO 6 – CONFEDERAÇÃO NACIONAL DE EDUCAÇÃO E CULTURA

GRUPO DE ATIVIDADE	CÓDIGO FPAS	ALÍQUOTA TOTAL – TERCEIROS
1º Estabelecimentos de ensino;	574	4,5%
2º Empresas de difusão cultural e artística;	566	4,5%
3º Estabelecimentos de cultura física;	566	4,5%
4º Estabelecimentos hípicos.	566	4,5%

> **Nota**
>
> As empresas, inclusive as constituídas na forma de cooperativa, que desenvolvam as atividades referidas no § 5º do art. 72 da Instrução Normativa RFB nº 971/2009, enquadram-se no código FPAS 736 e contribuirão com as alíquotas previstas para este código no Anexo II da Instrução Normativa RFB nº 971/2009, observando, que as cooperativas de crédito, enquadram-se no código FPAS 787, observado o disposto no § 12 do art. 72.
>
> As Entidades Beneficentes de Assistência Social (EBAS) certificadas e em gozo da isenção enquadram-se no código FPAS 639 e os organismos internacionais com acordo recíproco de isenção enquadram-se no código FPAS 876, observando-se que ambos contribuirão com as alíquotas previstas para os respectivos códigos no Anexo II da Instrução Normativa RFB nº 971/2009.

6.6 ATIVIDADES INDUSTRIAIS

São industriais, não exclusivamente, as atividades a seguir enumeradas, desenvolvidas em conjunto ou isoladamente, sobre as quais se aplicam as alíquotas previstas no Anexo II da Instrução Normativa nº 971/2009, de acordo com o código FPAS 507:

I) fabricação, manutenção e reparação de veículos automotores e embarcações de qualquer espécie, inclusive de peças e componentes necessários ao seu funcionamento;

II) fabricação, instalação, manutenção e reparação de máquinas e equipamentos industriais de grande porte;

III) fabricação de equipamento bélico pesado, armas e munições;

IV) fabricação de elevadores, escadas e esteiras rolantes;

V) fabricação de bicicletas e outros veículos não motorizados, eletrodomésticos, acessórios e equipamentos;

VI) instalação, manutenção, assistência técnica e reparação de máquinas e equipamentos de qualquer porte, bicicletas e eletrodomésticos, quando prestados pelo próprio fabricante, em dependência deste ou em estabelecimento da mesma pessoa jurídica;

VII) construção, ampliação e manutenção de vias públicas;

VIII) construção, ampliação e manutenção de estações e redes de distribuição de energia elétrica e telecomunicações;

IX) construção, ampliação e manutenção de estações e redes de abastecimento de água, coleta de esgoto, transportes por dutos e construções correlatas;

X) construção, ampliação e manutenção de rodovias e ferrovias;

XI) reciclagem de resíduos, inclusive de obras de construção civil;

XII) geração, transmissão, transformação e distribuição de energia elétrica, independentemente da forma de organização societária, inclusive *holding* mista, em que há participação desta na exploração conjunta da atividade econômica;

XIII) lojas de fábrica, assim consideradas as atividades de comercialização de produtos oriundos da unidade de fabricação, realizadas por estabelecimentos ou dependências desta, vinculados à mesma pessoa jurídica, independentemente de sua localização;

XIV) cozinha industrial, assim considerada a pessoa jurídica cuja atividade consista na fabricação e acondicionamento de alimentos congelados, fornecimento de pratos prontos ou preparação, em qualquer local, de refeições para empresas ou instituições de internação ou atendimento coletivo;

XV) extração de minério de ferro, refino de petróleo e fabricação de produtos e subprodutos, inclusive atividades de apoio e as relacionadas a pesquisas e testes experimentais;

XVI) engenharia consultiva, assim considerada a pessoa jurídica cuja atividade se destine a viabilizar a realização de obras de construção civil, de construção de usinas e de implantação e instalação de linhas de transmissão e plataformas de qualquer espécie;

XVII) fabricação, instalação, manutenção e locação de *containers*, betoneiras, andaimes, cavaletes e outros equipamentos para obras de construção civil;

XVIII) instalação e manutenção industrial de elevadores, ar condicionado, redes hidráulica, elétrica e de telecomunicação e de outros equipamentos integrantes de obra de construção civil;

XIX) centros de distribuição, depósitos e escritórios administrativos de empresa industrial, independentemente do local onde estiverem instalados;

XX) obras de construção civil e de restauração de prédios e monumentos;

XXI) correios, inclusive agências franqueadas ou permissionárias;

XXII) telecomunicações, incluídas telefonia fixa, móvel e por satélite;

XXIII) provedores de acesso às redes de comunicação e de voz sobre protocolo Internet (VOIP);

XXIV) desenvolvimento e licenciamento, em série ou larga escala, de programas de computador;

XXV) panificação, quando constituir atividade econômica autônoma, assim considerada a que não constitua parte de atividade econômica mais abrangente, ainda que sejam comercializados outros produtos no mesmo estabelecimento;

XXVI) administração, conservação e manutenção de rodovias, pontes e túneis sob regime de concessão ou parceria com o poder público, inclusive serviços relacionados;

XXVII) tinturarias, quando constituir atividade acessória de atividade industrial ou fase de industrialização do produto; e

XXVIII) reciclagem, tratamento ou industrialização de resíduos, com ou sem coleta.

Na hipótese de a pessoa jurídica desenvolver mais de uma atividade, prevalecerá, para fins de classificação, a atividade preponderante, assim considerada a que representa o objeto social da empresa, ou a unidade de produto, para a qual convergem as demais em regime de conexão funcional).

Se nenhuma das atividades desenvolvidas pela pessoa jurídica se caracterizar como preponderante, aplicar-se-á a cada atividade o respectivo código FPAS.

6.7 ATIVIDADES COMERCIAIS

São comerciais ou de serviços, não exclusivamente, as atividades a seguir relacionadas, desenvolvidas em conjunto ou individualmente, sobre as quais se aplicam as alíquotas previstas no Anexo II da Instrução Normativa RFB nº 971/2009 de acordo com os códigos FPAS 515, 566, 574 ou 647:

a) empresas de *call center* (FPAS 515);

b) panificação, quando realizada em hipermercado, supermercado, minimercado, mercearia ou armazém, com a finalidade de ampliar a oferta de produtos (FPAS 515);

c) televisão aberta e por assinatura (FPAS 566);

d) limpeza e conservação de prédios (FPAS 515);

e) comércio (revendedor) de programas de computador (FPAS 515);

f) serviços de tecnologia da informação, inclusive desenvolvimento de programas de computador sob encomenda (ou customizáveis) e seu licenciamento, instalação, manutenção e atualização, à distância ou nas dependências do cliente (FPAS 515);

g) serviços de instalação, manutenção, assistência técnica e reparação de máquinas e equipamentos, inclusive de informática, móveis, eletrodomésticos e bicicletas, exceto se prestados pelo próprio fabricante (FPAS 515);

h) serviços de restaurante e bufete, inclusive os prestados a instituições hospitalares e de atendimento coletivo (FPAS 515);

i) instituições de ensino, exceto as de direito público (FPAS 574);

j) associações desportivas que mantenham equipes de futebol profissional (FPAS 647);

k) tinturarias, quando constituir atividade acessória de serviços pessoais ou fase de atividade comercial (FPAS 515);

l) serviços de engenharia consultiva não enquadrados no inciso XVI das atividades industriais (FPAS 515, se pessoa jurídica, e 566, se pessoa física);

m) coleta de resíduos, sem atividade de tratamento, reciclagem ou industrialização (FPAS 515); e

n) sociedades corretoras de seguro (FPAS 515).

6.8 COOPERATIVAS

As atividades, se desenvolvidas por pessoa jurídica constituída sob a forma de cooperativa, sujeitam-se à contribuição devida ao Serviço Nacional de Aprendizagem do Cooperativismo (Sescoop), calculada mediante aplicação das alíquotas previstas no mencionado Anexo II da Instrução Normativa RFB nº 971/2009, de acordo com o código FPAS da atividade e o código de terceiros 4163.

A contribuição devida ao Sescoop não se acumula com as devidas ao Serviço Social da Indústria (Sesi) e ao Serviço Nacional de Aprendizagem Industrial (Senai), ou ao Serviço Social do Comércio (Sesc) e ao Serviço Nacional de Aprendizagem Comercial (Senac), conforme a atividade.

A cooperativa de crédito sujeita-se à contribuição devida ao Sescoop, calculada mediante aplicação das alíquotas previstas no Anexo II, mencionado, de acordo com o código FPAS 787 e o código de terceiros 4099, observado o disposto nº § 12 do artigo 72 da Instrução Normativa RFB nº 971/2009.

6.9 EMPRESAS COM MAIS DE UM ESTABELECIMENTO

O código FPAS e as alíquotas correspondentes atribuídos à atividade serão aplicados a todos os estabelecimentos da mesma pessoa jurídica, assim considerados os cadastrados sob a mesma raiz de CNPJ, independentemente de sua localização.

6.10 ATIVIDADE RURAL

A contribuição devida ao Incra, identificada pelo código FPAS 531 e código de terceiros 0003, incide sobre a folha de salários das empresas que atuam nas seguintes atividades:

a) indústria de cana-de-açúcar;

b) indústria de laticínios;

c) indústria de beneficiamento de cereais, café, chá e mate;

d) indústria da uva;

e) indústria de extração e beneficiamento de fibras vegetais e de descaroçamento de algodão;

f) indústria de extração de madeira para serraria, de resina, lenha e carvão vegetal; e

g) matadouros ou abatedouros de animais de quaisquer espécies, inclusive atividades de preparo de charques.

INCRA

A contribuição adicional devida ao Serviço Social Rural, devida ao Incra, é calculada mediante aplicação da alíquota de 0,2% sobre a folha de salários das empresas em geral e equiparados, vinculados ao RGPS, assim considerados o empresário individual, a sociedade empresária, a sociedade de economia mista e a empresa pública, inclusive das empresas de atividade rural anteriormente mencionadas, ressalvadas as entidades não sujeitas à contribuição para terceiros.

6.11 SALÁRIO EDUCAÇÃO

São contribuintes do salário educação as empresas em geral e equiparados, vinculados ao RGPS, assim considerados o empresário individual, a sociedade empresária, a sociedade de economia mista e a empresa pública, ressalvadas as entidades não sujeitas à contribuição para terceiros.

6.12 ARRECADAÇÃO

A arrecadação da contribuição destinada a terceiros compete à RFB e é efetuada juntamente com as devidas à Previdência Social.

Entretanto, o recolhimento pode ser feito diretamente à entidade ou fundo, se houver previsão legal, mediante convênio celebrado entre um ou outro e a empresa contribuinte.

6.13 EMPRESA PRESTADORA DE SERVIÇOS MEDIANTE CESSÃO DE MÃO DE OBRA

Cabe à empresa prestadora de serviços mediante cessão de mão de obra calcular e recolher a contribuição devida a terceiros, de acordo com o código FPAS correspondente à atividade, mediante aplicação das alíquotas correspondentes.

6.14 TRABALHADOR AVULSO NÃO PORTUÁRIO

Cabe ao tomador de serviço ou ao sindicato que intermediar a contratação de trabalhador avulso não portuário elaborar folha de pagamento por contratante e prestar as informações exigidas relativas ao contrato.

O cálculo da contribuição devida a terceiros será feito mediante aplicação das alíquotas previstas no Anexo II da Instrução Normativa RFB nº 971/2009, de acordo com o código FPAS do contratante.

6.15 ATIVIDADES VINCULADAS À CONFEDERAÇÃO NACIONAL DE TRANSPORTES MARÍTIMOS, FLUVIAIS E AÉREOS

As pessoas jurídicas cujas atividades sejam vinculadas à Confederação Nacional dos Transportes Marítimos, Fluviais e Aéreos, conforme Quadro 3, observarão as seguintes regras:

a) relativamente às atividades compreendidas no 1º, 3º, 4º ou 5º Grupo, contribuirão para o Fundo de Desenvolvimento do Ensino Profissional Marítimo, de acordo com o código FPAS 540, mediante aplicação das alíquotas previstas no Anexo II da Instrução Normativa RFB nº 971/2009;

b) para efeito da contribuição ao Fundo Aeroviário, de acordo com o código FPAS 558, estão compreendidas no grupo empresas aeroviárias as empresas privadas, públicas, de economia mista e autárquicas, quer federais, estaduais ou municipais, de transporte aéreo regular, não regular, de táxi-aéreo e de serviços aéreos especializados, de telecomunicações aeronáuticas, de implantação, administração, operação e exploração da infraestrutura aeroportuária, e de serviços auxiliares, de fabricação, reparos e manutenção, ou de representação, de aeronaves, suas peças e acessórios, e de equipamentos aeronáuticos, conforme o art. 1º do Decreto-Lei nº 1.305/1974.

6.16 ATIVIDADES VINCULADAS À CONFEDERAÇÃO NACIONAL DE TRANSPORTES TERRESTRES

As pessoas jurídicas cujas atividades sejam vinculadas à Confederação Nacional dos Transportes Terrestres, conforme Quadro 4, observarão as seguintes regras:

a) relativamente às atividades compreendidas no 1o, 3o ou 4o Grupo (empresas ferroviárias, de carris urbanos e metroviárias), contribuirão para o Sesi e para o Senai de acordo com o código FPAS 507, mediante aplicação das alíquotas previstas no Anexo II, da Instrução Normativa RFB nº 971/2009, reproduzido adiante;

b) relativamente às atividades compreendidas no 2º Grupo (empresas de transporte rodoviário de cargas ou passageiros), contribuirão para o Serviço Social do Transporte (Sest) e para o Serviço Nacional de Aprendizagem do Transporte (Senat), de acordo com o código FPAS 612, mediante aplicação das alíquotas previstas no mencionado Anexo II.

6.17 ATIVIDADES VINCULADAS À CONFEDERAÇÃO NACIONAL DE COMUNICAÇÕES E PUBLICAÇÕES

As pessoas jurídicas cujas atividades sejam vinculadas à Confederação Nacional de Comunicações e Publicidades, conforme Quadro 5, observarão as seguintes regras:

a) relativamente às atividades compreendidas no 1º Grupo (empresas telegráficas, correios, mensageiras e telefônicas), contribuirão para o Sesi e para o Senai, de acordo com o código FPAS 507, mediante aplicação das alíquotas previstas no Anexo II da Instrução Normativa RFB nº 971/2009; e

b) relativamente às atividades compreendidas no 2º ou 3º Grupo (empresas de publicidade e jornalísticas, agências de propaganda, de radiodifusão, televisão aberta e por assinatura, agências noticiosas, jornais e revistas), contribuirão para o Serviço Social do Comércio (Sesc), de acordo com o código FPAS 566, mediante aplicação das alíquotas previstas no mencionado Anexo II.

6.18 AGROINDÚSTRIA DE PISCICULTURA, CARCINICULTURA, SUINOCULTURA OU AVICULTURA

BASE DE CÁLCULO DA CONTRIBUIÇÃO	CÓDIGO FPAS	CÓDIGO DE TERCEIROS	TOTAL TERCEIROS (%)
Valor da mão de obra empregada no setor de criação	787	0515	5,20
Valor da mão de obra empregada no abate e industrialização	507	0079	5,80

6.19 AGROINDÚSTRIA DE FLORESTAMENTO E REFLORESTAMENTO

A agroindústria de florestamento e reflorestamento não sujeita à contribuição substitutiva, nos termos do inciso II, do § 5º, do art. 175 da Instrução Normativa RFB nº 971/2009.

BASE DE CÁLCULO DA CONTRIBUIÇÃO POR SETOR	CÓDIGO FPAS	CÓDIGO DE TERCEIROS	TOTAL TERCEIROS (%)
Rural	787	0515	5,2
Industrial	507	0079	5,8

6.20 AGROINDÚSTRIAS SUJEITAS À CONTRIBUIÇÃO SUBSTITUTIVA

As contribuições devidas a terceiros pela agroindústria sujeita à contribuição substitutiva instituída pela Lei nº 10.256/2001 incidem sobre a receita bruta da comercialização da produção e sobre as folhas de salários dos setores rural e industrial, de acordo com o seguinte quadro:

BASE DE CÁLCULO DA CONTRIBUIÇÃO POR SETOR	CÓDIGO FPAS	CÓDIGO DE TERCEIROS	TOTAL TERCEIROS (%)
Receita bruta da comercialização da produção	744	–	0,25%
Folha de salários do setor rural	604	0003	2,7%
Folha de salários do setor industrial	833	0079	5,8%

Aplica-se a substituição mencionada ainda que a agroindústria explore, também, outra atividade econômica autônoma, no mesmo ou em estabelecimento distinto, hipótese em que a contribuição incidirá sobre o valor da receita bruta decorrente da comercialização em todas as atividades, ressalvado o disposto no inciso I do art. 180 e observado o disposto nos arts. 170 e 171, todos da Instrução Normativa RFB nº 971/2009.

Na hipótese de recolhimento efetuado diretamente à entidade ou fundo, mediante convênio, aplica-se o código de terceiros compatível com o convênio celebrado.

6.21 AGROINDÚSTRIAS SUJEITAS À CONTRIBUIÇÃO SUBSTITUTIVA

Tratando-se de agroindústria sujeita à contribuição substitutiva estabelecida pelo art. 22-A da Lei nº 8.212/1991, com redação dada pela Lei nº 10.256/2001, que desenvolva atividade enumerada no art. 110 da Instrução Normativa RFB nº 971/2009, exercida nas condições estabelecidas no mencionado art. 110, as contribuições serão calculadas de acordo com o seguinte quadro:

BASE DE CÁLCULO DA CONTRIBUIÇÃO POR SETOR	CÓDIGO FPAS	CÓDIGO DE TERCEIROS	TOTAL TERCEIROS (%)
Receita bruta da comercialização da produção	744	–	0,25%
Folha de salários (rural e industrial)	825	0003	5,2%

6.22 PRODUTOR RURAL PESSOA JURÍDICA

A contribuição devida a terceiros pela pessoa jurídica que tenha como fim apenas a atividade de produção rural incide sobre a receita bruta da comercialização da produção rural, em substituição às instituídas pelos incisos I e II do artigo 22, da Lei nº 8.212/1991, e é calculada de acordo com a seguinte tabela:

BASE DE CÁLCULO DA CONTRIBUIÇÃO POR SETOR	CÓDIGO FPAS	CÓDIGO DE TERCEIROS	TOTAL TERCEIROS (%)
Receita bruta da comercialização da produção	744	–	0,25
Valor total da folha de salários	604	0003	2,70

Nota

Desde 1º.01.2019, o empregador rural pessoa física ou o empregador pessoa jurídica que se dedique à produção rural, poderá optar por contribuir sobre o valor da comercialização da produção rural ou na forma dos incisos I e II do *caput* do art. 22 da Lei nº 8.212/1991 (20% sobre a folha bruta de salários dos empregados e trabalhadores avulsos e contribuição sobre a folha bruta de salários, para o financiamento do seguro de acidentes do trabalho à alíquota de 1% ou 2% ou 3%, conforme o grau de risco de acidente seja leve, médio ou grave, respectivamente).

6.23 PRODUTOR RURAL PESSOA JURÍDICA QUE EXPLORA SIMULTANEAMENTE OUTRA ATIVIDADE

Não se aplica a substituição se a pessoa jurídica, exceto a agroindústria, explorar, além da atividade de produção rural, outra atividade econômica autônoma comercial, industrial ou de serviços, no mesmo ou em estabelecimento distinto, independentemente de qual seja a atividade preponderante, ou se fizer a opção de que trata o art. 175, § 2º, V da Instrução Normativa RFB nº 971/2009, hipótese em que a empresa fica obrigada às contribuições a seguir, em relação a todas as atividades:

a) 20% sobre o total da remuneração paga, devida ou creditada a empregados e trabalhadores avulsos a seu serviço;

b) 20% sobre a remuneração de contribuintes individuais a seu serviço; e

c) contribuição destinada ao financiamento da aposentadoria especial e dos benefícios concedidos em razão do grau de incidência de incapacidade laborativa decorrente dos riscos ambientais do trabalho, incidente sobre a remuneração de empregados e trabalhadores avulsos.

A substituição também não será aplicada às operações relativas à prestação de serviços a terceiros, sobre as quais incidem as mencionadas contribuições.

6.24 COOPERATIVA DE PRODUÇÃO

Para fins de recolhimento das contribuições devidas à Previdência Social e a terceiros, a cooperativa de produção, que atua nas atividades de piscicultura, carcinicultura, suinocultura ou avicultura, florestamento e reflorestamento, produção rural e produção rural que explora simultaneamente outra atividade, informará o código de terceiros 4099 e a que atua nas demais atividades informará o código de terceiros 4163.

Sobre a remuneração de trabalhadores contratados exclusivamente para a colheita da produção dos cooperados, a cooperativa fica obrigada ao pagamento da contribuição devida ao FNDE e ao Incra, calculada mediante aplicação das alíquotas previstas no mencionado Anexo II, de acordo com o código FPAS 604 e o código terceiros 0003, bem assim à retenção e ao recolhimento das contribuições devidas pelo segurado.

6.25 TRANSPORTADOR AUTÔNOMO

A empresa tomadora de serviços de transportador autônomo, de condutor autônomo de veículo (taxista) ou de auxiliar de condutor autônomo, deverá reter e recolher a contribuição devida ao Sest e ao Senat, observadas as seguintes regras:

a) a base de cálculo da contribuição corresponde a 20% do valor bruto do frete, carreto ou transporte, vedada qualquer dedução, ainda que figure discriminadamente na nota fiscal, fatura ou recibo;

b) o cálculo da contribuição é feito mediante aplicação das alíquotas previstas no Anexo II da Instrução Normativa RFB nº

971/2009, de acordo com o código FPAS 620 e o código de terceiros 3072;

c) não se aplica à base de cálculo o limite máximo do salário de contribuição;

d) na hipótese de serviço prestado por cooperado filiado à cooperativa de transportadores autônomos, a contribuição deste será descontada e recolhida pela cooperativa; e

e) na hipótese de serviço prestado à pessoa física, ainda que equiparada à empresa, a contribuição será recolhida pelo próprio transportador autônomo, diretamente ao Sest e ao Senat, observado o disposto na letra "b".

6.26 COOPERATIVA DE TRANSPORTADORES AUTÔNOMOS

Sobre o total da remuneração paga, devida ou creditada a empregados e trabalhadores avulsos, a cooperativa de transportadores autônomos contribui para a Previdência Social e terceiros, mediante aplicação das alíquotas previstas no Anexo II da Instrução Normativa RFB nº 971/2009, de acordo com o código FPAS 612 e o código de terceiros 4163.

6.27 ASSOCIAÇÃO DESPORTIVA E SOCIEDADE EMPRESÁRIA QUE MANTÊM EQUIPE DE FUTEBOL PROFISSIONAL

Para a associação desportiva e a sociedade empresária que mantêm equipe de futebol profissional, a contribuição incide sobre o total da remuneração paga, devida ou creditada a empregados (atletas e não atletas) e trabalhadores avulsos. O cálculo da contribuição é feito mediante aplicação das alíquotas previstas no Anexo II da Instrução Normativa RFB nº 971/2009, de acordo com o código FPAS 647 e o código de terceiros 0099.

6.28 EMPRESA DE TRABALHO TEMPORÁRIO

A contribuição da empresa de trabalho temporário incide sobre a remuneração dos trabalhadores temporários, e observa a aplicação das alíquotas previstas no Anexo II da Instrução Normativa RFB nº 971/2009, de acordo com o código FPAS 655 e o código de terceiros 0001. Sobre a remuneração dos trabalhadores permanentes, contribuirá mediante aplicação das alíquotas previstas no mencionado Anexo II, de acordo com o código FPAS 515 e o código de terceiros 0115.

6.29 ÓRGÃO GESTOR DE MÃO DE OBRA (OGMO) E O OPERADOR PORTUÁRIO

Para fins de recolhimento das contribuições devidas à Previdência Social e a terceiros, o Órgão Gestor de Mão de Obra (OGMO) e o operador portuário observarão as seguintes regras:

a) o OGMO desenvolve atividade de organização associativa profissional (código CNAE 9412-0/00) e se equipara à empresa, na forma do artigo 15 da Lei nº 8.212/1991;

b) o OGMO contribuirá sobre a remuneração de seus empregados permanentes e trabalhadores autônomos (contribuintes individuais), mediante aplicação das alíquotas previstas no Anexo II, da Instrução Normativa RFB nº 971/2009, de acordo com o código FPAS 523 e o código de terceiros 0003;

c) cabe ao OGMO recolher as contribuições destinadas à Previdência Social e a terceiros, incidentes sobre a remuneração (inclusive férias e décimo terceiro salário) do trabalhador avulso portuário, devidas por este e pelo operador portuário;

d) o operador portuário repassará ao OGMO o valor da remuneração dos trabalhadores avulsos portuários a seu serviço e das contribuições sociais correspondentes, devidas à Previdência Social e a terceiros;

e) as contribuições devidas pelo operador portuário (inclusive as destinadas a terceiros), incidentes sobre a remuneração dos trabalhadores avulsos portuários, serão calculadas mediante aplicação das alíquotas previstas no Anexo II, da Instrução Normativa RFB nº 971/2009, de acordo com o código FPAS 680 e o código de terceiros 0131;

f) a contribuição do trabalhador avulso portuário será descontada de sua remuneração, pelo OGMO, observados os limites mínimo e máximo do salário de contribuição;

g) a alíquota de contribuição para GIIL-RAT é a do operador portuário ou do titular de instalação de uso privativo;

h) o OGMO informará, no documento de arrecadação das contribuições devidas pelo operador portuário e pelo trabalhador avulso portuário, o próprio CNPJ;

i) o operador portuário sujeito à Contribuição Previdenciária Incidente Sobre a Receita Bruta (CPRB), deverá efetuar o recolhimento em nome próprio e não repassará ao Ogmo a contribuição prevista no inciso I do *caput* do art. 22 da Lei nº 8.212/1991.

Aplica-se à empresa tomadora de serviços de trabalhador avulso portuário, e ao OGMO que o contratar diretamente, o disposto nas letras de "c" a "h", exceto quanto ao código FPAS, que para o OGMO é o 540.

TABELA DE ALÍQUOTAS POR CÓDIGOS FPAS
(veja anotação "Importante" após a tabela)

A tabela adiante foi reproduzida conforme o Anexo II da Instrução Normativa RFB nº 971/2009, na redação da Instrução Normativa RFB nº 1.867/2019, a qual dispõe sobre normas gerais de tributação previdenciária e de arrecadação das contribuições sociais destinadas à Previdência Social e as destinadas a outras entidades ou fundos, administradas pela Secretaria da Receita Federal do Brasil (RFB). Antes da utilização da citada tabela, é recomendável confirmar a exatidão do enquadramento, conforme cada caso específico junto ao órgão competente.

CÓDIGO DO FPAS	PREV. SOCIAL	GILRAT	SALÁRIO EDUCAÇÃO	INCRA	SENAI	SESI	SENAC	SESC	SEBRAE	DPC	FUNDO AERO-VIÁRIO	SENAR	SEST	SENAT	SES-COOP	TOTAL OUTRAS ENT. OU FUNDOS
	---	---	0001	0002	0004	0008	0016	0032	0064	0128	0256	0512	1024	2048	4096	
507	20	Variável	2,5	0,2	1,0	1,5	---	---	0,6	---	---	---	---	---	---	5,8
507 Cooperativa	20	Variável	2,5	0,2	---	---	---	---	0,6	---	---	---	---	---	2,5	5,8
515	20	Variável	2,5	0,2	---	---	1,0	1,5	0,6	---	---	---	---	---	---	5,8
515 Cooperativa	20	Variável	2,5	0,2	---	---	---	---	0,6	---	---	---	---	---	2,5	5,8
523	20	Variável	2,5	0,2	---	---	---	---	---	---	---	---	---	---	---	2,7
531	20	Variável	2,5	2,7	---	---	---	---	---	---	---	---	---	---	---	5,2
540	20	Variável	2,5	0,2	---	---	---	---	---	2,5	---	---	---	---	---	5,2
558	20	Variável	2,5	0,2	---	---	---	---	---	---	2,5	---	---	---	---	5,2
566	20	Variável	2,5	0,2	---	---	---	1,5	0,3	---	---	---	---	---	---	4,5
566 Cooperativa	20	Variável	2,5	0,2	---	---	---	---	0,3	---	---	---	---	---	2,5	5,5
574	20	Variável	2,5	0,2	---	---	---	1,5	0,3	---	---	---	---	---	---	4,5
574 Cooperativa	20	Variável	2,5	0,2	---	---	---	---	0,3	---	---	---	---	---	2,5	5,5
582	20	Variável	---	---	---	---	---	---	---	---	---	---	---	---	---	---
590	20	Variável	2,5	---	---	---	---	---	---	---	---	---	---	---	---	2,5
604	---	---	2,5	0,2	---	---	---	---	---	---	---	---	---	---	---	2,7
612	20	Variável	2,5	0,2	---	---	---	---	0,6	---	---	---	1,5	1,0	---	5,8
612 Cooperativa	20	Variável	2,5	0,2	---	---	---	---	0,6	---	---	---	---	---	2,5	5,8
620	20	---	---	---	---	---	---	---	---	---	---	---	1,5	1,0	---	2,5
639	---	---	---	---	---	---	---	---	---	---	---	---	---	---	---	---
647	---	---	2,5	0,2	---	---	---	1,5	0,3	---	---	---	---	---	---	4,5

CÓDIGO DO FPAS	ALÍQUOTAS (%)															
	PREV. SOCIAL ---	GILRAT ---	SALÁRIO EDUCAÇÃO 0001	INCRA 0002	SENAI 0004	SESI 0008	SENAC 0016	SESC 0032	SEBRAE 0064	DPC 0128	FUNDO AEROVIÁRIO 0256	SENAR 0512	SEST 1024	SENAT 2048	SES-COOP 4096	TOTAL OUTRAS ENT. OU FUNDOS
655	20	Variável	2,5	---	---	---	---	---	---	---	---	---	---	---	---	2,5
680	20	Variável	2,5	0,2	---	---	---	---	---	2,5	---	---	---	---	---	5,2
680 Operador portuário sujeito à CPRB	---	Variável	2,5	0,2	---	---	---	---	---	2,5	---	---	---	---	---	5,2
726	22,5	Variável	2,5	0,2	---	---	---	---	---	---	---	---	---	---	---	2,7
726 Cooperativa(1)	22,5	Variável	2,5	0,2	---	---	---	---	---	---	---	---	---	---	---	2,7
744 Seg. Especial(2)	1,2	0,1	---	---	---	---	---	---	---	---	---	0,2	---	---	---	0,2
744 Pessoa Física(2)	1,2	0,1	---	---	---	---	---	---	---	---	---	0,2	---	---	---	0,2
744 Pes. Jurídica(3)	1,7	0,1	---	---	---	---	---	---	---	---	---	0,25	---	---	---	0,25
744 Agroindustria	2,5	0,1	---	---	---	---	---	---	---	---	---	0,25	---	---	---	0,25
779	5,0	---	---	---	---	---	---	---	---	---	---	---	---	---	---	---
787	20	Variável	2,5	0,2	---	---	---	---	---	---	---	2,5	---	---	---	5,2
787 Cooperativa(1)	20	Variável	2,5	0,2	---	---	---	---	---	---	---	---	---	---	---	5,2
795 Cooperativa	20	Variável	2,5	2,7	---	---	---	---	---	---	---	---	---	---	2,5	7,7
825	---	---	2,5	2,7	1,0	---	---	---	---	---	---	---	---	---	2,5	5,2
833	---	---	2,5	0,2	---	1,5	---	---	0,6	---	---	---	---	---	---	5,8
876	20	Variável	---	---	---	---	---	---	---	---	---	---	---	---	---	---

Notas

(1) Até 24.09.2007 as cooperativas de crédito enquadravam-se no código FPAS 736. (§ 11 do art. 72 da Instrução Normativa RFB nº 971 de 13 de novembro de 2009) e, a partir de 01.01.2008, por força do disposto no art. 10 da Lei nº 11.524, de 24 de setembro de 2007, e do princípio da anualidade, passaram a contribuir para o SESCOOP, em substituição à contribuição patronal adicional de 2,5%, com enquadramento no código FPAS 787 (§ 12 do art. 72 e § 2º do art. 109-F da Instrução Normativa RFB nº 971, de 2009). As demais cooperativas que desenvolvam atividades do código FPAS 736, sujeitam-se à contribuição patronal adicional devida à Seguridade Social de 2,5%, sem contribuição para o SESCOOP, por não estarem abrangidas pelo inciso I do *caput* e pelo § 2º do art. 10 da Medida Provisória nº 2.168-40, de 24 de agosto de 2001.

(2) Até 31 de dezembro de 2017, a alíquota da contribuição previdenciária do produtor rural pessoa física e do segurado especial incidente sobre a receita bruta do produtor rural pessoa física e do segurado especial é de 2%.

(3) Até 17 de abril de 2018, a alíquota da contribuição previdenciária do produtor rural pessoa jurídica incidente sobre a receita bruta é de 2,5%.

Importante

Não integra a base de cálculo da contribuição do empregador rural, pessoa física e jurídica e do segurado especial, a produção rural destinada ao plantio ou reflorestamento, nem o produto animal destinado à reprodução ou criação pecuária ou granjeira e à utilização como cobaia para fins de pesquisas científicas, quando vendido pelo próprio produtor e por quem a utilize diretamente com essas finalidades e, no caso do produto vegetal, por pessoa ou entidade registrada no Ministério da Agricultura, Pecuária e Abastecimento que se dedique ao comércio de sementes e mudas no País.

Desde 1º.01.2019, o empregador rural pessoa física ou o empregador pessoa jurídica que se dedique à produção rural, poderá optar por contribuir sobre o valor da comercialização da produção rural ou na forma dos incisos I e II do *caput* do art. 22 da Lei nº 8.212/1991 (20% sobre a folha bruta de salários dos empregados e trabalhadores avulsos e contribuição sobre a folha bruta de salários, para o financiamento do seguro de acidentes do trabalho à alíquota de 1% ou 2% ou 3%, conforme o grau de risco de acidente seja leve, médio ou grave, respectivamente), manifestando sua opção mediante o pagamento da contribuição incidente sobre a folha de salários relativa a janeiro de cada ano, ou à primeira competência subsequente ao início da atividade rural, e será irretratável para todo o ano-calendário.

CONTRIBUIÇÃO SOBRE A PRODUÇÃO RURAL A PARTIR DE 1º.11.1991

O Anexo adiante foi reproduzido conforme o Anexo III da Instrução Normativa RFB nº 971/2009, na redação da Instrução Normativa RFB no 1.867/2019, a qual dispõe sobre normas gerais de tributação previdenciária e de arrecadação das contribuições sociais destinadas à Previdência Social e as destinadas a outras entidades ou fundos, administradas pela Secretaria da Receita Federal do Brasil (RFB). Antes da utilização da citada tabela, é recomendável confirmar a exatidão do enquadramento, conforme cada caso específico, junto ao órgão competente.

CONTRI-BUINTE	FUNDAMEN-TAÇÃO	PERÍODO	ALÍQUO-TAS				FPAS
			PREVI-DÊNCIA	GILRAT	SENAR	TOTAL	
Produtor Rural Pessoa Jurídica (5)	Art. 25 da Lei nº 8.870, de 1994 (1) (2)	01.08.1994 a 31.12.2001	2,5%	0,1%	0,1%	2,7%	744
	Art. 25 Lei nº 8.870, de 1994 com a redação dada pela Lei nº 10.256, de 2001	01.01.2002 a 17.04.2018	2,5%	0,1%	0,25%	2,85%	744
	Art. 25 Lei nº 8.870, de 1994 com a redação dada pela Lei nº 13.606, de 2018 (8)	18.04.2018 a	1,7%	0,1%	0,25%	2,05%	744

CONTRI-BUINTE	FUNDAMEN-TAÇÃO	PERÍODO	ALÍQUOTAS				FPAS
			PREVI-DÊNCIA	GILRAT	SENAR	TOTAL	
Produtor Rural Pessoa Física – Equiparado a Trabalhador Autônomo (contribuinte individual a partir de 29.11.1999)	Art. 1º da Lei nº 8.540, de 1992 (3)	01.04.1993 a 11.01.1997	2,0%	0,1%	0,1%	2,2%	744
	Art. 25 da Lei nº 8.212, de 1991 e MP nº 1.523, de 1996 (4)	12.01.1997 a 10.12.1997	2,5%	0,1%	0,1%	2,7%	744
	Art. 25 da Lei nº 8.212, de 1991 e Lei nº 9.528, de 1997	11.12.1997 a 31.12.2001	2,0%	0,1%	0,1%	2,2%	744
Produtor Rural Pessoa Física – Equiparado a Trabalhador Autônomo (contribuinte individual a partir de 29.11.1999)	Art. 25 da Lei nº 8.212, de 1991, Art. 6º da Lei no 9.528, de 1997 com a redação dada pela Lei nº 10.256/01	01.01.2002 a 31.12.2017	2,0%	0,1%	0,2%	2,3%	744
	Art. 25 da Lei nº 8.212, de 1991, com a redação dada pela Lei nº 13.606, de 2018; Art. 6º da Lei nº 9.528, de 1997 com a redação dada pela Lei nº 10.256/2001 (9)	01.01.2018 a	1,2%	0,1%	0,2%	1,5%	744
Produtor Rural Pessoa Física – Segurado Especial	Art. 25 da Lei nº 8.212, de 1991	01.11.1991 a 31.03.1993	3,0%			3,0%	744
	Art. 1º da Lei nº 8.540, de 1992	01.04.1993 a 30.06.1994	2,0%	0,1%		2,1%	744
	Art. 2º da Lei nº 8.861, de 1994	01.07.1994 a 11.01.1997	2,2%	0,1%		2,3%	744
	Art. 25 da Lei nº 8.212, de 1991 e MP nº 1.523, de 1996 (4)	12.01.1997 a 10.12.1997	2,5%	0,1%	0,1%	2,7%	744

CONTRI-BUINTE	FUNDAMEN-TAÇÃO	PERÍODO	ALÍQUO-TAS				FPAS
			PREVI-DÊNCIA	GILRAT	SENAR	TOTAL	
Produtor Rural Pessoa Física – Segurado Especial	Art. 25 da Lei nº 8.212, de 1991 e Lei nº 9.528, de 1997	11.12.1997 a 31.12.2001	2,0%	0,1%	0,1%	2,2%	744
	Art. 25 da Lei nº 8.212, de 1991, Art. 6º da Lei no 9.528, de 1997 com a redação dada pela Lei nº 10.256, de 2001	01.01.2002 a 31.12.2017	2,0%	0,1%	0,2%	2,3%	744
	Art. 25 da Lei nº 8.212, de 1991, com a redação dada pela Lei nº 13.606, de 2018; Art. 6º da Lei nº 9.528, de 1997 com a redação dada pela Lei nº 10.256/2001 (9)	01.01.2018 a	1,2%	0,1%	0,2%	1,5%	744
Agroindústria (5)	Art. 22 A da Lei nº 8.212, de 1991 acrescentado pela Lei nº 10.256, de 2001 (6)	01.11.2001 a 31.12.2001	2,5%	0,1%	-	2,6%	744
		01.01.2002 a 31.08.2003	2,5%	0,1%	0,25%	2,85%	744
Agroindústria (5)	Art. 22 A da Lei nº 8.212, de 1991 acrescentado pela Lei nº 10.256, de 2001, alterado pela Lei nº 10.684, de 2003 (7)	01.09.2003 a	2,5%	0,1%	0,25%	2,85%	744

Notas

(1) Excluídas as agroindústrias (Decisão do STF na ADIN 1.103-1/6000).
(2) De 01.11.1991 a 31.07.1994, a contribuição do produtor rural pessoa jurídica era apenas sobre a folha de pagamento.
(3) De 01.11.1991 a 31.03.1993, a contribuição do produtor rural pessoa física – equiparado a autônomo era apenas sobre a folha de pagamento.
(4) Art. 25 da Lei nº 8.212, de 1991 com a redação dada pelo art. 1º da Medida Provisória nº 1.523, de 1996, publicada no DOU de 14.10.1996, c/c art. 4º da Medida Provisória nº 1.596-14, de 10 de novembro de 1997, convertida na Lei nº 9.528, de 1997, com alteração para 2,0% (dois por cento) da alíquota do produtor rural pessoa física e do segurado especial.
(5) A prestação de serviços a terceiros pelas agroindústrias e pelos produtores rurais pessoas jurídicas está sujeita às contribuições sociais calculadas sobre a remuneração dos segurados, sendo que a receita bruta correspondente aos serviços prestados a terceiros é excluída da base de cálculo da contribuição sobre a comercialização da produção. Fica excluído da substituição, devendo contribuir sobre a remuneração dos segurados, o produtor rural pessoa jurídica que tem outra atividade econômica.
(6) O fato gerador das contribuições ocorre na comercialização da produção própria e da adquirida de terceiros, industrializada ou não, pela agroindústria, a partir de 1o de novembro de 2001; a contribuição para o Senar, todavia, em face do princípio da anualidade, é devida a partir de 1o de janeiro de 2002. Excluídas as agroindústrias, inclusive sob a forma de cooperativa, de piscicultura, carcinicultura, suinocultura e avicultura, que permanecem com a obrigação do recolhimento sobre a folha de pagamento, setor agrário e industrial (§ 4º, do art. 22-A, da Lei nº 8.212, de 1991, acrescentado pela Lei nº 10.256, de 2001).

(7) A Lei nº 10.684, de 2003, alterou o art. 22-A da Lei nº 8.212, de 1991, na redação da Lei nº 10.256, de 2001, para excluir, a partir de 1o de setembro de 2003, as pessoas jurídicas que se dediquem apenas ao florestamento e reflorestamento como fonte de matéria-prima para industrialização própria mediante a utilização de processo industrial que modifique a natureza química da madeira ou a transforme em pasta celulósica, ainda que comercialize resíduos vegetais ou sobras ou partes da produção rural (exceto se a receita bruta decorrente desta comercialização represente 1% (um por cento) ou mais de sua receita bruta proveniente da comercialização da produção).

(8) A Lei nº 13.606, de 2018, reduziu a alíquota da contribuição do produtor rural pessoa jurídica, prevista no art. 25 da Lei nº 8.870, de 1994, de 2,5% (dois inteiros e cinco décimos por cento) para 1,7% (um inteiro e sete décimos por cento), no entanto, essa alteração decorreu da rejeição do veto pelo Congresso Nacional ao inciso I do art. 25 da Lei nº 8.870, de 1994, de forma que o dispositivo originalmente vetado foi promulgado, juntamente com as demais partes vetadas, em 17 de abril de 2018 e publicado no DOU, em 18 de abril de 2018, data a partir da qual os dispositivos passaram a viger.

(9) A Lei nº 13.606, de 2018, reduziu a alíquota da contribuição do produtor rural pessoa física e do segurado especial, prevista no art. 25 da Lei nº 8.212, de 1991, de 2,0% (dois por cento) para 1,2% (um inteiro e dois décimos por cento), com vigência a partir de 1º de janeiro de 2018.

Importante

(1) Não integra a base de cálculo da contribuição do empregador rural, pessoa física e jurídica e do segurado especial, a produção rural destinada ao plantio ou reflorestamento, nem o produto animal destinado à reprodução ou criação pecuária ou granjeira e à utilização como cobaia para fins de pesquisas científicas, quando vendido pelo próprio produtor e por quem a utilize diretamente com essas finalidades e, no caso do produto vegetal, por pessoa ou entidade registrada no Ministério da Agricultura, Pecuária e Abastecimento que se dedique ao comércio de sementes e mudas no País.

(2) Desde 1º.01.2019, o empregador rural pessoa física ou o empregador pessoa jurídica que se dedique à produção rural, poderá optar por contribuir sobre o valor da comercialização da produção rural ou na forma dos incisos I e II do caput do art. 22 da Lei nº 8.212/1991 (20% sobre a folha bruta de salários dos empregados e trabalhadores avulsos e contribuição sobre a folha bruta de salários, para o financiamento do seguro de acidentes do trabalho à alíquota de 1% ou 2% ou 3%, conforme o grau de risco de acidente seja leve, médio ou grave, respectivamente), manifestando sua opção mediante o pagamento da contribuição incidente sobre a folha de salários relativa a janeiro de cada ano, ou à primeira competência subsequente ao início da atividade rural, e será irretratável para todo o ano-calendário.

CONTRIBUIÇÕES DEVIDAS PELA AGROINDÚSTRIA, PRODUTORES RURAIS (PESSOA JURÍDICA E FÍSICA), CONSÓRCIO DE PRODUTORES, GARIMPEIROS, EMPRESAS DE CAPTURA DE PESCADO (ANEXO IV À INSTRUÇÃO NORMATIVA RFB Nº 971, DE 2009)

O Anexo adiante foi reproduzido conforme o Anexo IV da Instrução Normativa RFB nº 971/2009, na redação da Instrução Normativa RFB no 1.867/2019, a qual dispõe sobre normas gerais de tributação previdenciária e de arrecadação das contribuições sociais destinadas à Previdência Social e as destinadas a outras entidades ou fundos, administradas pela Secretaria da Receita Federal do Brasil (RFB). Antes da utilização do citado anexo, alertamos para o fato de que a exatidão do enquadramento, conforme cada caso específico de recolhimento previdenciário, dependerá da respectiva confirmação, pelo interessado, no órgão competente Antes da utilização da citada tabela, é recomendável confirmar a exatidão do enquadramento, conforme cada caso específico, junto ao órgão competente.

DISPOSITIVO IN 971	CONTRIBUINTE	BASE	FPAS	PREVIDÊNCIA SOCIAL			TERCEIROS								TOTAL TERCEIROS
				SEGURADO	EMPRESA	GILRAT	FNDE 0001	INCRA 0002	SENAI 0004	SESI 0008	SEBRAE 0064	DPC 0128	SENAR 0512	SESCOOP 4096	
174	Agroindústria de psicicultura, carcinicultura, suinocultura ou avicultura.	Mão de obra setor criação	787	8% a 11%	20%	1% a 3%	2,5%	0,2%	-	-	-	-	2,5%	-	5,2%
		Mão de obra setor abate e industrialização	507	8% a 11%	20%	1% a 3%	2,5%	0,2%	1,0%	1,5%	0,6%	-	-	-	5,8%
175 § 5° II	Agroindústria de florestamento e reflorestamento não sujeita à contribuição substitutiva	Mão de obra setor rural	787	8% a 11%	20%	1% a 3%	2,5%	0,2%	-	-	-	-	2,5%	-	5,2%
		Mão de obra setor industrial	507	8% a 11%	20%	1% a 3%	2,5%	0,2%	1,0%	1,5%	0,6%	-	-	-	5,8%
111-F, III	Agroindústria sujeita à contribuição substitutiva instituída pela Lei n° 10.256, de 2001, exceto a referida no inciso IV do art. 111 F.	Receita bruta da produção	744	-	2,5%	0,1%	-	-	-	-	-	-	0,25%	-	0,25%
		Folha de salários do setor rural	604	8% a 11%	-	-	2,5%	0,2%	-	-	-	-	-	-	2,7%
		Folha de salários do setor industrial	833	8% a 11%	-	-	2,5%	0,2%	1,0%	1,5%	0,6%	-	-	-	5,8%
111-F, IV	Agroindústria sujeita à contribuição substitutiva instituída pela Lei n° 10.256, de 2001, que desenvolva atividade enumerada no art. 2° do Decreto-Lei n° 1.146, de 1970	Receita bruta da produção	744	-	2,5%	0,1%	-	-	-	-	-	-	0,25%	-	0,25%
		Folha de salários (rural e industrial)	825	8% a 11%	-	-	2,5%	2,7%	-	-	-	-	-	-	5,2%

DISPO-SITIVO IN 971	CONTRI-BUINTE	BASE	PREVIDÊNCIA SOCIAL					TERCEIROS								TOTAL TERCEI-ROS
			FPAS	SEGU-RADO	EM-PRESA	GILRAT	FNDE	INCRA	SENAI	SESI	SE-BRAE	DPC	SE-NAR	SES-COOP	
							0001	0002	0004	0008	0064	0128	0512	4096	
111-G § 1º	Pessoa jurídica que desenvolva, além da atividade rural, outra atividade económica autônoma, ou que optar por contribuir sobre a folha de pagamento.	Total de remuneração de segurados (em todas as atividades)	787	8% a 11%	20%	1% a 3%	2,5%	0,2%	-	-	-	-	2,5%	-	5,2%
111-G §§ 2º	Pessoa jurídica, inclusive agroindústria, que além da atividade rural, presta serviços a terceiros (atividade não autônoma).	Remuneração de segurados (somente em relação a serviços prestados a terceiros)	787	8% a 11%	20%	1% a 3%	2,5%	0,2%	-	-	-	-	2,5%	-	5,2%

DISPOSITIVO IN 971	CONTRIBUINTE	BASE	FPAS	PREVIDÊNCIA SOCIAL			TERCEIROS								TOTAL TERCEIROS
				SEGURADO	EMPRESA	GILRAT	FNDE 0001	INCRA 0002	SENAI 0004	SESI 0008	SEBRAE 0064	DPC 0128	SENAR 0512	SESCOOP 4096	
110-A e 111-G	Pessoa jurídica que se dedique apenas a atividade de produção rural.	Receita bruta da produção	744	-	1,7%	0,1%	-	-	-	-	-	-	0,25%	-	0,25%
	Remuneração de segurados		604	8% a 11%	-	-	2,5%	0,2%	-	-	-	-	-	-	2,7%
110-A e 111-G	Pessoa jurídica que desenvolva atividade prevista no art. 2º do Decreto-lei nº 1.146/1970, não exclusiva, com preponderância rural, não sujeita a substituição.	Remuneração de segurados	531	8% a 11%	20%	1% a 3%	2,5%	2,7%	-	-	-	-	-	-	5,2%
165, I, a	Produtor rural pessoa física equiparado a autônomo (cont. individual), empregador.	Remuneração de segurados	604	8% a 11%	-	-	2,5%	0,2%	-	-	-	-	-	-	2,7%

DISPOSITIVO IN 971	CONTRIBUINTE	BASE	PREVIDÊNCIA SOCIAL					TERCEIROS							TOTAL TERCEIROS
			FPAS	SEGURADO	EMPRESA	GILRAT	FNDE 0001	INCRA 0002	SENAI 0004	SESI 0008	SEBRAE 0064	DPC 0128	SENAR 0512	SESCOOP 4096	
165, I, a	Produtor rural pessoa física equiparado a autônomo (cont. individual), empregador que optar por contribuir sobre a folha de pagamento.	Total de remuneração de segurados	787	8% a 11%	20%	1% a 3%	2,5%	0,2%	-	-	-	-	-	-	2,7%
6º XXX e 10	Produtor rural pessoa física e segurado especial.	Receita bruta da comercialização da produção rural	744	-	1,2%	0,1%	-	-	-	-	-	-	0,2%	-	0,2%
165, XIX	Consórcio simplificado de produtores rurais.	Remuneração de segurados	604	8% a 11%	-	-	2,5%	0,2%	-	-	-	-	-	-	2,7%
186	Garimpeiro – empregador.	Remuneração de segurados	507	8% a 11%	20%	3%	2,5%	0,2%	1,0%	1,5%	0,6%	-	-	-	5,8%
9º	Empresa de captura de pescado.	Remuneração de segurados	540	8% a 11%	20%	3%	2,5%	0,2%	-	-	-	2,5%	-	-	5,2%

Notas:

1. AGROINDÚSTRIAS. As agroindústrias, exceto as de que tratam os incisos I e II do art. 111-F desta Instrução Normativa, sujeitam-se à contribuição substitutiva instituída pela Lei nº 10.256, de 9 de julho de 2001.

1.1 Ressalvada a hipótese contida no item 1.2, a contribuição da agroindústria sujeita à contribuição substitutiva instituída pela Lei nº 10.256, de 2001, para a Previdência Social, Gilrat e Senar incide sobre a receita bruta proveniente da comercialização da produção (FPAS 744) e, para as demais entidades e fundos incide sobre as folhas de salários dos setores rural (FPAS 604) e industrial (FPAS 833), que devem ser declaradas separadamente.

1.2 Tratando-se de agroindústria sujeita à contribuição substitutiva instituída pela Lei nº 10.256, de 2001, que desenvolva atividade enumerada no art. 2º do Decreto-Lei nº 1.146, de 31 de dezembro de 1970, conforme IV do art. 111 F, da Instrução Normativa RFB nº 971, de 13 de novembro de 2003, as contribuições serão calculadas de acordo com os códigos FPAS 744 e 825.

2. COOPERATIVAS

2.1 Para fins de recolhimento das contribuições devidas à Previdência Social e a terceiros, a cooperativa de produção que atua nas atividades de que tratam os incisos I e II do art. 111-F e o art. 111-G informará o código de terceiros 4099, e a que atua nas demais atividades informará o código de terceiros 4163.

2.2 Sobre a remuneração de trabalhadores contratados exclusivamente para a colheita da produção dos cooperados, a cooperativa fica obrigada ao pagamento das contribuições devidas ao FNDE e ao Incra, calculadas mediante aplicação das alíquotas previstas no Anexo II a esta Instrução Normativa, de acordo com o código FPAS 604 e código terceiros 0003, bem como à retenção e ao recolhimento das contribuições devidas pelo segurado.

3. PRODUTOR RURAL PESSOA JURÍDICA

3.1 As contribuições devidas pela pessoa jurídica que tenha como fim apenas a atividade de produção rural incidem sobre a receita bruta da comercialização da produção rural, em substituição às instituídas pelos incisos I e II do art. 22 da Lei nº 8.212, de 24 de julho de 1991, e são calculadas de acordo com o código FPAS 744 (1,7% para Previdência Social; 0,1% para GILRAT e 0,25% para o Senar).

3.2 A substituição não se aplica às contribuições devidas ao FNDE e ao Incra, que continuam a incidir sobre a folha, de acordo com o código FPAS 604 e código de terceiros 0003 (2,5% salário-educação e 0,2% Incra).

3.3 Se a pessoa jurídica, exceto a agroindústria, explorar, além da atividade de produção rural, outra atividade econômica autônoma comercial, industrial ou de serviços, no mesmo estabelecimento ou em estabelecimento distinto, ou optar por contribuir sobre a folha de pagamento, fica obrigada às seguintes contribuições, em relação a todas as atividades:

I. 20% (vinte por cento) sobre o total da remuneração paga, devida ou creditada a empregados e trabalhadores avulsos a seu serviço;

II. 20% (vinte por cento) sobre a remuneração de contribuintes individuais (trabalhadores autônomos) a seu serviço;

III. contribuição destinada ao financiamento da aposentadoria especial e dos benefícios concedidos em razão do grau de incidência de incapacidade laborativa decorrente dos riscos ambientais do trabalho, incidente sobre a remuneração de empregados e trabalhadores avulsos (Decreto nº 3.048, de 1999, art. 202);

3.4 Aplica-se a substituição prevista no item 3.1 ainda que a pessoa jurídica tenha como atividade complementar a prestação de serviços a terceiros, sem constituir atividade econômica autônoma. Sobre essa atividade (serviços a terceiros) contribuirá para a Previdência Social e terceiros de acordo com o código FPAS 787 e o código de terceiros 0515.

3.5 A agroindústria de que tratam os incisos III e IV do art. 111-F estará sujeita à contribuição substitutiva instituída pela Lei nº 10.256, de 2001 ainda que explorar, além da atividade agroindustrial, outra atividade econômica, independentemente de ser autônoma ou não. Nessa hipótese a contribuição incidirá sobre a receita total (parágrafo único do art. 173).

3.6 Na hipótese de a agroindústria de que tratam os incisos I a IV do art. 111-F prestar serviços a terceiros, sobre essa atividade deverá contribuir na forma do art. 22 da Lei nº 8.212, de 1991, de acordo com o código FPAS 787 e código de terceiros 0515.

3.7 O código FPAS 787 não deve ser utilizado se houver preponderância da outra atividade econômica autônoma, na forma do inciso III do art. 109-C.

4. PRODUTOR RURAL PESSOA FÍSICA. Aplica-se ao produtor rural pessoa física as seguintes regras:

a. se qualificado como segurado especial (inciso VII do art. 12 da Lei nº 8.212, de 1991), contribuirá sobre a comercialização da produção rural (1,2% para Previdência; 0,1% para GILRAT e 0,2% para Senar); não contribui sobre a remuneração dos trabalhadores que contratar (empregado ou contribuinte individual), mas é responsável pela retenção e recolhimento da contribuição previdenciária do empregado.
b. se contribuinte individual, empregador rural (inciso V do art. 12 da Lei nº 8.212, de 1991), contribuirá sobre a comercialização da produção (1,2% para Previdência; 0,1% para GILRAT e 0,2% para Senar) em relação a empregados e trabalhadores avulsos; sobre a remuneração de outros contribuintes individuais ou cooperados (por intermédio de cooperativa de trabalho) que contratar, conforme os incisos III e IV do art. 22 da Lei nº 8.212, de 1991, e ainda sobre seu salário-de-contribuição (20%).
c. se contribuinte individual, empregador rural pessoa física (inciso V do art. 12 da Lei nº 8.212, de 1991), que optar por contribuir sobre a folha de pagamento, fica obrigado às seguintes contribuições:
    I. 20% (vinte por cento) sobre o total da remuneração paga, devida ou creditada a empregados e trabalhadores avulsos a seu serviço;
    II. 20% (vinte por cento) sobre a remuneração de contribuintes individuais (trabalhadores autônomos) a seu serviço;
    III. contribuição destinada ao financiamento da aposentadoria especial e dos benefícios concedidos em razão do grau de incidência de incapacidade laborativa decorrente dos riscos ambientais do trabalho, incidente sobre a remuneração de empregados e trabalhadores avulsos (Decreto nº 3.048, de 1999, art. 202);

IV. 2,5% (dois inteiros e cinco décimos por cento) para o FNDE sobre o total da remuneração paga, devida ou creditada a empregados e trabalhadores avulsos a seu serviço;
V. 0,2% (dois décimos por cento) para o Incra sobre o total da remuneração paga, devida ou creditada a empregados e trabalhadores avulsos a seu serviço;
VI. 0,2% (dois décimos por cento) para o Senar sobre a comercialização da produção rural.

7. RETENÇÃO PREVIDENCIÁRIA

As empresas tomadoras de serviço de outras pessoas jurídicas deverão recolher o valor relativo à retenção previdenciária, em geral de 11% sobre o valor de serviço quando houver cessão de mão de obra ou empreitada sujeitas à retenção. Observe-se que o valor referente à retenção corresponde a uma antecipação compensável descontada pela empresa contratante, do valor bruto dos serviços realizados e constantes da nota fiscal, fatura ou recibo.

Desde 1º.04.2003, o percentual de 11% foi acrescido de 4%, 3% ou 2% relativamente aos serviços prestados pelo segurado empregado, cuja atividade na empresa contratante permita a concessão de aposentadoria especial após 15, 20 ou 25 anos de contribuição, respectivamente.

Observe que os percentuais adicionais incidem apenas sobre o valor da mão de obra dos trabalhadores expostos a agentes nocivos prejudiciais à saúde ou integridade física que permitam a concessão da aposentadoria especial.

No caso de contratação de empresas a seguir relacionadas, abrangidas e optantes pela desoneração da folha de pagamento, para a execução dos serviços desonerados e sujeitos à retenção previdenciária mediante cessão de mão de obra, na forma definida pelo art. 31 da Lei no 8.212/1991 a empresa contratante deverá reter 3,5% do valor bruto da nota fiscal ou fatura de prestação de serviços emitidas:

a) prestadoras de Serviços de Tecnologia da Informação (TI) e de Tecnologia da Informação e Comunicação (TIC);
b) de teleatendimento;
c) de transporte rodoviário coletivo de passageiros, com itinerário fixo, municipal, intermunicipal, intermunicipal em região

metropolitana, interestadual e internacional enquadradas nas classes 4921-3 e 4922-1 da CNAE 2.0;

d) de transporte ferroviário de passageiros, enquadradas nas subclasses 4912-4/01 e 4912-4/02 da CNAE 2.0;

e) de transporte metroferroviário de passageiros, enquadradas na subclasse 4912-4/03 da CNAE 2.0;

f) de construção civil enquadradas nos grupos 412, 432, 433 e 439 da CNAE 2.0;

g) de construção civil de obras de infraestrutura, enquadradas nos grupos 421, 422, 429 e 431 da CNAE 2.0.

A empresa prestadora de serviços (contratada) deverá comprovar à empresa contratante a opção pela tributação substitutiva, fornecendo à empresa contratante declaração de que recolhe a contribuição previdenciária sobre a receita bruta, conforme modelo previsto no Anexo III da Instrução Normativa RFB nº 2.053/2021.

8. CONSTRUÇÃO CIVIL

Quando da execução de obra de construção civil, é responsável pelas obrigações previdenciárias:

a) o proprietário do imóvel;
b) o dono da obra;
c) o incorporador;
d) a empresa construtora;
e) o condômino da unidade imobiliária não incorporada;
f) o condômino de construção em condomínio;
g) sociedade líder do consórcio;
h) o consórcio; e
i) empresa contratada mediante empreitada parcial ou subempreitada em relação aos trabalhadores que atuarem na obra.

A pessoa física, que executar obra de construção civil, é responsável pelo pagamento de contribuições previdenciárias relativas à remuneração paga, devida ou creditada aos segurados que lhe prestam serviços na obra, na mesma forma e prazos aplicados às empresas em geral.

O consórcio responde pelas contribuições incidentes sobre a mão de obra utilizada na obra que realizar e nome próprio.

O responsável por obra de construção civil está obrigado a recolher as contribuições arrecadadas dos segurados e as contribuições a seu cargo, incidentes sobre a remuneração dos segurados utilizados na obra de forma individualizada por obra, mediante a DCTFWeb Aferição de Obra.

A pessoa jurídica responsável pela obra está obrigada a efetuar escrituração contábil relativa à obra, mediante lançamentos em centros de custo distintos para cada obra própria ou obra que executar mediante contrato de empreitada total. Deve também efetuar os lançamentos contábeis da retenção decorrente de serviços prestados mediante cessão de mão de obra ou empreitada, incidente sobre o valor da nota fiscal, da fatura ou do recibo de prestação dos serviços.

9. EMPRESAS QUE ATUAM NA ÁREA DA SAÚDE

As empresas que atuam na área da saúde estão obrigadas a recolher as contribuições previdenciárias da mesma forma que as empresas em geral em relação à remuneração paga, devida ou creditada, no decorrer do mês, aos profissionais de saúde por ela contratados.

Quando o médico ou o profissional da saúde utilizar as dependências ou serviços da empresa de saúde para atendimento de seus clientes, sejam particulares ou conveniados, e perceber seus honorários diretamente desses clientes ou de operadora ou seguradora de saúde, inclusive do Sistema Único de Saúde (SUS) com o qual mantenha contrato de credenciamento ou convênio, não haverá encargo previdenciário para a empresa locatária ou cedente.

Nesta hipótese, a entidade hospitalar ou similar, atua como mera repassadora dos honorários, os quais não deverão constar em contas de resultado de sua escrituração contábil, sendo que o responsável pelo pagamento da contribuição previdenciária devida pela empresa e pela arrecadação e recolhimento da contribuição do segurado contribuinte individual será, conforme o caso, o ente público integrante do SUS ou de outro sistema de saúde ou a empresa que atua mediante plano ou seguro de saúde que pagou diretamente o segurado.

Se comprovado que a entidade hospitalar ou afim não atua como mera repassadora, o crédito previdenciário será lançado com base nos valores registrados nas contas de receitas e despesas de sua escrituração contábil ou mediante arbitramento quando for comprovado que os honorários não constam em contas de receita e de despesas de sua escrituração.

A entidade hospitalar ou afim credenciada ou conveniada junto a sistema público de saúde ou à empresa que atue mediante plano ou seguro de saúde, será responsável pelas contribuições sociais previdenciárias decorrentes da contratação de profissionais para executar os serviços relativos àqueles convênios.

10. RECOLHIMENTO DAS CONTRIBUIÇÕES PREVIDENCIÁRIAS

As contribuições destinadas à Previdência Social e a outras entidades ou fundos arrecadadas pela RFB deverão ser recolhidas mediante Documento de Arrecadação da Receita Federal – DARF, gerado pelo DCTFWeb.

10.1 RELAÇÃO DOS PRINCIPAIS CÓDIGOS DE RECEITA PARA UTILIZAÇÃO NO PREENCHIMENTO DO DARF

Principais códigos de receita para serem utilizados no preenchimento de Documento de Arrecadação de Receitas Federais (Darf).

CÓDIGO DE RECEITA	ESPECIFICAÇÃO
1872	Complemento de Contribuição Previdenciária - Recolhimento mensal
2096	Contribuição Segurados - Lançamento de Ofício
2141	Contribuição Empresa/Empregador - Lançamento de Ofício
2158	Contribuição Riscos Ambientais/Aposentadoria Especial - Lançamento de Ofício
2193	Contribuição sujeita a retenção previdenciária - Lançamento de Ofício
2164	Contribuição devida a outras entidades e fundos - Salário Educação - Lançamento de Ofício
2187	Contribuição devida a outras entidades e fundos - Serviço Nacional de Aprendizagem Rural (Senar) - Lançamento de Ofício
2249	Contribuição devida a outras entidades e fundos - Instituto Nacional de Colonização e Reforma Agrária (Incra) - Lançamento de Ofício
2255	Contribuição devida a outras entidades e fundos - Fundo Aeroviário - Lançamento de Ofício
2261	Contribuição devida a outras entidades e fundos - Fundo de Desenvolvimento do Ensino Profissional Marítimo (FDEPM) - Lançamento de Ofício

CÓDIGO DE RECEITA	ESPECIFICAÇÃO
2278	Contribuição devida a outras entidades e fundos - Serviço Nacional de Aprendizagem do Transporte (Senat) - Lançamento de Ofício
2290	Contribuição devida a outras entidades e fundos - Serviço Social de Transporte (Sest) - Lançamento de Ofício
2317	Contribuição devida a outras entidades e fundos - Serviço Nacional de Aprendizagem Industrial (Senai) - Lançamento de Ofício
2323	Contribuição devida a outras entidades e fundos - Serviço Social da Indústria (Sesi) - Lançamento de Ofício
2346	Contribuição devida a outras entidades e fundos - Serviço Nacional de Aprendizagem Comercial (Senac) - Lançamento de Ofício
2352	Contribuição devida a outras entidades e fundos - Serviço Social do Comércio (Sesc) - Lançamento de Ofício
2381	Contribuição devida a outras entidades e fundos - Serviço Nacional de Aprendizagem do Cooperativismo (Sescoop) - Lançamento de Ofício
2398	Multa isolada compensação previdenciária indevida
2408	Multa regulamentar descumprimento de obrigação acessória previdenciária - Lançamento de Ofício
2414	Glosa de compensação previdenciária - Lançamento de Ofício
2985	Contribuição previdenciária sobre a receita bruta - Art. 7º da Lei nº 12.546/2011.
2991	Contribuição previdenciária sobre a receita bruta - Art. 8º da Lei nº 12.546/2011.
3192	R D Ativa - Contribuição previdenciária patronal - Lançado de Ofício - Simples Nacional
3202	R D Ativa - Contribuição previdenciária sobre a receita bruta
3290	R D Ativa - Multa destinada ao Fundo de Amparo ao Trabalhador (FAT)
3504	Devolução de restituição indevida - Contribuição previdenciária - Não tributário.
3601	Contribuição previdenciária sobre a receita bruta - Lançamento de Ofício
3618	Compensação previdenciária indevida em GFIP
3647	Encargos por recolhimento fora do prazo - Documento de Arrecadação do Empregador Doméstico (DAE)
3653	Encargos por repasse fora do prazo - Instituição financeira centralizadora - Documento de Arrecadação do Empregador Doméstico (DAE)
3780	Reabertura Lei nº 11.941/2009 - PGFN - Débitos previdenciários - Parcelamento de dívidas não parceladas anteriormente - Art. 1º
3796	Reabertura Lei nº 11.941/2009 - PGFN - Débitos previdenciários - Parcelamento de saldo remanescente dos programas Refis, Paes, Paex e parcelamentos ordinários - Art. 3º

CÓDIGO DE RECEITA	ESPECIFICAÇÃO
3812	Reabertura Lei nº 11.941/2009 - PGFN - Débitos previdenciários - Pagamento à vista com utilização de prejuízo fiscal e base de cálculo negativa da CSLL para liquidar multa e juros
3829	Reabertura Lei nº 11.941/2009 - PGFN - Demais débitos - Pagamento à vista com utilização de prejuízo fiscal e base de cálculo negativa da CSLL para liquidar multa e juros
3835	Reabertura Lei nº 11.941/2009 - PGFN - Demais débitos - Parcelamento de dívidas não parceladas anteriormente - Art. 1º
3841	Reabertura Lei nº 11.941/2009 - PGFN - Demais débitos - Parcelamento de saldo remanescente dos programas Refis, Paes, Paex e parcelamentos ordinários - Art. 3º
3870	Reabertura Lei nº 11.941/2009 - RFB - Débitos previdenciários - Parcelamento de Dívidas Não Parceladas Anteriormente - Art. 1º
3887	Reabertura Lei nº 11.941/2009 - RFB - Débitos previdenciários - Parcelamento de saldo remanescente dos programas Refis, Paes, Paex e parcelamentos ordinários - Art. 3º
3903	Reabertura Lei nº 11.941/2009 - RFB - Débitos previdenciários - Pagamento à vista com utilização de prejuízo fiscal e base de cálculo negativa da CSLL para liquidar multa e juros
3910	Reabertura Lei nº 11.941/2009 - RFB - Demais débitos - Pagamento à vista com utilização de prejuízo fiscal e base de cálculo negativa da CSLL para liquidar multa e juros
3926	Reabertura Lei nº 11.941/2009 - RFB - Demais débitos - Parcelamento de dívidas não parceladas anteriormente - Art. 1º
3932	Reabertura Lei nº 11.941/2009 - RFB - Demais débitos - Parcelamento de saldo remanescente dos programas Refis, Paes, Paex e parcelamentos ordinários - Art. 3º
4133	R D Ativa - Contribuição previdenciária Segurados
4156	R D Ativa - Contribuição Empresa/Empregador
4162	R D Ativa - Contribuição Risco Ambiental/Aposentadoria Especial
4185	R D Ativa - Contribuição sujeita a retenção previdenciária
4201	R D Ativa - Contribuição devida a outras entidades e fundos - Salário Educação
4218	R D Ativa - Contribuição devida a outras entidades e fundos - Serviço Nacional de Aprendizagem Rural - Senar
4224	R D Ativa - Contribuição devida a outras entidades e fundos - Instituto Nacional de Colonização e Reforma Agrária (Incra)
4230	R D Ativa - Contribuição devida a outras entidades e fundos - Fundo Aeroviário
4253	R D Ativa - Contribuição devida a outras entidades e fundos - Fundo de Desenvolvimento do Ensino Profissional Marítimo (FDEPM)

CÓDIGO DE RECEITA	ESPECIFICAÇÃO
4260	R D Ativa - Contribuição devida a outras entidades e fundos - Serviço Nacional de Aprendizagem do Transporte (Senat)
4276	R D Ativa - Contribuição devida a outras entidades e fundos - Serviço Social de Transporte - Sest
4282	R D Ativa - Contribuição Devida a Outras Entidades e Fundos - Serviço Nacional de Aprendizagem Industrial (Senai)
4299	R D Ativa - Contribuição devida a outras entidades e fundos - Serviço Social da Indústria (Sesi)
4309	R D Ativa - Contribuição devida a outras entidades e fundos - Serviço Nacional de Aprendizagem Comercial (Senac)
4321	R D Ativa - Contribuição devida a outras entidades e fundos - Serviço Social do Comércio (Sesc)
4344	R D Ativa - Contribuição devida a outras entidades e fundos - Serviço Nacional de Aprendizagem do Cooperativismo (Sescoop)
4350	R D Ativa - Multa isolada compensação previdenciária indevida
4373	R D Ativa - Multa regulamentar descumprimento de obrigação acessória previdenciária
4380	R D Ativa - Glosa de compensação previdenciária
4720	Lei nº 12.996/2014 - PGFN - Débitos previdenciários - Parcelamento
4737	Lei nº 12.996/2014 - PGFN - Demais débitos - Parcelamento
4743	Lei nº 12.996/2014 - RFB - Débitos previdenciários - Parcelamento
4750	Lei nº 12.996/2014 - RFB - Demais débitos - Parcelamento
4766	Lei nº 12.996/2014 - PGFN - Débitos previdenciários - Pagamento à vista com utilização de prejuízo fiscal e base de cálculo negativa da CSLL
4772	Lei nº 12.996/2014 - PGFN - Demais débitos - Pagamento à vista com utilização de prejuízo fiscal e base de cálculo negativa da CSLL
4789	Lei nº 12.996/2014 - RFB - Débitos previdenciários - Pagamento à vista com utilização de prejuízo fiscal e base de cálculo negativa da CSLL
4795	Lei nº 12.996/2014 - RFB - Demais débitos - Pagamento à vista com utilização de prejuízo fiscal e base de cálculo negativa da CSLL
4857	Contribuição previdenciária sobre a receita bruta de associações desportivas que mantêm equipe de futebol profissional em substituição à contribuição patronal - Lançamento de Ofício
4863	Contribuição previdenciária sobre a comercialização da produção rural - Lançamento de Ofício
5041	Contribuição previdenciária sobre a folha de pagamento de benefícios do Regime Geral de Previdência Social
5064	Parcelamento Profut - Demais débitos - RFB
5087	Parcelamento Profut - Demais débitos - PGFN
5161	Programa de Regularização Tributária Rural (PRR)

CÓDIGO DE RECEITA	ESPECIFICAÇÃO
5184	Programa de Regularização Tributária (PRT) - Demais débitos
5190	Programa Especial de Regularização Tributária (Pert) - Demais débitos
5161	Programa de Regularização Tributária Rural (PRR)
5440	Multa por Atraso na Entrega da DCTFWeb
5525	Programa de Regularização de Débitos previdenciários dos Estados e dos Municípios (PREM) - MP 778/2017
5554	Parcelamento PGFN - Ajustes – Previdenciário
5577	Parcelamento PGFN - Ajustes - Demais
5804	Multa por omissão/incorreção/falta/atraso na entrega da Escrituração Fiscal Digital de Retenções e Outras Informações Fiscais (EFD-Reinf)
5827	Contribuição facultativa em período de benefício emergencial com suspensão temporária de contrato ou redução de jornada de trabalho/salário (Lei nº 14.020/2020, art. 20)
5833	Contribuição facultativa em período de afastamento/inatividade sem remuneração e atividade vinculada ao RGPS/RPPS (RPS - Decreto nº 3.048/1999, art. 11, § 5º e art. 216, § 35)
5930	Devolução do auxílio emergencial (Lei nº 13.982/2020, art. 2º)
5976	Parcelamento (arts. 10-A e 10-B da Lei nº 10.522/2002) - Recuperação judicial - Tributos retidos/descontados recolhíveis originalmente em Darf (IOF, IRRF, contribuição previdenciária) - Até 24 parcelas
5982	Parcelamento (arts. 10-A e 10-B da Lei nº 10.522/2002) - Recuperação judicial - Débitos patronais recolhíveis originalmente em Darf (previdenciário e contribuição devida por lei a terceiros) - Até 60 parcelas;
6005	Parcelamento (arts. 10-A e 10-B da Lei nº 10.522/2002) - Recuperação judicial - Débitos patronais recolhíveis originalmente em GPS (previdenciário e contribuição devida por lei a terceiros) - Até 60 parcelas;
6011	Parcelamento (arts. 10-A e 10-B da Lei nº 10.522/2002) - Recuperação judicial - Débitos retidos/descontados recolhíveis originalmente em GPS (contribuição previdenciária) - Até 24 parcelas.

10.2 CONTRIBUIÇÃO DOS EMPREGADOS
10.2.1 SALÁRIO DE CONTRIBUIÇÃO

Considera-se salário de contribuição as importâncias recebidas em uma ou mais empresas, assim entendida a totalidade dos rendimentos pagos, devidos ou creditados a qualquer título, durante o mês, destinados a retribuir o trabalho, qualquer que seja a sua forma, inclusive os ganhos habituais sob a forma de utilidades e os adiantamentos decorrentes de reajuste salarial, quer pelos serviços efetivamente prestados, quer pelo tempo à disposição do empregador ou do tomador de serviços, nos termos da lei ou do contrato ou, ainda, de convenção ou de acordo coletivo de trabalho ou de sentença normativa, em relação aos segurados empregados e trabalhadores avulsos.

A contribuição previdenciária dos empregados, trabalhadores avulsos e empregado doméstico é calculada mediante a aplicação das correspondentes alíquotas (7,5%, 9%, 12% ou 14%), de forma progressiva, sobre as faixas salariais, observado o teto máximo dosalário de contribuição mensal.

Para o ano de 2022 a tabela de desconto de contribuição previdenciária é a seguinte:

SALÁRIO DE CONTRIBUIÇÃO (R$)	ALÍQUOTA PROGRESSIVA PARA FINS DE RECOLHIMENTO AO INSS
Até 1.212,00	7,5%
De 1.212,01 até 2.427,35	9%
De 2.427,36 até 3.641,03	12%
De 3.641,04 até 7.087,22	14%

A mencionada tabela será aplicada de forma progressiva sobre o salário de contribuição, incidindo cada alíquota sobre as faixas de valores compreendidas nos respectivos limites.

São segurados obrigatórios da Previdência Social na qualidade de segurado empregado, entre outros:

1) aquele que presta serviço de natureza urbana ou rural à empresa, em caráter não eventual, sob sua subordinação e mediante remuneração, inclusive como diretor empregado;

2) aquele que, contratado por empresa de trabalho temporário, presta serviço para atender à necessidade transitória de substituição de pessoal regular e permanente ou a demanda complementar de serviços de outras empresas, na forma da legislação própria;

3) o brasileiro ou o estrangeiro domiciliado e contratado no Brasil para trabalhar como empregado no exterior, em sucursal ou agência de empresa constituída sob as leis brasileiras e que tenha sede e administração no País;

4) o brasileiro ou o estrangeiro domiciliado e contratado no Brasil para trabalhar como empregado em empresa domiciliada no exterior, com maioria do capital votante pertencente à empresa constituída sob as leis brasileiras, que tenha sede e administração no País e cujo controle efetivo esteja em caráter permanente

sob a titularidade direta ou indireta de pessoas físicas, domiciliadas e residentes no País ou de entidade de direito público interno;

5) aquele que presta serviço no Brasil à missão diplomática ou à repartição consular de carreira estrangeira e a órgãos a elas subordinados, ou a membros dessas missões e repartições, excluídos o não brasileiro sem residência permanente no Brasil e o brasileiro amparado pela legislação previdenciária do país da respectiva missão diplomática ou repartição consular;

6) o brasileiro civil que trabalha para a União no exterior, em organismos oficiais internacionais dos quais o Brasil seja membro efetivo, ainda que lá domiciliado e contratado, salvo se amparado por regime próprio de previdência social;

7) o brasileiro civil que presta serviços à União no exterior, em repartições governamentais brasileiras, lá domiciliado e contratado, inclusive o auxiliar local de que tratam os artigos 56 e 57 da Lei 11.440/2006, este desde que, em razão de proibição legal, não possa filiar-se ao sistema previdenciário local;

8) o bolsista e o estagiário que prestam serviços à empresa, em desacordo com a Lei nº 11.788/2008;

9) o servidor da União, do Estado, do Distrito Federal ou do Município, incluídas suas autarquias e fundações, ocupante, exclusivamente, de cargo em comissão declarado em lei de livre nomeação e exoneração;

10) o servidor do Estado, do Distrito Federal ou do Município, bem como o das respectivas autarquias e fundações, ocupante de cargo efetivo, desde que, nesta qualidade, não esteja amparado por regime próprio de previdência social;

11) o servidor contratado pela União, Estado, Distrito Federal ou Município, bem como pelas respectivas autarquias e fundações, por tempo determinado, para atender à necessidade temporária de excepcional interesse público, nos termos do inciso IX do artigo 37 da Constituição Federal;

12) o servidor da União, do Estado, do Distrito Federal ou do Município, incluídas suas autarquias e fundações, ocupante de emprego público;

13) o escrevente e o auxiliar contratados por titular de serviços notariais e de registro a partir de 21 de novembro de 1994, bem como aquele que optou pelo Regime Geral de Previdência Social, em conformidade com a Lei nº 8.935, de 18 de novembro de 1994;

14) o exercente de mandato eletivo federal, estadual ou municipal, desde que não vinculado a regime próprio de previdência social;

15) o empregado de organismo oficial internacional ou estrangeiro em funcionamento no Brasil, salvo quando coberto por regime próprio de previdência social;

16) o trabalhador rural contratado por produtor rural pessoa física, na forma do artigo 14-A da Lei nº 5.889/1973, para o exercício de atividades de natureza temporária por prazo não superior a 2 meses dentro do período de 1 ano; e

17) trabalhador contratado mediante contrato de trabalho intermitente.

10.3 CONTRIBUIÇÃO DO CONTRIBUINTE INDIVIDUAL
10.3.1 AUTÔNOMO

O trabalhador autônomo é aquele que exerce a sua atividade por conta própria, com independência, sem subordinação. Não há no exercício da atividade autônoma uma subordinação típica a outrem, podendo o trabalhador livremente adotar diversos procedimentos disponíveis na execução do seu trabalho.

Uma notável característica do trabalhador autônomo vincula-se ao fato de poder fazer-se substituir por outrem na execução dos serviços, o que não ocorre com o empregado, situação em que o exercício da atividade é sempre em caráter pessoal.

Exemplos de trabalhadores autônomos

a) quem presta serviço de natureza urbana ou rural, em caráter eventual ou contínuo, a uma ou mais empresas, sem relação de emprego;

b) a pessoa física que exerce, por conta própria, atividade econômica de natureza urbana, com fins lucrativos ou não;

c) o cooperado de cooperativa de produção que, nesta condição, presta serviço à sociedade cooperativa mediante remuneração ajustada ao trabalho executado;

d) o marisqueiro que, sem utilizar embarcação pesqueira, exerce atividade de captura dos elementos animais ou vegetais, com o auxílio de empregado;

e) o síndico da massa falida, o administrador judicial, definido pela Lei nº 11.101/2005, e o comissário de concordata, quando remunerados;

f) o médico-residente ou o residente em área profissional da saúde, contratados, respectivamente, na forma da Lei nº 6.932/1981 e da Lei nº 11.129/2005;

g) o árbitro de jogos desportivos e seus auxiliares;

h) a pessoa física contratada por partido político ou por candidato a cargo eletivo, para, mediante remuneração, prestar serviços em campanhas eleitorais;

i) o condutor autônomo de veículo rodoviário, assim considerado o que exerce atividade profissional sem vínculo empregatício, quando proprietário, coproprietário ou promitente comprador de um só veículo;

j) os auxiliares de condutor autônomo de veículo rodoviário, no máximo de 2, que exercem atividade profissional em veículo cedido em regime de colaboração.

A reforma trabalhista, instituída pela Lei nº 13.467/2017 modificou a redação do art. 442B da CLT para determinar que a contratação do autônomo seja de forma contínua ou eventual, com ou sem exclusividade, afasta a qualidade de empregado.

10.3.2 EMPRESÁRIO

A legislação previdenciária considera como diretor empregado aquele que, participando ou não do risco econômico do empreendimento, seja contratado ou promovido para cargo de direção das sociedades anônimas, mantendo as características inerentes à relação de emprego e, como diretor não empregado aquele que, participando ou não do risco econômico do empreendimento, seja eleito, por assembleia geral de acionistas, para cargo de direção das sociedades anônimas, não mantendo as características inerentes à relação de emprego.

Para definir o diretor de sociedade anônima como sendo empregado ou não empregado, a legislação previdenciária observa se estão presentes na relação de trabalho os elementos caracterizadores do vínculo empregatício, sendo irrelevante para tanto, a participação do trabalhador no capital social da empresa.

Assim um diretor de S.A. mesmo que possua ações da empresa pode ser considerado empregado, desde que o número de ações que possua não seja de tal monta que lhe permita decisão direta sobre os destinos da empresa. Por outro lado, pode não possuir nenhuma ação, mas exercer a sua atividade com tal poder de mando que defina a sua condição de empregador.

O Tribunal Superior do Trabalho (TST), por meio da Súmula nº 269, consubstanciou o seu entendimento acerca do tema ao estabelecer: "O empregado eleito para ocupar cargo de diretor tem o respectivo contrato de trabalho suspenso, não se computando o tempo de serviço deste período, salvo se permanecer a subordinação jurídica inerente à relação de emprego".

O Código Civil, instituído pela Lei nº 10.406/2002, prevê em seu art. 1.061, que a sociedade por cotas de responsabilidade limitada pode ser administrada por pessoa estranha ao seu quadro societário desde que haja aprovação da unanimidade dos sócios, enquanto o capital não estiver integralizado, e de dois terços, no mínimo, após a integralização.

Daí conclui-se que, se o empregado for elevado à condição de diretor da sociedade, gozando de amplos poderes de mando, sem subordinação, passando a substituir o empregador, representando a empresa no âmbito interno e externo, estará caracterizado como um prestador de serviço sem vínculo empregatício, sendo considerado, portanto, diretor não empregado.

Contudo, é importante que inexista subordinação. Por exemplo: se para contratar, despedir empregados ou determinar reajustes salariais, o diretor depender da autorização dos sócios da empresa, poderá vir a ser configurada a subordinação jurídica, situação em que o mesmo será caracterizado como empregado.

10.3.3 ENQUADRAMENTO PREVIDENCIÁRIO

Tanto o trabalhador autônomo como o empresário são segurados obrigatórios da Previdência Social, enquadrados na categoria de contribuinte individual e, assim, se encontram obrigados a proceder as suas respectivas inscrições no Regime Geral de Previdência Social (RGPS).

10.3.4 CONTRIBUIÇÃO PREVIDENCIÁRIA

O segurado contribuinte individual que não preste serviços à empresa está obrigado a recolher sua contribuição, por iniciativa própria, até o dia quinze do mês seguinte àquele a que as contribuições se referirem, prorrogando-se o vencimento para o dia útil subsequente quando não houver expediente bancário no dia quinze.

A contribuição previdenciária do contribuinte individual, inscrito no RGPS é de 20% sobre o respectivo salário de contribuição que corresponde à remuneração auferida em uma ou mais empresas ou pelo exercício de sua atividade por conta própria, durante o mês, observado o limite mínimo e máximo do salário de contribuição.

O contribuinte individual, independentemente da data de sua filiação ao RGPS, que prestar serviço a uma ou mais empresas, inclusive empregador rural pessoa jurídica e pessoa física, a associação desportiva que mantém equipe de futebol profissional e a microempresa e empresa de pequeno porte, optantes pelo Simples Nacional, têm a faculdade de deduzir, da sua contribuição mensal, quarenta e cinco por cento da contribuição da empresa, efetivamente recolhida ou declarada, incidente sobre a remuneração paga ou creditada, no respectivo mês, limitada a nove por cento do respectivo salário de contribuição.

A empresa que contratar os serviços de contribuinte individual assume a obrigação de arrecadar a contribuição previdenciária individual deste segurado, mediante desconto a ser efetuado na remuneração paga, devida ou creditada ao mesmo. O produto arrecadado deverá ser recolhido juntamente com as contribuições previdenciárias a cargo da empresa contratante, até o dia vinte do mês seguinte ao da competência, antecipando-se o vencimento para o dia útil imediatamente anterior quando não houver expediente bancário no dia vinte.

Considerando que o contribuinte individual que presta serviço a uma ou mais empresas, conforme já mencionado, pode deduzir da sua contribuição mensal quarenta e cinco por cento da contribuição da empresa, referente à remuneração, limitada essa dedução a nove por cento do seu salário de contribuição, foi fixada em onze por cento a alíquota a ser aplicada pela empresa contratante sobre o valor dos serviços prestados para efeito de desconto da contribuição previdenciária do contribuinte individual, ou seja, vinte por cento menos nove por cento (20% – 9%).

Se em determinado mês o total da remuneração recebida pelo contribuinte em decorrência dos serviços prestados a uma ou mais empresas não atingir o limite mínimo do salário de contribuição, o contribuinte ficará obrigado a recolher diretamente a complementação da contribuição incidente sobre a diferença entre o limite mínimo do salário de contribuição e a remuneração total auferida. Sobre a parcela complementar, será aplicada a alíquota de vinte por cento.

> **Exemplo**
>
> | | |
> |---|---|
> | Valor do serviço prestados à empresa durante o mês de janeiro/2022: | R$ 800,00 |
> | Limite mínimo do salário-de-contribuição no mês de janeiro/2022: | R$ 1.212,00 |
> | Diferença entre o limite mínimo e a remuneração auferida: | R$ 412,00 |
> | Valor da complementação da contribuição (20% de R$ 412,00): | R$ 82,40 |

O desconto da contribuição em comento (11%) não se aplica quando houver contratação de contribuinte individual por:

a) outro contribuinte individual equiparado à empresa;

b) produtor rural pessoa física;

c) missão diplomática e repartição consular de carreira estrangeiras; e

d) pela União, para prestar serviços no exterior em organismo oficial internacional do qual o Brasil seja membro efetivo.

A empresa é obrigada a fornecer ao contribuinte individual comprovante de pagamento pelos serviços prestados, consignando além dos valores da remuneração e do desconto efetuado a título de contribuição previdenciária, a sua identificação completa, inclusive com o número do CNPJ, o nome e o número da inscrição do contribuinte individual no RGPS e o compromisso de que a contribuição correspondente será recolhida.

Quando o contribuinte individual prestar serviços a mais de uma empresa ou, concomitantemente, exercer atividade como segurado empregado, empregado doméstico ou trabalhador avulso e o total das remunerações auferidas no mês for superior ao limite máximo do salário de contribuição, deverá, para efeito de controle do limite máximo de contribuição, informar o fato à empresa em que isto ocorrer da seguinte forma:

a) apresentação dos comprovantes de pagamento das remunerações como segurado empregado, inclusive o doméstico, com informação do desconto previdenciário efetuado; ou

b) declaração, informando os empregadores, na ordem em que efetuaram ou efetuarão os descontos da contribuição, o valor sobre o qual é descontada ou a declaração de que a remuneração atingiu o limite máximo do salário de contribuição, o nome empresarial da empresa ou empresas, com o número do CNPJ, ou o CPF do empregador doméstico que efetuou ou efetuará o desconto sobre o valor por ele declarado, quando for o caso;

c) comprovante de pagamento das remunerações como contribuinte individual do qual conste a identificação completa da empresa incluindo o seu número no CNPJ, o número de inscrição do segurado no RGPS, o valor da remuneração paga, o valor do desconto da contribuição previdenciária efetuado e o compromisso de que acontribuição correspondente será recolhida, quando for o caso.

Se a soma das remunerações recebidas como contribuinte individual não ultrapassar, no mês, o limite máximo do salário de contribuição, cada empresa que contratar o contribuinte individual aplicará isoladamente a alíquota devida (11% ou 20% conforme o caso) sobre a respectiva remuneração.

Na hipótese de o contribuinte individual já ter sofrido, no mês, o desconto da contribuição previdenciária sobre o limite máximo do salário de contribuição em uma ou mais empresas, deverá comprovar o fato às demais empresas para as quais prestar serviços, mediante apresentação de um dos documentos mencionados nas alíneas "a" ou "b".

Se a prestação de serviços ocorrer de forma regular a pelo menos uma empresa da qual o contribuinte individual, empregado ou trabalhador avulso, receba, mês a mês, remuneração igual ou superior ao limite máximo do salário de contribuição, a declaração mencionada poderá abranger um período dentro do exercício, desde que identificadas todas as competências a que se referir e, quando for o caso, daquela ou daquelas empresas que efetuarão o desconto até o limite máximo do salário de contribuição, devendo a declaração ser renovada após o período indicado ou ao término do exercício em curso, o que ocorrer primeiro.

Se por qualquer razão o segurado contribuinte individual não auferir a remuneração declarada ou receber valor inferior ao informado na declaração, deverá recolher a contribuição incidente sobre a soma das remunerações recebidas das outras empresas sobre as quais não houve o desconto em virtude da declaração prestada, observados os limites mínimo e máximo do salário de contribuição e as alíquotas definidas.

O contribuinte individual deve manter sob guarda cópias das mencionadas declarações juntamente com os comprovantes de pagamento, para fins de apresentação ao INSS ou à RFB quando solicitado.

A empresa manterá pelo prazo prescricional (cinco anos) as cópias dos comprovantes de pagamento ou a declaração apresentada pelo contribuinte.

Cada fonte pagadora de segurado empregado, trabalhador avulso, contribuinte individual e empregado doméstico, quando for o caso, deverá informar no eSocial a existência de múltiplos vínculos ou múltiplas fontes pagadoras, adotando os procedimentos previstos no Manual de Orientação do eSocial.

A remuneração recebida na atividade de contribuinte individual não será somada à remuneração recebida como empregado, empregado doméstico ou trabalhador avulso, para fins de enquadramento na tabela de faixas salariais para apuração das alíquotas aplicadas ao empregado, doméstico ou avulso; entretanto, será somada para fins de observância do limite máximo do salário de contribuição.

EXEMPLOS

1) Trabalhador autônomo prestou serviço no mês de janeiro/2022 no valor de:

Empresa "A" = R$ 7.200,00
Empresa "B" = R$ 2.500,00
Empresa "C" = R$ 3.900,00

A empresa "A" foi eleita para efetuar em 1º lugar o desconto e o recolhimento de: 779,59 (11% do valor dos serviços prestados, observado o teto máximo de contribuição)

Teto máximo do salário de contribuição em janeiro de 2022 = R$ 7.087,22.

Dará um recibo de pagamento a este trabalhador.

As empresas "B" e "C" não efetuarão qualquer desconto a título de contribuição previdenciária, uma vez que a empresa "A" já efetuou pelo teto máximo do salário de contribuição.

2) Trabalhador autônomo prestou serviço no mês de janeiro/2022 no valor de:

Empresa "A" = R$ 2.000,00
Empresa "B" = R$ 1.000,00
Empresa "C" = R$ 1.600,00
Empresa "D" = R$ 3.500,00

A empresa "A" efetuará o desconto e o recolhimento de:
R$ 2.000,00 x 0,11 = R$ 220,00 e fornecerá recibo de pagamento ao trabalhador.

A empresa "B" efetuará o desconto e o recolhimento de:
R$ 1.000,00 x 0,11 = R$ 110,00 e dará o recibo de pagamento ao trabalhador.

A empresa "C" efetuará o desconto e o recolhimento de R$ 1.600,00 x 0,11= R$ 176,00 e dará o recibo de pagamento ao trabalhador.

A empresa "D" considerando os descontos já efetuados nas empresas anteriores e que o teto do salário de contribuição em janeiro de 2022 é de R$ 7.087,22, efetuará o desconto e o recolhimento de R$ 273,59 (11% de R$ 2.487,22 e dará o recibo de pagamento a este trabalhador.

O contribuinte individual quando prestar serviços à empresa optante pelo Simples Nacional também sofrerá o desconto da contribuição acima (onze por cento).

Quando da prestação de serviços a entidades beneficentes de assistência social isentas da cota patronal, portanto, aquelas que estão dispensadas de recolher a sua contribuição previdenciária, o contribuinte individual não poderá efetuar a dedução de nove por cento anteriormente mencionada; portanto, sofrerá o desconto de vinte por cento sobre o valor da remuneração.

As empresas são obrigadas a efetuar a inscrição no Regime Geral de Previdência Social (RGPS) dos contribuintes individuais, caso estes não comprovem sua inscrição na data da contratação pela empresa. Esta obrigação pode ser cumprida mediante o envio com sucesso dos eventos S-2200 e S-2300 do eSocial.

Quando o contribuinte individual, independentemente da data da sua filiação ao Regime Geral de Previdência Social, prestar serviço a outro contribuinte individual equiparado à empresa ou a produtor rural pessoa física, ou à missão diplomática e repartição consular de carreira estrangeira, poderá deduzir, da sua contribuição mensal, quarenta e cinco por cento da contribuição patronal do contratante, efetivamente recolhida ou declarada, incidente sobre a remuneração que este lhe tenha pago ou creditado, no respectivo mês, limitada a nove por cento do respectivo salário de contribuição.

Observe-se que o contribuinte individual que não comprovar a regularidade da dedução terá glosado o valor indevidamente deduzido, devendo complementar as contribuições com os devidos acréscimos legais, se houver.

Para efeito desta dedução, considera-se contribuição declarada a informação prestada no recibo de pagamento fornecido pela empresa onde constem além de sua identificação completa, inclusive com o número no CNPJ, o número de inscrição do contribuinte individual no RGPS, o valor da remuneração paga, e o compromisso de que será efetuado o recolhimento da correspondente contribuição.

A dedução também pode ser efetuada quando o contribuinte individual presta serviço a uma ou mais empresas, inclusive empregador rural pessoa jurídica, a associação desportiva que mantém equipe de futebol profissional e a microempresa e empresa de pequeno porte, optantes pelo Simples Nacional, conforme já mencionado. Contudo, a dedução é procedida pela empresa contratante, posto que esta passou a ser responsável pelo desconto e recolhimento da contribuição individual do contribuinte.

No tocante à cooperativa de produção, a dedução também poderá ser efetuada. Assim, é de 11% a alíquota a ser aplicada pela cooperativa sobre o valor da cota distribuída para efeito de desconto da contribuição previdenciária do contribuinte individual.

No que se refere à cooperativa de serviços, não é possível efetuar a dedução, pois, por meio da Instrução Normativa RFB nº 1.867/2019, a qual alterou o art. 65 da Instrução Normativa RFB nº 971/2009, foi determinado que o contribuinte individual que presta serviço à empresa por intermédio de cooperativa de trabalho deve recolher a contribuição previdenciária de 20% sobre o montante da remuneração recebida ou creditada em decorrência do serviço, observados os limites mínimo e máximo do salário de contribuição.

10.3.5 PRESTAÇÃO DE SERVIÇOS A PESSOAS FÍSICAS

O segurado contribuinte individual, quando exercer atividade econômica por conta própria ou prestar serviço à pessoa física, ficará obrigado a recolher a sua contribuição previdenciária individual, por iniciativa própria, correspondente à aplicação da alíquota de vinte por cento sobre o total da remuneração auferida, observado o limite máximo do salário de contribuição.

O recolhimento deve ser efetuado no dia quinze do mês seguinte àquele a que as contribuições se referirem, prorrogando o vencimento para o dia útil subsequente quando não houver expediente bancário no dia quinze.

Não obstante o anteriormente exposto, foi facultado ao segurado contribuinte individual que trabalhe por conta própria, sem relação de trabalho com empresa ou equiparado, ao segurado facultativo e ao Microempreendedor Individual optarem pela exclusão do direito ao benefício de aposentadoria por tempo de contribuição, situação em que ficarão sujeitos à contribuição previdenciária sobre o valor correspondente ao limite mínimo mensal do salário de contribuição.

Nesta hipótese, a alíquota de contribuição incidente sobre o limite mínimo mensal do salário de contribuição será de:

a) 11% no caso do segurado contribuinte individual que trabalhe por conta própria, sem relação de trabalho com empresa ou equiparado e do segurado facultativo;

b) 5%:

- no caso do microempreendedor individual; e

- no caso do segurado facultativo sem renda própria que se dedique exclusivamente ao trabalho doméstico no âmbito de sua residência, desde que pertencente a família de baixa renda.

O segurado que tenha contribuído na forma das letras "a" e "b" e pretenda contar o tempo de contribuição correspondente para fins de obtenção da aposentadoria por tempo de contribuição ou da contagem recíproca do tempo de contribuição, deverá complementar a contribuição mensal mediante recolhimento, sobre o valor correspondente ao limite mínimo mensal do salário-de-contribuição em vigor na competência a ser complementada, da diferença entre o percentual pago e o de 20%, acrescido dos juros moratórios. A mencionada contribuição complementar será exigida a qualquer tempo, sob pena de indeferimento ou cancelamento do benefício.

10.3.6 CONTRIBUINTE INDIVIDUAL

São segurados obrigatórios da Previdência Social como contribuinte individual, entre outros:

1) a pessoa física, proprietária ou não, que explora atividade agropecuária, a qualquer título, em caráter permanente ou temporário, em área, contínua ou descontínua, superior a quatro módulos fiscais; ou, quando em área igual ou inferior a quatro módulos fiscais ou atividade pesqueira ou extrativista, com auxílio de empregados ou por intermédio de prepostos;

2) a pessoa física, proprietária ou não, que explora atividade de extração mineral – garimpo –, em caráter permanente ou temporário, diretamente ou por intermédio de prepostos, com ou sem o auxílio de empregados, utilizados a qualquer título, ainda que de forma não contínua;

3) o ministro de confissão religiosa e o membro de instituto de vida consagrada, de congregação ou de ordem religiosa;

4) o brasileiro civil que trabalha no exterior para organismo oficial internacional do qual o Brasil é membro efetivo, ainda que lá domiciliado e contratado, salvo quando coberto por regime próprio de previdência social;

5) desde que receba remuneração decorrente do trabalho:
    - o empresário individual;

- o diretor não empregado e o membro de conselho de administração na sociedade anônima;
- os sócios, nas sociedades em nome coletivo;
- o sócio solidário, o sócio gerente e o sócio-cotista e o administrador, sendo que este último, quando não for empregado na sociedade por cotas de responsabilidade limitada, urbana ou rural;

6) o associado eleito para cargo de direção em cooperativa, associação ou entidade de qualquer natureza ou finalidade, bem como o síndico ou administrador eleito para exercer atividade de direção condominial, desde que recebam remuneração ainda que indireta;

7) quem presta serviço de natureza urbana ou rural, em caráter eventual, a uma ou mais empresas, sem relação de emprego;

8) a pessoa física que exerce, por conta própria, atividade econômica de natureza urbana, com fins lucrativos ou não;

9) o aposentado de qualquer regime previdenciário nomeado magistrado da Justiça Eleitoral;

10) o cooperado de cooperativa de produção que, nesta condição, presta serviço à sociedade cooperativa mediante remuneração ajustada ao trabalho executado; e

11) o Microempreendedor Individual (MEI) de que tratam os artigos 18-A e 18-C da Lei Complementar no 123, de 14 de dezembro de 2006.

10.4 PARCELAS QUE NÃO INTEGRAM O SALÁRIO DE CONTRIBUIÇÃO

Excluem-se da remuneração de acordo com a legislação previdenciária, entre outras, as seguintes parcelas:

I	Abono do Programa de Integração Social (PIS) e do Programa de Assistência ao Servidor Público (PASEP);
II	Abonos de férias – pecuniário correspondente a conversão de 1/3 das férias (CLT, art. 143) e aquele concedido em virtude de contrato de trabalho, regulamento da empresa, convenção ou acordo coletivo de trabalho cujo valor não exceda a 20 dias (CLT, art. 144);
III	Ajuda de custo e o adicional mensal recebidos pelo aeronauta nos termos da Lei nº 5.929/1973;

IV	Ajuda de custo;
V	Alimentação, habitação e transporte fornecidos pela empresa ao empregado contratado para trabalhar em localidade distante da de sua residência, em canteiro de obras ou local que, por força da atividade, exija deslocamento e estada, observadas as normas de proteção estabelecidas pelo Ministério do Trabalho e Previdência;
VI	Auxílio-alimentação (vedado o pagamento em dinheiro)
VII	Assistência ao trabalhador da agroindústria canavieira, de que trata a Lei nº 4.870/1965, art. 36;
VIII	Benefícios da Previdência Social, nos termos e limites legais, salvo o saláriomaternidade(*);
IX	Bolsa de complementação educacional de estagiário, quando paga nos termos da Lei nº 11.788/2008;
X	Bolsa de ensino, pesquisa e extensão e de incentivo a inovação, pagas pelas instituições federais de ensino superior, de pesquisa científica e tecnológica e pelas fundações de apoio, em conformidade com a Lei nº 10.973/2004, desde que as concessões não sejam feitas em contraprestação de serviços;
XI	Complementação ao valor do auxílio-doença, desde que este direito seja extensivo à totalidade dos empregados da empresa;
XII	Diárias para viagens;
XIII	Direitos autorais – valores recebidos em decorrência da sua cessão;
XIV	Férias indenizadas e respectivo adicional constitucional, inclusive o valor correspondente à dobra da remuneração de férias de que trata a CLT, art. 137;
XV	Ganhos eventuais expressamente desvinculados do salário por força de lei;
XVI	Indenização a que se refere a Lei nº 7.238/1984, art. 9º – dispensa sem justa causa até trinta dias antes da data base;
XVII	Indenização compensatória de 40% do montante depositado no FGTS, como proteção à relação de emprego contra a despedida arbitrária ou sem justa causa, previstas no Ato das Disposições Constitucionais Transitórias, art. 10, I;
XVIII	Indenização do tempo de serviço do safrista, quando da expiração normal do contrato – Lei nº 5.889/1973, art. 14;
XIX	Indenização por despedida sem justa causa do empregado nos contratos por prazo determinado – CLT, art. 479;
XX	Indenização por tempo de serviço, anterior a 5 de outubro de 1988, do empregado não optante pelo FGTS;
XXI	Indenização recebida a título de incentivo à demissão;
XXII	Indenizações previstas na CLT, arts. 496 e 497;

XXIII	Licença prêmio indenizada;
XXIV	Multa paga ao empregado em decorrência da mora no pagamento das parcelas constantes do instrumento de rescisão do contrato de trabalho, conforme previsto na CLT, art. 477, § 8º;
XXV	Participação nos lucros ou resultados da empresa, quando paga ou creditada de acordo com lei específica;
XXVI	O valor relativo a plano educacional, ou bolsa de estudo, que vise à educação básica de empregados e seus dependentes e, desde que vinculada às atividades desenvolvidas pela empresa, à educação profissional e tecnológica de empregados, nos termos da Lei nº 9.394/1996, contanto que: a) O valor não seja utilizado em substituição de parcela salarial; b) o valor mensal do plano educacional ou bolsa de estudo, considerado individualmente, não ultrapasse 5% da remuneração do segurado a que se destina ou o valor correspondente a uma vez e meia o valor do limite mínimo mensal do salário-de-contribuição, o que for maior;
XXVII	Previdência complementar, aberta ou fechada – valor da contribuição efetivamente paga pela pessoa jurídica, desde que disponível à totalidade de seus empregados e dirigentes, observados, no que couber, a CLT, arts. 9º e 468;
XXVIII	Reembolso babá, limitado ao menor salário-de-contribuição mensal e condicionado à comprovação do registro na carteira de trabalho e previdência social da empregada, do pagamento da remuneração e do recolhimento da contribuição previdenciária, pago em conformidade com a legislação trabalhista, observado o limite máximo de seis anos de idade da criança;
XXIX	Reembolso creche pago em conformidade com a legislação trabalhista, observado o limite máximo de seis anos de idade, quando devidamente comprovadas as despesas realizadas;
XXX	Ressarcimento de despesas pelo uso de veículo do empregado, quando devidamente comprovadas;
XXXI	Serviço médico ou odontológico, próprio da empresa ou por ela conveniado, inclusive o reembolso de despesas com medicamentos, óculos, aparelhos ortopédicos, despesas médico-hospitalares e outras similares;
XXXII	Vale transporte, recebido na forma da legislação própria;
XXXIII	Vestuários, equipamentos e outros acessórios fornecidos ao empregado e utilizados no local do trabalho para prestação dos respectivos serviços;

XXXIV	Valor das contribuições efetivamente pago pela pessoa jurídica relativo à prêmio de seguro de vida em grupo, desde que previsto em acordo ou convenção coletiva de trabalho e disponível a totalidade de seus empregados e dirigentes, observados, no que couber, os arts. 9° e 468 da CLT;
XXXV	Valor despendido por entidade religiosa ou instituição de ensino vocacional com ministro de confissão religiosa, membro de instituto de vida consagrada, de congregação ou de ordem religiosa em face do seu mister religioso ou para sua subsistência, desde que fornecido em condições que independam da natureza e da quantidade do trabalho executado;
XXXVI	Prêmios;
XXXVII	Abonos.

As mencionadas parcelas quando pagas ou creditadas em desacordo com a legislação pertinente, integram o salário de contribuição para todos os fins e efeitos, sem prejuízo das cominações legais cabíveis.

(*) Contribuição previdenciária sobre o salário maternidade

O Supremo Tribunal Federal (STF) em recurso extraordinário procedeu a seguinte decisão:

> "Decisão: O Tribunal, por maioria, apreciando o Tema 72 da repercussão geral, deu provimento ao recurso extraordinário para declarar, incidentalmente, a inconstitucionalidade da incidência de contribuição previdenciária sobre o salário maternidade, prevista no art. Art. 28, § 2°, e da parte final da alínea a, do § 9°, da Lei nº 8.212/91, nos termos do voto do Relator, vencidos os Ministros Alexandre de Moraes, Ricardo Lewandowski, Gilmar Mendes e Dias Toffoli, que conheciam do recurso e negavam-lhe provimento. Foi fixada a seguinte tese: "É inconstitucional a incidência de contribuição previdenciária a cargo do empregador sobre o salário maternidade". Plenário, Sessão Virtual de 26.6.2020 a 4.8.2020."

A decisão tem repercussão geral, portanto, deve ser observada pelas instâncias inferiores.

A Receita Federal do Brasil (RFB) divulgou em agosto/2020, a seguinte Nota:

> Nota sobre a decisão do STF a respeito da não incidência de Contribuição Previdenciária sobre o salário-maternidade
>
> "A Receita Federal do Brasil informa que a decisão plenária do STF no julgamento do RE 576.967 será submetida à sistemática de que trata o art. 19 da Lei nº 10.522/2002. Assim, até que haja a manifestação da Procuradoria-Geral da Fazenda Nacional(PGFN), a decisão do RE 576.967 possui efeito apenas entre as partes."

A PGFN divulgou o parecer (PARECER SEI Nº 18.361/2020/ME), sobre o tema, esclarecendo que:

a) a decisão do STF se aplica apenas à contribuição previdenciária patronal, inclusive terceiros, sobre o salário maternidade;

b) a contribuição previdenciária da empregada sobre o salário maternidade não foi atingida pela decisão e, portanto, continua sendo devida;

c) orienta os procuradores a não apresentarem contestação ou recurso nas ações contra a cobrança da contribuição previdenciária patronal sobre o salário maternidade e, por outro lado, a defenderem com muita ênfase a cobrança da contribuição previdenciária da empregada sobre o salário maternidade, nas ações sobre o tema.

O Comitê Gestor do eSocial procedeu alguns ajustes no evento S-5001 (evento de retorno do eSocial para os eventos de remuneração – S-1200 ou S-2299), adequando-o à decisão do STF, para que o sistema eSocial apure em relação ao salário maternidade, apenas a contribuição previdenciária da empregada.

CAPÍTULO 5
RETENÇÃO PREVIDENCIÁRIA

Numa tentativa de evitar a evasão das contribuições previdenciárias relativas às empresas prestadoras de serviço, as quais, normalmente, têm alta rotatividade de mão de obra, o que dificulta a fiscalização, bem como de simplificar as obrigações do tomador dos serviços no tocante à responsabilidade solidária que assumia em relação às contribuições previdenciárias correspondentes à remuneração dos trabalhadores da empresa prestadora, no período da respectiva prestação dos serviços, houve por bem o legislador substituir o instituto da responsabilidade solidária pela retenção de valor correspondente à aplicação, em geral, do percentual de 11% sobre o valor dos serviços prestados.

Esta sistemática simplificou a atuação do tomador dos serviços, posto que este deixa de ser responsável solidário em relação às contribuições previdenciárias dos prestadores de serviço, desde que efetuem a retenção determinada, e também reduziu em muito a evasão das contribuições, posto que garante ao INSS, previamente, a retenção e o recolhimento da quantia correspondente à aplicação de um determinado percentual sobre o valor da mão de obra, facilitando, ainda, a fiscalização nas empresas prestadoras, uma vez que a ocorrência da atividade é informada pela tomadora dos serviços, quando esta recolhe o correspondente valor retido.

Desde 1º.04.2003, este percentual (11%) foi acrescido de 4%, 3% ou 2%, passando, portanto, para 15%, 14% ou 13%, caso os serviços sejam prestados por empregados cuja atividade exercida na empresa contratante permita a concessão de aposentadoria especial após 15, 20 ou 25 anos de contribuição, respectivamente.

Os percentuais adicionais incidem, tão somente, sobre o valor da mão de obra relativa aos trabalhadores expostos a agentes nocivos prejudiciais à saúde ou à integridade física que permitem a concessão de aposentadoria especial.

Para identificação da base de cálculo da retenção adicional, a empresa contratada deverá emitir nota fiscal, fatura ou recibo de prestação de serviço específica para os serviços prestados em condições especiais pelos segurados empregados ou discriminar na nota fiscal, fatura ou recibo de prestação de serviços o valor dos serviços prestados em condições especiais.

Quando a contratante desenvolver atividades em condições especiais e não houver a previsão no contrato da utilização ou não dos trabalhadores contratados nessas atividades, incidirá, sobre o valor total dos serviços contido na nota fiscal, fatura ou recibo de prestação de serviços o percentual adicional de retenção correspondente às atividades em condições especiais desenvolvidas pela empresa ou, não sendo possível identificar as atividades, o percentual mínimo de 2%.

Caso o contrato preveja a utilização de trabalhadores na execução de atividades em condições especiais que os exponham a agentes nocivos prejudiciais à saúde e à integridade física, e não havendo emissão de nota fiscal, fatura ou recibo de prestação dos serviços específica ou discriminação do valor desses serviços na nota fiscal, fatura ou recibo, a base de cálculo para a incidência da alíquota adicional será proporcional ao número de trabalhadores envolvidos nas atividades exercidas em condições especiais, se houver a possibilidade de identificação dos trabalhadores envolvidos e dos não envolvidos com as atividades exercidas em condições especiais.

Exemplo

Valor total dos serviços = R$ 15.000,00
Número total de empregados = 50
Número de empregados que exercem atividades sujeitas a condições especiais = 30
Cálculo:
R$ 15.000,00 ÷ 50 = R$ 300,00
R$ 300,00 × 30 = R$ 9.000,00
Base de cálculo para a incidência da contribuição adicional

Caso não haja a possibilidade de identificar o número de trabalhadores envolvidos e não envolvidos com as atividades em condições especiais, a retenção adicional incidirá sobre o valor total dos serviços contido na nota fiscal, fatura ou recibo, no percentual correspondente à atividade especial.

Assim, estabeleceu a legislação que qualquer empresa contratante de determinados serviços, mediante cessão de mão de obra e outros a título de empreitada, fica obrigada a reter e recolher a importância correspondente à aplicação de 3,5%, 11%, 15%, 14% ou 13%, conforme o caso, sobre o valor da mão de obra contido em nota fiscal, fatura ou recibo de prestação de serviço.

Não é, portanto, qualquer serviço prestado mediante cessão de mão de obra ou empreitada que está sujeito à retenção, mas somente aqueles que para este fim foram relacionados pela legislação.

A relação dos serviços fixada em lei é exaustiva e não exemplificativa, o que vale dizer que exclusivamente os serviços constantes da relação é que sofrem a retenção, e nenhum outro. Entretanto, a pormenorização das tarefas compreendidas em cada um dos serviços relacionados nas normas legais é exemplificativa.

Atos normativos da Receita Federal do Brasil estabeleceram os procedimentos a serem observados na aplicação, no recolhimento e na fiscalização da retenção previdenciária. Observe-se que não se trata de retenção de contribuição e sim de retenção de um valor representado por um percentual aplicado sobre o valor da mão de obra, o qual, posteriormente, será compensado com o valor da contribuição devida pela empresa prestadora de serviço, após a apuração desta. É, portanto, uma antecipação.

Para entendermos o instituto da retenção, quando é ou não cabível, se faz necessário analisar alguns conceitos previdenciários, a saber:

I CESSÃO DE MÃO DE OBRA

É definida como sendo a colocação de trabalhadores à disposição da empresa contratante, em suas dependências ou nas de terceiros, para realizarem serviços contínuos relacionados ou não com a atividade-fim da empresa, independentemente da natureza e da forma de contratação, inclusive mediante trabalho temporário nos termos da Lei nº 6.019/1974.

Deste conceito, pode-se apreender o seguinte:

a) colocação à disposição do contratante significa que a cessão do trabalhador ocorre em caráter não eventual, respeitados os limites do contrato. A Receita Federal do Brasil, esclareceu por meio da Solução de Consulta Cosit nº 103/2021 que: "Para a configuração da cessão de mão de obra, é desnecessária a transferência de qualquer poder de comando/coordenação/supervisão, parcial ou total sobre a mão de obra cedida. O elemento "colocação de mão de obra à disposição" se dá pelo estado de a mão de obra permanecer disponível para o contratante nos termos pactuados";

b) o local onde os serviços serão desenvolvidos é irrelevante, podendo ocorrer no estabelecimento do tomador (empresa contratante), ou no de terceiros (o empregado trabalhará em local que não é do contratante nem do contratado, mas de um terceiro determinado pela contratante). Note-se que não haverá a prestação dos serviços nas dependências da empresa contratada; e

c) os serviços a serem executados devem ser contínuos, assim entendidos aqueles dos quais a contratante necessita permanentemente, que se repitam periódica ou sistematicamente. Não importa aqui a continuidade da prestação dos serviços por parte dos trabalhadores da contratada e sim a continuidade dos serviços em si, por exemplo: a empresa comercial contratante necessita permanentemente dos serviços de cobrança, não importa se determinada contratada realizará este serviço permanentemente, podendo ser exercido por ela ou por outras contratadas, a continuidade se refere ao serviço e não ao prestador. Os serviços contínuos podem ser ligados à atividade-fim ou atividade-meio da empresa, indistintamente.

II EMPRESA DE TRABALHO TEMPORÁRIO

É a pessoa jurídica devidamente registrada no Ministério do Trabalho e Previdência, responsável pela colocação de trabalhadores, em caráter temporário, à disposição de outras empresas. Esta é a forma mais significativa da cessão de mão de obra.

III EMPREITADA

Constitui a execução dos serviços, tarefa ou obra, estabelecida mediante contrato, com preço ajustado, com ou sem fornecimento de material ou uso de equipamentos, que podem ser ou não utilizados, a ser realizada nas dependências da contratante, nas da contratada ou nas de terceiros, tendo como objeto um resultado pretendido.

Observa-se que na empreitada a empresa é contratada para realizar determinada tarefa, obra ou serviço, cuja execução pode ocorrer inclusive nas dependências da própria empresa contratada, o que não se verifica na cessão de mão de obra.

Há duas formas de contratação de empreitada: a de trabalho e a mista. Na primeira, ocorre apenas o fornecimento da mão de obra, e na segunda além da mão de obra é também fornecido o material, podendo ocorrer, em ambos os casos, a utilização de equipamentos ou meios mecânicos para sua execução.

IV CONTRATO DE EMPREITADA NA CONSTRUÇÃO CIVIL

É celebrado entre o proprietário do imóvel, o dono da obra, o incorporador ou o condômino e a empresa para execução de obra ou serviço de construção civil, no todo ou em parte. Portanto, o contrato deve ser firmado somente com empresa, não podendo ocorrer, por exemplo, com pessoa física.

O contrato de empreitada pode ser total ou parcial:

a) na empreitada total, o contrato é celebrado exclusivamente com empresa construtora (assim entendida a pessoa jurídica legalmente constituída que tem por objeto social a indústria de construção civil, registrada no Conselho Regional de Engenharia e Agronomia (CREA) ou no Conselho de Arquitetura e Urbanismo (CAU), que assume a responsabilidade direta pela execução de todos os serviços necessários à realização da obra, compreendidos em todos os projetos a ela inerentes, com ou sem fornecimento de material.

b) Considera-se, também, empreitada total: o repasse integral do contrato, por meio do qual a construtora originalmente contratada, não tendo empregado na obra qualquer material ou serviços, repassa o contrato para outra construtora que assume a responsabilidade pela execução integral da obra; a contratação de obra a ser realizada por consórcio constituído de acordo com o disposto no artigo 279 da Lei nº 6.404/1976, desde que pelo menos a empresa líder seja construtora; a empreitada por preço unitário e a tarefa cuja contratação atenda aos requisitos previstos no artigo 158 da Instrução Normativa RFB nº 971/2009.

c) na empreitada parcial, o contrato é celebrado com empresa construtora ou prestadora de serviços na área de construção civil para execução de parte da obra com ou sem fornecimento de material.

d) Também receberá tratamento de empreitada parcial:

– a contratação de empresa não registrada no CREA ou no CAU, ou cujo registro lhe dê habilitação apenas para a realização de serviços específicos, como os de instalação hidráulica, elétrica e similares, ainda que a contratada assuma a responsabilidade direta pela execução de todos os serviços necessários à realização da obra compreendidos em todos os projetos a ela inerentes;

- a contratação de consórcio que não atenda aos requisitos mencionados anteriormente;
- a reforma de pequeno valor, ou seja, a obra de responsabilidade de pessoa jurídica, que possui escrituração contábil regular, em que não há alteração de área construída, cujo custo estimado total, incluindo material e mão de obra, não ultrapasse o valor de 20 vezes o limite máximo do salário de contribuição vigente na data de início da obra;
- aquela realizada por empresa construtora em que tenha ocorrido faturamento de subempreiteira diretamente para o proprietário do imóvel, dono da obra, o condômino ou incorporador, ainda que a subempreiteira tenha sido contratada pela construtora.

A empresa que executa obra ou serviço de construção civil, no todo ou em parte, mediante contrato de empreitada celebrado com proprietário do imóvel, dono da obra, incorporador ou condômino é considerada empreiteira.

V OBRA DE CONSTRUÇÃO CIVIL

São os trabalhos prestados na atividade de construção civil, compreendendo a própria construção, a demolição, a reforma, o acréscimo de edificações, e quaisquer outras benfeitorias agregadas ao solo ou ao subsolo e, ainda, as obras complementares, que se integram a esse conjunto, tais como a reparação de jardins, a colocação de grades ou de instrumentos de recreação, de urbanização ou de sinalização de rodovias ou de vias públicas.

A empresa de construção civil é caracterizada como indústria, uma vez que se dispõe a transformar a matéria-prima em um novo produto acabado e pronto para a utilização. É uma indústria fundamental, básica e que emprega grande quantidade de mão de obra e atua apenas no campo das edificações, não importando o material empregado. Assim, uma casa edificada em madeira, cimento, ferro, pedras etc. é construção civil, ao passo que um navio construído com os mesmos materiais (madeira, pedra, aço etc.) não é construção civil.

O conceito de construção civil é extenso, abrangendo desde a preparação do solo (terraplenagem, limpeza do solo, remoção de rochas, abertura de poços etc.) até a limpeza final da obra após a sua conclusão. Portanto, engloba: a construção propriamente dita, a demolição, as fundações, a pintura, os revestimentos, a ampliação, a reforma, a recuperação e, em alguns casos, a própria conservação do imóvel, obras complementares e quaisquer benfeitorias agregadas ao solo ou subsolo.

VI BENFEITORIAS

São obras realizadas no imóvel que acrescem o seu valor, podendo ser: úteis, necessárias e de lazer. As úteis têm por finalidade facilitar a utilização do imóvel, por exemplo: a construção de um mirante de onde se possa fazer a segurança do imóvel; as necessárias objetivam a conservação do imóvel evitando a sua degeneração, por exemplo: toldos para proteger o madeiramento da sacada; as voluptuárias ou de lazer servem para mera diversão, são supérfluas, por exemplo: construção de piscinas, saunas etc. Independentemente da sua finalidade, todas elas, desde que agregadas ao solo ou subsolo, são consideradas construção civil.

VII OBRAS COMPLEMENTARES

São aquelas que fazem parte do conjunto da edificação, tais como: jardins, passeios, muros, colocação de grades, drenagem, pavimentação, recreação, urbanização, sinalização de rodovias e vias públicas.

VIII TRABALHOS DE CONSERVAÇÃO

Nem todo trabalho realizado para a conservação do imóvel é construção civil. Para caracterizar a atividade de conservação como sendo ou não de construção, é necessário analisar se os trabalhos a serem realizados interferem ou não no corpo do imóvel. Por exemplo: as pinturas do edifício, excetuada a primeira (porque não pode haver obra acabada sem estar pintada), não é construção civil, posto que não interfere nas paredes; a troca das instalações hidráulicas e elétricas é construção civil porque exige que se mexa na estrutura das paredes, solo e teto, conforme o caso.

IX REFORMAS

São trabalhos atinentes à manutenção de partes do imóvel, ou ainda aqueles realizados com o objetivo de torná-lo mais útil, mais cômodo ou funcional, sem implicar em acréscimo de área, por exemplo: troca de materiais como todo o piso ou madeiramento do edifício. Geralmente, a reforma deve constar de projeto; caso não conste, o INSS pode solicitar laudo técnico do engenheiro para comprovar a realização da reforma.

X RECUPERAÇÕES

São as atividades necessárias para evitar a perda total de um imóvel. Normalmente, são executadas quando, por qualquer motivo, uma edificação é parcialmente destruída. Por exemplo: terremoto, inundação, incêndio, explosão etc.

XI SUBEMPREITADA NA CONSTRUÇÃO CIVIL

É o contrato celebrado entre empreiteira ou qualquer empresa sub-contratada e outra empresa para a execução de obra ou de serviços na construção civil, no todo ou em parte, com ou sem fornecimento de material. Portanto, o dono da obra, o proprietário e o incorporador não participam desta negociação. A subempreitada se dá entre a empresa construtora ou subcontratada e a empresa que irá prestar determinado serviço.

XII LIMPEZA, CONSERVAÇÃO E ZELADORIA

São os serviços necessários para a obtenção e manutenção de asseio, higiene e preservação dos ambientes, tais como: edificações, dependências, logradouros, áreas públicas, áreas comuns (praias, jardins) etc., com a finalidade de torná-los apropriados ao funcionamento.

XIII VIGILÂNCIA E SEGURANÇA

São aqueles voltados para a garantia da incolumidade de pessoas, bem como a proteção de bens patrimoniais. Abrange, portanto, a proteção de pessoas e bens.

Exemplos:

a) serviços de vigilância bancária e predial;
b) segurança de transporte de valores e cargas;
c) segurança bancária etc.

XIV SERVIÇOS RURAIS

São aqueles que se constituam em plantio, colheita, limpeza, desmatamento, capinagem, adubagem, irrigação, lenhamento, aração e gradeamento, manejo de animais, ordenha, tosquia, colocação e reparação de cercas, serviços de controle de pragas e ervas daninhas, inseminação, castração, marcação de rebanhos, lavagem, embalagem ou extração de produtos de origem animal ou vegetal.

XV DIGITAÇÃO E PREPARAÇÃO DE DADOS PARA PROCESSAMENTO

São os serviços de introdução de dados em meio informatizado mediante operação de teclados ou similares. Preparação de dados para processamento são os serviços realizados previamente, com o objetivo de tornar possível ou mais fácil o processamento de informações.

> **Exemplo**
>
> Escaneamento manual e leitura ótica.

XVI ACABAMENTO, EMBALAGEM E ACONDICIONAMENTO DE PRODUTOS

O acabamento compreende os serviços que visam à finalização, à conclusão, à preparação final, à junção das últimas partes ou dos últimos componentes de determinado produto com o objetivo de deixá-lo em condições de ser utilizado.

> **Exemplo**
>
> A pintura, o polimento, o arremate etc.

Embalagem relaciona-se com o preparo de produtos ou mercadorias, visando à preservação ou à conservação de suas características para transporte ou guarda.

> **Exemplo**
>
> Colocação dos produtos em caixas, sacos plásticos, isopor etc.

Acondicionamento, serviços que visam ao armazenamento ou transporte dos produtos.

> **Exemplo**
>
> Colocação em palets, empilhamento, amarração etc.

XVII COBRANÇA

Serviços, permanentes ou periódicos, que visam ao recebimento de valores devidos à empresa contratante.

> **Exemplo**
>
> A cobrança de títulos de crédito, de mensalidades associativas de clubes, entidades de classe, e outros.

XVIII COLETA E RECICLAGEM DE LIXO OU RESÍDUOS

São os serviços de busca, transporte, separação, tratamento e transformação de materiais que não mais servem para uso ou resultantes de processos produtivos com vistas ao seu descarte definitivo ou reaproveitamento.

> **Exemplo**
>
> Lixos domiciliares, industriais, hospitalares, de feiras livres, entulhos, operação de usinas de compostagem e de incineradores; galhos de árvores, rejeitos etc.

XIX COPA E HOTELARIA

Copa é a preparação, manuseio e distribuição de todo produto alimentício. Incluem-se nos serviços de copa as atividades de garçons, cozinheiros, copeiros etc.

> **Exemplos**
>
> Refeições, água, chá, café, refrigerante, lanche.

Hotelaria é constituída pelos serviços inerentes ao atendimento ao hóspede em pousadas, hotéis, pacientes em hospitais, clínicas ou em outros estabelecimentos do gênero.

XX CORTE E LIGAÇÃO DE SERVIÇOS PÚBLICOS

Corte de serviços públicos é o conjunto de serviços que objetiva a interrupção do fornecimento da utilidade.

> **Exemplo**
>
> Corte de energia elétrica, água, gás, de telefone etc.

Ligação de serviços públicos, ao contrário do corte, é a junção da rede pública à particular, isto é, a conexão do fornecimento da utilidade.

> **Exemplo**
>
> Ligação de energia elétrica, água, esgoto, telefone etc.

XXI DISTRIBUIÇÃO

São os serviços de entrega, em locais predeterminados, ainda que em via pública, de qualquer produto, mesmo que prestado simultaneamente a vários contratantes.

> **Exemplos**
>
> Entrega de bebidas, alimentos, discos, panfletos, periódicos, revistas, jornais, amostras, dentre outros.

XXII TREINAMENTO E ENSINO

Serviços atinentes à transmissão de conhecimentos para a instrução ou capacitação de pessoas.

> **Exemplo**
>
> Ensino fundamental, básico, superior, de idiomas, informática, de legislação, de relações humanas, ginástica, pintura etc.

XXIII ENTREGA DE CONTAS E DOCUMENTOS

Os serviços prestados por empresas que tenham por finalidade fazer chegar ao destinatário documentos diversos.

> **Exemplo**
>
> Entrega de contas de água, de revistas, de energia elétrica, de jornais, boletos de cobrança, faturas de cartões de crédito, malas diretas etc.

XXIV LIGAÇÃO E LEITURA DE MEDIDORES

Serviços de ligação são os trabalhos inerentes à instalação de equipamentos que permitem aferir a utilização ou o consumo de determinado produto ou serviço.

> **Exemplo**
>
> Ligação de hidrômetros (medidores de água), relógio de força e gás.

Os serviços de leitura de medidores são aqueles realizados periodicamente, para a obtenção dos dados aferidos pelos equipamentos.

> **Exemplo**
>
> Leitura de hidrômetros, relógios de força e gás etc.

XXV MANUTENÇÃO DE INSTALAÇÕES, DE MÁQUINAS E DE EQUIPAMENTOS

São os serviços indispensáveis ao regular e permanente funcionamento dos equipamentos, máquinas e veículos.

> **Exemplos**
>
> Reparação de máquinas xerográficas, computadores, eletrodomésticos, elevadores, instalações elétricas, hidráulicas, dentre outras.

XXVI MONTAGEM

É o ato de reunir, conforme disposição predeterminada, no processo industrial ou artesanal, as peças de qualquer objeto, de um dispositivo ou de um mecanismo, possibilitando o seu funcionamento de forma a atingir o fim a que se destina.

> **Exemplo**
>
> Montagem de máquinas, brinquedos, veículos, roupas, joias etc.

XXVII OPERAÇÃO DE MÁQUINAS, EQUIPAMENTOS E VEÍCULOS

São todos os serviços atinentes à movimentação ou ao funcionamento dos equipamentos, máquinas, veículos etc.

> **Exemplos**
>
> Serviços de manobristas, operadores de empilhadeiras, colheitadeiras, tratores, guindastes ou caminhões fora de estrada, painéis eletroeletrônicos etc.

XXVIII OPERAÇÃO DE PEDÁGIO OU DE TERMINAIS DE TRANSPORTE

Operação de pedágio é constituída pelos serviços prestados, objetivando a reparação, manutenção, asseio e aparelhamento de rodovias e vias públicas, bem como os serviços de assistência aos seus usuários.

Exemplos

Socorros médico e paramédico, informações, cobrança de pedágio, guincho, socorro mecânico etc.

XXIX OPERAÇÃO DE TERMINAL DE TRANSPORTE, TERRESTRE, AÉREO OU AQUÁTICO

São os serviços realizados nestes terminais objetivando a segurança e o conforto dos usuários, o asseio, a manutenção, conservação, o aparelhamento e a operação das instalações.

Exemplo

Serviços de sinalização, comunicação, controle de tráfego, movimentação de bagagens, cargas e veículos, venda de passagens e atendimento médico ou paramédico emergencial.

XXX OPERAÇÃO DE TRANSPORTE DE PASSAGEIROS, INCLUSIVE NOS CASOS DE CONCESSÃO OU SUBCONCESSÃO

São os trabalhos relacionados com o deslocamento, por via aquática, terrestre ou aérea, de pessoas para proceder a sua transferência de um local de origem a outro de destino.

> **Exemplo**
>
> Operação de transportes de passageiros são os fretamentos de veículos para a locomoção dos empregados de casa para o trabalho e vice-versa, em horários predeterminados.

XXXI PORTARIA, RECEPÇÃO E ASCENSORISTA

São aqueles realizados nos locais de acesso ao público cujo objetivo é ordenar ou controlar o trânsito de pessoas, proceder ao encaminhamento das pessoas, prestar-lhes informações, receber e distribuir correspondências e encomendas. Serviços prestados por ascensorista são aqueles relacionados à operação de elevadores.

XXXII RECEPÇÃO, TRIAGEM E MOVIMENTAÇÃO DE MATERIAIS

Serviços de recepção são os pertinentes ao recebimento de material, incluindo a sua contagem, conferência, verificação e demais procedimentos de checagem.

Serviços de triagem são os relacionados com a seleção e separação ordenada de materiais segundo procedimentos predeterminados.

Os serviços de movimentação de material consistem no seu deslocamento, ou seja, na mudança de um para outro lugar, visando à armazenagem, à distribuição, ao consumo etc., e que não se caracterizem como operação de transporte.

XXXIII PROMOÇÃO DE VENDAS E EVENTOS

Promoção de vendas são os serviços prestados com o fim de colocar em evidência as qualidades de produtos, com o intuito de aumentar as vendas.

> **Exemplos**
>
> Pessoas colocadas em supermercados (promotoras de vendas) as quais oferecem aos consumidores o produto para degustação e prestam e informações sobre o mesmo.

Enquadram-se como promoção de eventos os serviços executados para a realização de um acontecimento, uma festividade.

> **Exemplo**
>
> Rodeios, feiras, shows artísticos, bailes, jogos etc.

XXXIV SECRETARIA E EXPEDIENTE

São os trabalhos de apoio relativos ao desempenho de rotinas administrativas.

> **Exemplo**
>
> Serviços de datilografia, organização de agenda, preparação e remessa de correspondências, comunicações internas, atendimento telefônico etc.

XXXV SAÚDE

São todos os serviços relacionados ao atendimento a pacientes para a avaliação, a recuperação, a manutenção ou o melhoramento do seu estado físico, mental ou emocional, prestados por empresas da área de saúde, tais como hospitais, clínicas, casas de saúde, laboratórios etc.

> **Exemplo**
>
> Os serviços médicos, de administração hospitalar, de enfermagem, de fisioterapia, de radiologia, de diagnóstico por ultraimagem, de hematologia, de fonoaudióloga, de odontologia, de psicologia, bem como os prestados por atendentes e auxiliares.

XXXVI TELEFONIA, INCLUSIVE TELEMARKETING

Incluem os serviços de operação de centrais ou aparelhos telefônicos, ou, ainda, de teleatendimento.

> **Exemplo**
>
> Os serviços prestados por telefonistas em empresas e aqueles de teleatendimento.

XXXVII COOPERATIVA DE SERVIÇO

É uma sociedade de natureza civil, não sujeita à falência, constituída de pessoas que se comprometem a prestar serviços, visando ao bem comum, sem objetivar lucros. As cooperativas de serviços fazem a intermediação do trabalho dos cooperados, visando a melhores condições.

A cooperativa pode abranger operários de uma mesma profissão ou de várias profissões de uma mesma classe, os quais prestam os serviços aos clientes da cooperativa. Não há vínculo de emprego entre o cooperado, cooperativa ou tomador dos serviços.

XXXVIII EMPRESAS PRESTADORAS DE SERVIÇOS MÉDICOS OU ODONTOLÓGICOS

A empresa que atua na área de saúde fica sujeita às normas de tributação e de arrecadação aplicáveis às empresas em geral, em relação à remuneração paga, devida ou creditada, no decorrer do mês, aos profissionais de saúde por ela contratados de acordo com o enquadramento dos mesmos no Regime Geral de Previdência Social (RGPS) (empregados, contribuintes individuais, avulsos).

XXXIX CONDOMÍNIO

Verifica-se o condomínio quando mais de uma pessoa possui o mesmo bem. É a copropriedade. O condomínio pode ser de apartamentos, onde cada condômino dispõe de uma ou mais unidades autônomas e dividem a utilização das áreas comuns e parte ideal do terreno. Pode ocorrer também o condomínio, no âmbito da construção civil, onde a obra é executada sob a responsabilidade de várias pessoas físicas ou jurídicas, que sejam proprietárias do terreno, situação em que o condomínio deve ser registrado no Cartório de Registro de Títulos e Documentos.

XL ENTIDADE BENEFICENTE DE ASSISTÊNCIA SOCIAL

É aquela que presta assistência social gratuita a menores, pessoas portadoras de deficiência, carentes, idosos e excepcionais.

I. SERVIÇOS SUJEITOS À RETENÇÃO PREVIDENCIÁRIA

As empresas deverão reter 3,5%, 11%, 15%, 14% ou 13%, conforme o caso, do valor bruto da nota fiscal, fatura ou recibo quando contratarem os serviços adiante relacionados:

a) de empresa prestadora de serviços mediante cessão de mão de obra;
b) por intermédio de empresa de trabalho temporário;
c) mediante empreitada.

I.I RETENÇÃO NA CESSÃO DE MÃO DE OBRA E TAMBÉM NA EMPREITADA

No caso de contratação de uma empresa de prestação de serviços a terceiros mediante cessão de mão de obra ou empreitada, haverá a retenção nas hipóteses de:

a) limpeza, conservação ou zeladoria, que se constituam em varrição, lavagem, enceramento, ou em outros serviços destinados a manter a higiene, o asseio ou a conservação de praias, jardins, rodovias, monumentos, edificações, instalações, dependências, logradouros, vias públicas, pátios ou áreas de uso comum;

b) vigilância ou segurança, que tenham por finalidade a garantia da integridade física de pessoas ou a preservação de bens patrimoniais, exceto os serviços de vigilância ou segurança prestados por meio de monitoramento eletrônico os quais não estão sujeitos à retenção;

c) construção civil que envolvam a construção, a demolição, a reforma ou o acréscimo de edificações ou de qualquer benfeitoria agregada ao solo ou ao subsolo ou obras complementares que se integrem a esse conjunto, tais como a reparação de jardins ou passeios, a colocação de grades ou de instrumentos de recreação, de urbanização ou de sinalização de rodovias ou de vias públicas;

d) natureza rural, que se constituam em desmatamento, lenhamento, aração ou gradeamento, capina, colocação ou reparação de cercas, irrigação, adubação, controle de pragas ou de ervas daninhas, plantio, colheita, lavagem, limpeza, manejo de animais, tosquia, inseminação, castração, marcação, ordenhamento e embalagem ou extração de produtos de origem animal ou vegetal;

e) digitação, que compreendam a inserção de dados em meio informatizado por operação de teclados ou de similares;

f) preparação de dados para processamento, executados com vistas a viabilizar ou a facilitar o processamento de informações, tais como o escaneamento manual ou a leitura ótica.

I.2 RETENÇÃO SOMENTE NO CASO DE CESSÃO DE MÃO DE OBRA

Os serviços prestados mediante cessão de mão de obra, sujeitos à retenção são os seguintes:

I) acabamento, que envolvam a conclusão, o preparo final ou a incorporação das últimas partes ou dos componentes de produtos, com vistas a colocá-los em condição de uso;

II) embalagem, relacionados com o preparo de produtos ou de mercadorias visando à preservação ou à conservação de suas características para transporte ou guarda;

III) acondicionamento, compreendendo os serviços envolvidos no processo de colocação ordenada dos produtos quando do seu armazenamento ou transporte, a exemplo de sua colocação em *palets*, empilhamento, amarração, entre outros;

IV) cobrança, que objetivem o recebimento de quaisquer valores devidos à empresa contratante, ainda que executados periodicamente;

V) coleta ou reciclagem de lixo ou de resíduos, que envolvam a busca, o transporte, a separação, o tratamento ou a transformação de materiais inservíveis ou resultantes de processos produtivos, exceto quando realizados com utilização de equipamentos tipo *containers* ou caçambas estacionárias;

VI) copa, que envolvam a preparação, o manuseio e a distribuição de todo ou de qualquer produto alimentício;

VII) hotelaria, que concorram para o atendimento ao hóspede em hotéis, pousadas, paciente em hospitais, clínicas ou em outros estabelecimentos do gênero;

VIII) corte ou ligação de serviços públicos, que tenham como objetivo a conexão ou a interrupção do fornecimento de água, de esgoto, de energia elétrica, de gás ou de telecomunicações;

IX) distribuição, que se constituam em entrega, em locais predeterminados, ainda que em via pública, de bebidas, de alimentos, de discos, de panfletos, de periódicos, de jornais, de revistas ou de amostras, entre outros produtos, mesmo que distribuídos no mesmo período a vários contratantes;

X) treinamento e ensino, assim considerados como o conjunto de serviços envolvidos na transmissão de conhecimentos para a instrução ou a capacitação de pessoas;

XI) entrega de contas e de documentos, que tenham como finalidade fazer chegar ao destinatário documentos diversos, tais como conta de água, conta de energia elétrica, conta de telefone, boleto de cobrança, cartão de crédito, mala direta ou similares;

XII) ligação de medidores, que tenham por objeto a instalação de equipamentos para aferir o consumo ou a utilização de determinado produto ou serviço;

XIII) leitura de medidores, aqueles executados, periodicamente, para a coleta das informações aferidas por esses equipamentos, tais como a velocidade (radar), consumo de água, de gás ou de energia elétrica;

XIV) manutenção de instalações, de máquinas ou de equipamentos, quando indispensáveis ao seu funcionamento regular e permanente e desde que mantida equipe à disposição da empresa contratante.

Nos serviços de manutenção de instalações de máquinas e equipamentos haverá a retenção desde que a empresa prestadora dos serviços mantenha equipe à disposição da empresa contratante.

> **Exemplo**
>
> A empresa "A" contrata a empresa "B" para fazer a manutenção de suas máquinas xerox, sendo que uma vez a cada mês os empregados de "B" devem fazer a manutenção destes equipamentos. Não haverá nesta situação a retenção. Contudo, se "B" designar uma equipe específica que ficará à disposição de "A" para fazer este serviço, haverá a retenção.

XV) montagem, que envolvam a reunião sistemática, conforme disposição predeterminada em processo industrial ou artesanal, das peças de um dispositivo, de um mecanismo ou de qualquer objeto, de modo que possa funcionar ou atingir o fim a que se destina;

XVI) operação de máquinas, de equipamentos e de veículos relacionados com a sua movimentação ou seu funcionamento envolvendo serviços do tipo manobra de veículos, operação de guindastes, painéis eletroeletrônicos, tratores, colheitadeiras, moendas, empilhadeiras ou caminhões fora de estrada;

XVII) operação de pedágio ou de terminais de transporte, que envolvam a manutenção, a conservação, a limpeza ou o aparelhamento de terminais de passageiros terrestre, aéreo ou aquático, de rodovia, de via pública, e que envolvam serviços prestados diretamente aos usuários;

XVIII) operação de transporte de passageiros, inclusive nos casos de concessão ou de subconcessão envolvendo o deslocamento de pessoas por meio terrestre, aquático ou aéreo;

XIX) portaria, recepção ou ascensorista, realizados com vistas ao ordenamento ou ao controle do trânsito de pessoas em locais de acesso público ou à distribuição de encomendas ou de documentos;

XX) recepção, triagem ou movimentação, relacionados ao recebimento, à contagem, à conferência, à seleção ou ao remanejamento de materiais;

XXI) promoção de vendas ou de eventos, que tenham por finalidade colocar em evidência as qualidades de produtos ou a realização de shows, de feiras, de convenções, de rodeios, de festas ou de jogos;

XXII) secretaria e expediente, quando relacionados com o desempenho de rotinas administrativas;

XXIII) saúde, quando prestados por empresas da área da saúde e direcionados ao atendimento de pacientes, tendo em vista avaliar, recuperar, manter ou melhorar o estado físico, mental ou emocional desses pacientes;

XXIV) telefonia ou de *telemarketing*, que envolvam a operação de centrais ou de aparelhos telefônicos ou de teleatendimento.

Estas relações são exaustivas, ou seja, somente os serviços prestados por uma empresa a outra que se encontrem relacionados estarão sujeitos à retenção dos 3,5%, 11%, 15%, 14% ou 13%, conforme o caso.

Lembra-se, porém, que a pormenorização das tarefas compreendidas em cada um dos serviços relacionados é exemplificativa.

2. DESONERAÇÃO DA FOLHA DE PAGAMENTO – PRESTAÇÃO DE SERVIÇO MEDIANTE CESSÃO DE MÃO DE OBRA – RETENÇÃO PREVIDENCIÁRIA

No caso de contratação de empresas a seguir relacionadas, abrangidas e optantes pela desoneração da folha de pagamento, para a execução dos serviços desonerados constantes do Anexo IV da Instrução Normativa RFB nº 2.053/2021, mediante cessão de mão de obra, na forma definida pelo art. 31 da Lei nº 8.212/1991 e para fins de elisão da responsabilidade solidária, a empresa contratante deverá reter 3,5% do valor bruto da nota fiscal ou fatura de prestação de serviços emitidas por empresas:

a) prestadoras de Serviços de Tecnologia da Informação (TI) e de Tecnologia da Informação e Comunicação (TIC);

b) de teleatendimento;

c) de transporte rodoviário coletivo de passageiros, com itinerário fixo, municipal, intermunicipal, intermunicipal em região metropolitana, interestadual e internacional enquadradas nas classes 4921-3 e 4922-1 da CNAE 2.0;

d) de transporte ferroviário de passageiros, enquadradas nas subclasses 4912-4/01 e 4912-4/02 da CNAE 2.0;

e) de transporte metroferroviário de passageiros, enquadradas na subclasse 4912-4/03 da CNAE 2.0;

f) de construção civil enquadradas nos grupos 412, 432, 433 e 439 da CNAE 2.0; e

g) de construção civil de obras de infraestrutura, enquadradas nos grupos 421, 422, 429 e 431 da CNAE 2.0.

A empresa prestadora de serviços (contratada) deverá comprovar à empresa contratante a opção pela tributação substitutiva e declarar que recolhe a contribuição previdenciária sobre a receita bruta, conforme modelo previsto no Anexo III da Instrução Normativa RFB no 2.053/2021.

Observa-se, portanto, que, tratando-se de empresa optante pela desoneração da folha de pagamento e prestadora dos mencionados serviços, a alíquota de retenção foi reduzida de 11% para 3,5%.

A retenção será de 11% caso a empresa não opte pela desoneração da folha de pagamento.

3. COMPETÊNCIA

Para efeito de recolhimento dos valores relativos à retenção previdenciária, será considerada competência aquela que corresponder à data da emissão da nota fiscal, fatura ou recibo de prestação de serviço.

4. BASE DE CÁLCULO DA RETENÇÃO

Em geral, a retenção corresponderá a 3,5%, 11%, 15%, 14% ou 13%, conforme o caso, do valor contido na nota fiscal, fatura ou recibo de prestação de serviços.

Os valores de materiais ou de equipamentos, próprios ou de terceiros, exceto os equipamentos manuais, fornecidos pela contratada, discriminados no contrato e na nota fiscal, na fatura ou no recibo de prestação de serviços, desde que comprovados, não integram a base de cálculo da retenção previdenciária.

São considerados como discriminados no contrato os valores nele consignados referentes a material ou equipamentos ou os previstos em planilha à parte, desde que mencionada planilha seja parte integrante do contrato mediante cláusula nele expressa.

Para fins de apuração da base de cálculo da retenção, não poderá ser superior ao valor de aquisição ou de locação o valor do material fornecido ao contratante ou o de locação de equipamento de terceiros utilizado na execução do serviço. Compete à contratada a comprovação dos valores em questão, mediante apresentação do documento fiscal de aquisição de material ou contrato de locação de equipamento, conforme o caso.

4.1 VALORES QUE PODEM SER DEDUZIDOS DA BASE DE CÁLCULO

Poderão ser deduzidos da base de cálculo da retenção, desde que discriminados na nota fiscal, na fatura ou no recibo, os valores correspondentes a:

a) custo da alimentação *in natura* fornecida pela empresa contratada e desde 11.11.2017, custo do auxílio alimentação desde que não pago em dinheiro;

Exemplo

Considerando a retenção no percentual de 11%, ou seja, atividade exercida pelo empregado cedido não permite a concessão de aposentadoria especial.

Valor da nota fiscal, fatura ou recibo:	R$ 15.800,00
Alimentação fornecida:	R$ 2.870,00
Retenção:	R$ 1.422,30

[(R$ 15.800,00 – R$ 2.870,00) × 11%]

b) material contratualmente estabelecido, com valor discriminado no contrato e na nota fiscal, fatura ou recibo e não superior ao valor de sua aquisição, mediante comprovação por documento fiscal;

Exemplo

Considerando a retenção na alíquota de 11%:
Valor da nota fiscal, fatura ou recibo: R$ 21.330,00
Valor comprovado da aquisição do material: R$ 5.800,00
Retenção: R$ 1.708,30
(R$ 21.330,00 – R$ 5.800,00) × 11%

---

c) utilização de equipamentos pertencentes à contratada ou a terceiros, indispensáveis à execução dos serviços, previsto contratualmente e com o valor do aluguel correspondente, também discriminado tanto no contrato como na nota fiscal, fatura ou recibo;

Considerando a retenção na alíquota de 11%:
Valor da nota fiscal, fatura ou recibo: R$ 35.800,00
Valor do aluguel do equipamento estabelecido
em contrato: R$ 9.800,00
Retenção: R$ 2.860,00
(R$ 35.800,00 – R$ 9.800,00) × 11%

---

d) ao fornecimento de vale-transporte em conformidade com a legislação própria.

4.1.1 MATERIAL OU EQUIPAMENTO SEM VALOR FIXADO NO CONTRATO

Quando o fornecimento de material ou a utilização de equipamento próprio ou de terceiros, exceto os equipamentos manuais, estiver previsto em contrato, mas sem discriminação dos respectivos valores, desde que tais valores estejam discriminados na nota fiscal, fatura ou recibo de prestação de serviços, não integrarão a base de cálculo da retenção, devendo esta corresponder, no mínimo, a:

a) 50% do valor bruto da nota fiscal, fatura ou recibo, para os serviços em geral;

Exemplo

Considerando a retenção no percentual de 11%:
Valor da nota fiscal, fatura ou recibo: R$ 48.200,00
Base de cálculo mínima a ser considerada para
a retenção: R$ 24.100,00
(R$ 48.200,00 × 50%)
Retenção mínima: R$ 2.651,00
(R$ 24.100,00 × 11%)

---

b) na prestação de serviços relativa à operação de transportes de passageiros cujas despesas de combustível e manutenção dos veículos corram por conta da contratada, a base de cálculo mínima da retenção não será inferior a 30% do valor bruto da nota fiscal, fatura ou recibo;

Exemplo

Considerando a retenção no percentual de 11%:
Valor da nota fiscal, fatura ou recibo: R$ 18.500,00
Base de cálculo mínima para a retenção: R$ 5.550,00
(R$ 18.500,00 × 30%)
Retenção: R$ 610,50
(R$ 5.550,00 × 11%)

---

c) nos serviços de limpeza, a base de cálculo da retenção não poderá ser inferior a 65% quando se tratar de limpeza hospitalar e 80% para as demais limpezas, aplicados sobre o valor bruto da nota fiscal, fatura ou recibo de prestação de serviços;

> **Exemplo**
>
> Considerando a retenção no percentual de 11%:
> Valor da nota fiscal, fatura ou recibo: R$ 78.000,00
> Base de cálculo para a retenção
> A)   limpeza geral (80%):   R$ 62.400,00
>   (R$ 78.000,00 × 80%)
> Retenção: R$ 6.864,00
>   (R$ 62.400,00 × 11%)
> B)   limpeza hospitalar (65%):   R$ 50.700,00
>   (R$ 78.000,00 × 65%)
> Retenção: R$ 5.577,00
>   (R$ 50.700,00 × 11%)

d) se a utilização de equipamentos for inerente à execução dos serviços contratados, desde que haja a discriminação de valores na nota fiscal, fatura ou recibo de prestação de serviços, deve-se observar:

1) se o seu fornecimento e os respectivos valores constarem em contrato, não integrarão a base de cálculo da retenção;

2) não havendo discriminação de valores em contrato, independentemente da previsão contratual do fornecimento de equipamento, a base de cálculo da retenção corresponderá, no mínimo, para a prestação de serviços em geral, a 50% do valor bruto da nota fiscal, da fatura ou do recibo de prestação de serviço e, no caso de prestação de serviço na área de construção civil, aos percentuais a seguir:

- drenagem 50%;
- obras de arte (pontes e viadutos) 45%;
- pavimentação asfáltica 10%;
- terraplenagem/aterro sanitário e dragagem 15%;
- demais serviços realizados com utilização de equipamentos, exceto os manuais 35%.

Se, na mesma nota fiscal, fatura ou recibo constar a execução de mais de um dos serviços mencionados anteriormente, sem discriminação dos valores correspondentes a cada um deles deverá ser aplicado o percentual correspondente a cada tipo de serviço, conforme disposto em contrato ou o percentual maior, se o contrato não permitir identificar o valor de cada serviço.

Quando o fornecimento do material ou a utilização de equipamento não estiver previsto no contrato e o uso deste equipamento não for inerente ao serviço, ainda que sejam discriminadas as parcelas correspondentes na nota fiscal, na fatura ou no recibo, a base de cálculo da retenção será o valor bruto da nota fiscal, fatura ou recibo de prestação dos serviços, exceto no caso de serviço de transporte de passageiros situação em que a base de cálculo da retenção corresponderá, no mínimo, a 30% do valor bruto da nota fiscal, fatura ou recibo de prestação dos serviços.

Caso inexista discriminação de valores na nota fiscal, fatura ou recibo, a base de cálculo da retenção será o valor bruto, ainda que exista previsão contratual para o fornecimento de material ou utilização de equipamento, com ou sem discriminação de valores em contrato.

5. EMPRESA CONTRATANTE

A empresa que contrata o serviço (contratante) deverá efetuar a retenção de 3,5%, 11%, 15%, 14% ou 13%, conforme o caso, do valor bruto dos serviços contidos na nota fiscal, fatura ou recibo de prestação de serviços e recolher o valor retido no dia 20 do mês subsequente ao da emissão da nota fiscal, fatura ou recibo.

6. DISPENSA DA RETENÇÃO

A empresa contratante estará dispensada de efetuar a retenção, e a contratada de registrar o destaque da retenção na nota fiscal, fatura ou recibo, quando:

   a) o valor a ser retido por nota fiscal, fatura ou recibo for inferior ao limite mínimo permitido para recolhimento em documento de arrecadação;

   b) serviços de coleta de lixo e resíduos, quando são realizados com a utilização de equipamentos tipo *containers* ou caçambas estacionárias;

   c) o serviço for relativo a manutenção de instalações, de máquinas ou de equipamentos quando não houver disponibilização de equipe;

d) cumulativamente ocorrer os seguintes requisitos:
- o serviço tiver sido prestado pessoalmente pelo titular ou sócio;
- o faturamento da contratada no mês anterior for igual ou inferior a duas vezes o limite máximo do salário de contribuição; e
- a contratada não tiver empregados.

A contratada deve apresentar declaração, sob as penas da lei, contendo as informações quanto ao faturamento e inexistência de empregados, assinada pelo seu representante legal.

e) quando houver somente serviços profissionais relativos ao exercício de profissão regulamentada por legislação federal ou serviço de treinamento e ensino, desde que prestados pessoalmente pelos sócios, sem o concurso de empregados ou outros contribuintes individuais.

Para a comprovação de tais requisitos, a contratada apresentará declaração assinada por seu representante legal, sob as penas das leis, de que o serviço foi prestado pelo sócio da empresa, profissional de profissão regulamentada, ou, se for o caso, profissional da área de treinamento e ensino e sem o concurso de empregados ou outros contribuintes individuais ou consignando o fato na nota fiscal, fatura ou recibo.

São profissões regulamentadas por legislação federal, entre outras:

- Administradores;
- Advogados;
- Aeronautas;
- Aeroviários;
- Agenciadores de propaganda;
- Agrônomos;
- Arquitetos;
- Arquivistas;
- Assistentes sociais;
- Atuários;
- Auxiliares de laboratório;

- Bibliotecários;
- Biólogos;
- Biomédicos;
- Cirurgiões-dentistas;
- Contabilistas;
- Economistas domésticos;
- Economistas;
- Enfermeiros;
- Engenheiros;
- Estatísticos;
- Farmacêuticos;
- Fisioterapeutas – Terapeutas ocupacionais;
- Fonoaudiólogos;
- Geógrafos;
- Geólogos;
- Guias de turismo;
- Jornalistas profissionais;
- Leiloeiros;
- Leiloeiros rurais;
- Massagistas;
- Médicos;
- Meteorologistas;
- Nutricionistas;
- Peões de rodeio;
- Psicólogos;
- Publicitários;
- Químicos;
- Radialistas;
- Secretárias;

- Taquígrafos;
- Técnicos de arquivo;
- Técnicos em biblioteconomia;
- Técnicos em radiologia;
- Tecnólogos.

7. SERVIÇOS EM QUE NÃO SE APLICA O INSTITUTO DA RETENÇÃO PREVIDENCIÁRIA

Não se aplica o instituto da retenção previdenciária:

a) à contratação de serviços prestados por trabalhadores avulsos por intermédio de sindicato da categoria ou de OGMO;

b) tratar-se de empreitada total. Nesta hipótese será aplicada a solidariedade;

c) ao contribuinte individual equiparado à empresa e pessoa física;

d) à contratação de entidade beneficente de assistência social, quando isenta de contribuições sociais;

e) à contratação de serviços de transportes de carga;

f) A entidade beneficente em gozo de isenção, o sindicato dos trabalhadores avulsos, o Órgão Gestor de Mão de Obra (OGMO) e o operador portuário, se contratarem serviços de outras empresas, mediante cessão de mão de obra ou empreitada, ficarão obrigados a reter os 3,5%, 11%, 15%, 14% ou 13%, conforme o caso, do valor bruto da nota fiscal, da fatura ou do recibo e ao recolhimento da importância retida;

g) à empreitada realizada nas dependências da contratada;

h) aos órgãos públicos da administração direta, autarquias e fundações de direito público quando contratantes de obra de construção civil, reforma ou acréscimo, por meio de empreitada total ou parcial, observado o disposto no inciso IV do § 2º do artigo 151, da Instrução Normativa RFB nº 971/2009, ressalvado o caso de contratarem serviços de construção civil mediante cessão de mão de obra ou empreitada, em que se obrigam a efetuar a retenção previdenciária.

8. DESTAQUE DA RETENÇÃO

A empresa prestadora de serviço quando da emissão da nota fiscal, fatura ou recibo destacará o valor da retenção, a título de "retenção para a previdência social".

O destaque deverá ser identificado logo após a descrição dos serviços prestados, como parcela dedutível, e produzirá efeito no ato da quitação da nota fiscal, fatura ou recibo, sem alteração do valor bruto do respectivo documento.

9. AUSÊNCIA DE RETENÇÃO

A empresa tomadora de serviços (contratante) é diretamente responsável pelas importâncias que deixar de reter ou tiver retido em desacordo com a legislação, pois a retenção sempre se presumirá feita pela contratante, não lhe sendo lícito alegar qualquer omissão para se eximir do recolhimento.

10. RECOLHIMENTO DA RETENÇÃO

A empresa contratante deverá recolher a importância retida por meio do Documento de Arrecadação de Receitas Federais – DARF, emitido pelo sistema DCTFWeb, observadas as normas do eSocial e da EFD-Reinf até o dia 20 do mês subsequente à emissão da nota fiscal, fatura ou recibo de prestação de serviços, antecipando o recolhimento para o 1o dia útil anterior quando o dia 20 do mês cair em dia em que não haja expediente bancário.

11. COMPENSAÇÃO

A empresa prestadora de serviço, que sofreu retenção, poderá compensar o valor retido das contribuições devidas na respectiva competência, desde que a retenção;

   a) tenha sido declarada na EFD-Reinf, na competência da emissão da nota fiscal, fatura ou recibo de prestação dos serviços;

   b) destacada na nota fiscal, fatura ou recibo ou a contratante tenha efetuado o recolhimento deste valor.

A dedução será efetuada na DCTFWeb.

12. RESTITUIÇÃO

A empresa prestadora de serviços que sofreu retenção previdenciária na nota fiscal, fatura ou recibo de prestação de serviços e que não efetuar a compensação dos valores retidos, ou, se após a compensação, restar saldo em seu favor, poderá requerer a restituição do valor não compensado, desde que a retenção esteja destacada nos mencionados documentos e declarada na EFD-Reinf.

A restituição será requerida por meio do Programa PER/DCOMP ou, na impossibilidade de sua utilização, por meio do formulário Pedido de Restituição ou de Ressarcimento.

13. EMPRESA CONTRATADA – OBRIGAÇÕES

A empresa contratada fica obrigada a:

a) elaborar folhas de pagamento, distintas e o respectivo resumo geral, para cada estabelecimento ou obra de construção civil da empresa contratante, relacionando todos os segurados alocados na prestação de serviços. A obrigação relativa à folha de pagamento será cumprida mediante o envio, com sucesso, dos eventos S-1200 e S-1210 do eSocial;

b) elaborar demonstrativo mensal por contratante e por contrato, assinado pelo seu representante legal, o qual deverá conter:
– a denominação social e o CNPJ da contratante ou a matrícula CNO da obra de construção civil, conforme o caso;

- o número e a data de emissão da nota fiscal, da fatura ou do recibo de prestação de serviços;

- o valor bruto, o valor retido e o valor líquido recebido relativo à nota fiscal, fatura ou recibo de prestação de serviços; e

– a totalização dos valores e sua consolidação por obra de construção civil ou por estabelecimento da contratante, conforme o caso.

A contratada legalmente obrigada a manter escrituração contábil formalizada deverá registrar, mensalmente, em contas individualizadas, todos os fatos geradores de contribuições sociais, inclusive a retenção previdenciária sobre o valor da prestação de serviços.

O lançamento da retenção na escrituração contábil deverá discriminar:

a) o valor bruto dos serviços;
b) o valor da retenção; e
c) o valor líquido a receber.

Na contabilidade em que houver lançamento pela soma total das notas fiscais, faturas ou recibos de prestação de serviços e pela soma total da retenção, por mês, por contratante, a empresa contratada deverá manter em registros auxiliares a discriminação desses valores, por contratante.

14. OBRIGAÇÕES DA EMPRESA CONTRATANTE

A empresa contratante fica obrigada a manter em arquivo, por empresa contratada, em ordem cronológica e à disposição da RFB, até que ocorra a prescrição relativa aos créditos decorrentes das operações a que se refiram as notas fiscais, faturas ou recibos de prestação de serviços.

Deverá, ainda, a contratante obrigada a manter escrituração contábil formalizada, registrar, mensalmente, em contas individualizadas, todos os fatos geradores de contribuições sociais, inclusive a retenção sobre o valor dos serviços contratados.

O lançamento da retenção na escrituração contábil deverá discriminar:

a) o valor bruto dos serviços;

b) o valor da retenção; e

c) o valor líquido a pagar.

Na contabilidade em que houver lançamento pela soma total das notas fiscais, das faturas ou dos recibos de prestação de serviços e pela soma total da retenção, por mês, por contratada, a empresa contratante deverá manter em registros auxiliares a discriminação desses valores, individualizados por contratada.

Se a empresa contratante estiver legalmente dispensada da apresentação da escrituração contábil, deverá elaborar demonstrativo mensal, assinado pelo seu representante legal, relativo a cada contrato, contendo as seguintes informações:

a) a denominação social e o CNPJ da contratada;

b) o número e a data da emissão da nota fiscal, da fatura ou do recibo de prestação de serviços;

c) o valor bruto, a retenção e o valor líquido pago relativo à nota fiscal, à fatura ou ao recibo de prestação de serviços; e

d) a totalização dos valores e sua consolidação por obra de construção civil e por estabelecimento da contratada, conforme o caso.

CAPÍTULO 6
AFERIÇÃO INDIRETA

A aferição indireta é o método ou procedimento do qual dispõe a Receita Federal do Brasil (RFB) para apurar o valor da mão de obra, base de cálculo das contribuições previdenciárias, quando comprovadamente:

a) a fiscalização constatar que a contabilidade da empresa ou estabelecimento não registra o movimento real da remuneração dos segurados a seu serviço, da receita ou do faturamento e do lucro;

b) a empresa, o empregador doméstico ou o segurado recusar-se a apresentar qualquer documento ou sonegar informação ou apresentá-los sem que preencham as formalidades legais, ou quando contenham informação diversa da realidade ou, ainda, que omitam informação verdadeira;

c) faltar prova regular e formalizada do montante dos salários pagos pela execução de obra de construção civil;

d) as informações prestadas ou os documentos expedidos pelo sujeito passivo não merecerem fé em face de outras informações ou outros documentos de que disponha a fiscalização, como, por exemplo:

- omissão de receita ou de faturamento verificada por intermédio de subsídio à fiscalização;

- dados coletados junto à Justiça do Trabalho, Superintendência Regional do Trabalho e Emprego ou em outros órgãos, em confronto com a escrituração contábil, registro de empregados ou outros elementos em poder do sujeito passivo;

- constatação da impossibilidade de execução do serviço contratado, tendo em vista o número de segurados constantes na documentação da empresa, mediante confronto desses documentos com as respectivas notas fiscais, faturas, recibos ou contratos.

No caso do item "c", será considerada prova regular e formalizada a escrituração contábil em livro Diário e Razão.

A RFB tem a competência exclusiva para escolher o indicador mais apropriado para a avaliação do custo da construção civil e a regulamentação da sua utilização para fins da apuração da remuneração da mão de obra, por aferição indireta.

I. APURAÇÃO DA REMUNERAÇÃO DA MÃO DE OBRA COM BASE NA NOTA FISCAL, NA FATURA OU NO RECIBO DE PRESTAÇÃO DE SERVIÇOS

O valor da remuneração da mão de obra utilizada na execução dos serviços de construção civil, aferidos indiretamente corresponde, no mínimo, a 40% valor dos serviços contidos na nota fiscal, na fatura ou no recibo de prestação de serviços. No caso de trabalho temporário, o percentual é de 50%.

Se o contrato contiver previsão de fornecimento de material ou de utilização de equipamento ou de ambos, na execução dos serviços contratados, o valor dos serviços contidos na nota fiscal, na fatura ou no recibo de prestação de serviços será apurado da seguinte forma:

a) caso haja previsão contratual de fornecimento de material ou de utilização de equipamento próprio ou de terceiros, exceto os equipamentos manuais para a execução dos serviços, se os valores de material ou equipamento estiverem estabelecidos no contrato, ainda que não discriminados na nota fiscal, fatura ou recibo, o valor da remuneração da mão de obra utilizada na prestação de serviços, corresponde, no mínimo, ao percentual de:

- 40% do valor dos serviços constante da nota fiscal, fatura ou recibo de prestação de serviços;

- 20% nas operações de transporte de cargas ou passageiros, aplicados sobre o valor bruto da nota fiscal, da fatura ou do recibo de prestação de serviços;

- 26% ou 32% quando se tratar de serviços de limpeza hospitalar ou nos demais casos de limpeza, respectivamente, aplicados sobre o valor bruto da nota fiscal, da fatura ou do recibo de prestação de serviços;

– 50% do valor dos serviços constantes da nota fiscal, fatura ou recibo, no caso de trabalho temporário.

Quando o contrato estabelecer o fornecimento de material ou utilização de equipamento próprio ou de terceiros, exceto o equipamento manual, para execução do serviço e os valores desses não estiverem discriminados no contrato nem na nota fiscal, fatura ou recibo, o valor do serviço corresponderá, no mínimo, a 50% do valor bruto da nota fiscal, fatura ou recibo, aplicando-se para fins de aferição da remuneração da mão de obra utilizada os percentuais anteriormente mencionados.

Havendo discriminação de valores de material ou de utilização de equipamento na nota fiscal, fatura ou recibo de prestação de serviços, mas não existindo previsão contratual de seu fornecimento, o valor dos serviços será o valor bruto da nota fiscal, fatura ou recibo, aplicando-se para fins de aferição da remuneração da mão de obra os percentuais anteriormente mencionados.

Se a utilização de equipamento for inerente à execução dos serviços contratados, ainda que não esteja previsto em contrato, o valor do serviço corresponderá a 50% do valor bruto da nota fiscal, fatura ou recibo de prestação de serviços, aplicando-se para fins de aferição da remuneração da mão de obra utilizada na prestação de serviços os percentuais mencionados no parágrafo anterior.

2. AFERIÇÃO NA CONSTRUÇÃO CIVIL
2.1 AFERIÇÃO NA PRESTAÇÃO DE SERVIÇOS DE CONSTRUÇÃO

Na prestação dos serviços de construção civil a seguir relacionados, havendo ou não previsão contratual de utilização de equipamento próprio ou de terceiros, o valor da remuneração da mão de obra utilizada na execução dos serviços não será inferior à quantia obtida mediante a aplicação dos seguintes percentuais respectivamente estabelecido para cada um desses serviços, aplicados sobre o valor bruto da nota fiscal/fatura/recibo de prestação dos serviços:

a) terraplenagem e dragagem – 6%;
b) drenagem – 20%;

c) demais serviços realizados com utilização de equipamentos, exceto manuais, desde que inerentes à prestação dos serviços – 14%.

Quando na mesma nota fiscal, fatura ou recibo de prestação de serviços constar a execução de mais de um dos serviços acima relacionados, cujos valores não constem individualmente discriminados na nota fiscal, fatura ou recibo, deverá ser aplicado o percentual correspondente a cada tipo de serviço, conforme disposto em contrato, ou o percentual maior, se o contrato não permitir identificar o valor de cada serviço.

2.2 SERVIÇO ELETRÔNICO PARA AFERIÇÃO DE OBRAS – SERO

A Instrução Normativa RFB nº 2.021/2021 disciplina os critérios e procedimentos a serem observados na aferição da mão de obra na execução de obra de construção civil, conforme exposto a seguir.

As informações necessárias à aferição da remuneração da mão de obra utilizada na execução de obra de construção civil são fornecidas por meio do Serviço Eletrônico para Aferição de Obras – Sero.

Serão realizados por meio deste serviço:

a) aferição para fins de regularização de obra perante a RFB, inclusive de obra executada sem utilização de mão de obra remunerada;

b) cálculo das contribuições previdenciárias e das contribuições de terceiros (entidades ou fundos) incidentes sobre o valor da remuneração da mão de obra utilizada na execução de obra, aferidas de forma indireta;

c) emissão da DCTFWeb Aferição de Obras; e

d) a prestação de informações necessárias para a emissão das: Certidão Negativa de Débitos relativos a Tributos Federais e à Dívida Ativa da União – CND; Certidão Positiva de Débitos relativos a Tributos Federais e à Dívida Ativa da União – CPD; ou Certidão Positiva com Efeitos de Negativa de Débitos relativos a Tributos Federais e à Dívida Ativa da União – CPEND.

Entretanto, o Sero não será utilizado nas seguintes hipóteses:

a) serviços de construção destacados no Anexo VII da Instrução Normativa RFB nº 971/2009, com a expressão "(SERVIÇO)" ou "(SERVIÇOS)", independentemente da forma de contratação;

b) obra cujo proprietário do imóvel ou dono seja pessoa física, não possua outro imóvel e a construção seja residencial, unifamiliar, tenha área total não superior a 70 metros quadrados, seja destinada a uso próprio, do tipo econômico ou popular e executada sem mão de obra remunerada;

c) reforma de pequeno valor.

2.2.1 REGULARIZAÇÃO DA OBRA – RESPONSÁVEIS

Quando a obra for executada diretamente ou por terceiros, os responsáveis pela sua regularização são:

a) a pessoa física ou jurídica proprietária do imóvel onde a obra foi edificada;

b) o dono da obra, pessoa física ou jurídica que exerça a posse sobre o imóvel onde a obra foi edificada, na condição de promitente-comprador, cessionário ou promitente-cessionário de direitos, locatário, comodatário, arrendatário, enfiteuta, usufrutuário ou outra forma definida em lei;

c) o incorporador;

d) o condômino da unidade imobiliária não incorporada;

e) o condômino da construção em condomínio, realizada em imóvel objeto de incorporação imobiliária;

f) a empresa construtora, quando contratada para execução de obra por empreitada total;

g) a sociedade líder do consórcio, no caso de contrato para execução de obra de construção civil mediante empreitada total celebrado em nome das sociedades consorciadas; e

h) o consórcio, no caso de contrato para execução de obra de construção civil mediante empreitada total celebrado em seu nome.

Se a obra for executada mediante contrato por administração, situação em que a empresa contratada somente administra a obra, a responsabilidade pela obra é do contratante.

2.2.2 RESPONSÁVEIS PELO RECOLHIMENTO DAS CONTRIBUIÇÕES PREVIDENCIÁRIAS

São responsáveis pelas contribuições previdenciárias incidentes sobre a remuneração da mão de obra utilizada na execução de obra de construção civil, além dos mencionados no subitem anterior, a empresa contratada para execução de obra mediante empreitada parcial ou subempreitada, em relação aos trabalhadores que atuarem na obra.

Também é responsável a pessoa física que executar obra de construção civil, em relação à remuneração paga, devida ou creditada aos trabalhadores que lhe prestam serviços na obra.

A pessoa jurídica responsável por obra de construção civil deverá também efetuar a escrituração contábil relativa à obra, por meio de lançamentos em centros de custo distintos para cada obra própria ou que executar mediante contrato de empreitada total e realizar o lançamento contábil da retenção previdenciária incidente sobre o valor da nota fiscal, da fatura ou do recibo de prestação de serviços.

Os contribuintes adiante relacionados ficam desobrigados de manter escrituração contábil relativamente à obra sob sua responsabilidade:

a) a pessoa física que executar obra de construção civil na condição de proprietário do imóvel ou de dono da obra;

b) o pequeno empresário; e

c) a pessoa jurídica tributada com base no lucro presumido e a pessoa jurídica optante pelo Simples Nacional, desde que escriturem Livro Caixa e Livro de Registro de Inventário.

2.2.3 APURAÇÃO DAS CONTRIBUIÇÕES NA EXECUÇÃO DA OBRA

O valor da remuneração da mão de obra utilizada na execução de obra, base da incidência das contribuições previdenciárias e as destinadas a terceiros, será calculado com base nos valores pagos, devidos ou creditados aos trabalhadores, registrados na escrituração contábil regular e formalizada, ou por aferição indireta.

No caso de aferição indireta, a apuração será feita:

a) com base no contrato de empreitada e na nota fiscal, na fatura ou no recibo de prestação de serviços, para obras não prediais; ou

b) com base na área, destinação, categoria e tipo da obra, para obra caracterizada como edificação.

> Mesmo que a pessoa jurídica tenha contabilidade formal e regular, poderá optar pela apuração das contribuições devidas por aferição indireta.

2.3 AFERIÇÃO COM BASE NA NOTA FISCAL, FATURA OU RECIBO DE PRESTAÇÃO DE SERVIÇOS

As contribuições previdenciárias a cargo da empresa e as destinadas a terceiros devidas em razão da execução de obra, serão feitas mediante aplicação, sobre o valor da remuneração calculada com base nas notas fiscais, faturas ou recibos ou com base na área, destinação, categoria e tipo da obra, dos seguintes percentuais:

a) 20% sobre o total das remunerações pagas, devidas ou creditadas a empregados, trabalhadores avulsos e contribuintes individuais e 1%, 2% ou 3% para o financiamento dos benefícios concedidos em razão do grau de incidência de incapacidade laborativa decorrentes dos riscos ambientais do trabalho;

b) da alíquota de 5,8% para terceiros, prevista no quadro 1 do art. 109C da Instrução Normativa RFB nº 971/2009;

c) 8%, sem limites, para a contribuição dos trabalhadores da obra;

d) Na aferição indireta com base na nota fiscal, na fatura ou no recibo de prestação de serviços emitidos com base no contrato de empreitada, as alíquotas mencionadas incidirão sobre a diferença entre a Remuneração da Mão de Obra Total (RMT) e as remunerações passíveis de aproveitamento.

A remuneração da mão de obra corresponde a 40% do valor dos serviços constantes da nota fiscal, da fatura ou do recibo de prestação de serviços.

Havendo previsão contratual de fornecimento de material ou de utilização de equipamento próprio ou de terceiros pela contratada, exceto equipamentos manuais, a remuneração da mão de obra utilizada na prestação dos serviços será determinada mediante aplicação do percentual de 40% sobre o valor dos serviços, a ser apurado da seguinte forma:

a) se o valor de materiais ou de equipamentos estiver estabelecido no contrato ou discriminado na nota fiscal, na fatura ou no recibo, o valor dos serviços corresponderá à diferença entre o valor total de cada nota fiscal, fatura ou recibo de prestação de serviços e o valor referente a materiais e equipamentos estabelecido com base no contrato ou na nota fiscal, na fatura ou no recibo de prestação de serviços, observado que:

- quando o uso de equipamentos, exceto manuais, for inerente à execução dos serviços contratados, a remuneração apurada não poderá ser inferior à remuneração calculada conforme a seguir:

- pavimentação asfáltica: 4%;

- terraplenagem, aterro sanitário e dragagem: 6%;

- obras de arte (pontes ou viadutos): 18%;

- drenagem: 20%; e

- demais serviços realizados com a utilização de equipamentos, exceto os manuais, desde que seu uso seja inerente à execução dos serviços contratados: 14%.

Para tanto, entende-se como contrato, além do contrato propriamente dito, os respectivos termos aditivos e os anexos contratuais definidos em cláusula nele expressa, tais como as medições realizadas pelo contratante, o cronograma financeiro e o edital de licitação;

b) se o valor de materiais ou de equipamentos não estiver estabelecido no contrato, nem discriminado na nota fiscal, na fatura ou no recibo de prestação de serviços o valor dos serviços corresponderá a 50% do valor bruto da nota fiscal, da fatura ou do recibo de prestação de serviços, observadas as exceções.

c) se não houver previsão contratual de fornecimento de material ou de utilização de equipamento próprio ou de terceiros para a execução dos serviços, independentemente de haver ou não discriminação de valores dos mesmos na nota fiscal, na fatura ou no recibo de prestação de serviços, a remuneração da mão de obra utilizada será apurada mediante aplicação de 40% sobre o valor dos serviços, que corresponderá ao valor bruto da nota fiscal, da fatura ou do recibo de prestação de serviços, observadas as exceções.

Se a obra não predial ou a reforma de edificação for realizada com utilização de mão de obra contratada diretamente por pessoa jurídica sem contabilidade regular ou por pessoa física, na condição de proprietário, dono da obra ou incorporador, será considerado para fins de apuração do valor do serviço, ao qual será aplicado o percentual de 40%, o valor constante de orçamento datado, fornecido por escrito por empresa situada na mesma unidade da federação do endereço da obra e que tenha habilitação para a execução do serviço orçado observadas as determinações da Instrução Normativa RFB nº 2.021/2021.

Nas obras de construção civil que envolvam a prestação dos serviços a seguir relacionados, havendo ou não previsão contratual de utilização de equipamento próprio ou de terceiros, exceto equipamentos manuais, o valor da remuneração da mão de obra utilizada na execução dos serviços não poderá ser inferior ao percentual respectivamente estabelecido para cada um desses serviços, aplicado sobre o valor bruto da nota fiscal, da fatura ou do recibo de prestação de serviços:

a) pavimentação asfáltica: 4%;

b) terraplenagem, aterro sanitário e dragagem: 6%;

c) obras de arte (pontes ou viadutos): 18%;

d) drenagem: 20%; e

e) demais serviços realizados com a utilização de equipamentos, exceto os manuais, desde que seu uso seja inerente à execução dos serviços contratados: 14%.

Se na mesma nota fiscal, fatura ou recibo de prestação de serviços constar a execução de mais de um dos serviços relacionados e não houver discriminação individual do valor de cada serviço, deverá ser aplicado o percentual correspondente a cada tipo de serviço conforme disposto em contrato, ou o percentual maior, se o contrato não permitir identificar o valor de cada serviço.

2.4 AFERIÇÃO INDIRETA COM BASE NA ÁREA, NA DESTINAÇÃO, NA CATEGORIA E NO TIPO DA OBRA

Na aferição indireta com base na área construída, reformada ou demolida, na destinação, na categoria e no tipo da obra, a base de cálculo para aplicação das alíquotas cabíveis será a diferença obtida entre a RMT e as remunerações passíveis de aproveitamento.

Para apuração da RMT, a obra deverá ser enquadrada em uma ou mais das seguintes destinações:

a) projeto residencial unifamiliar;

b) projeto residencial multifamiliar, que abrange as seguintes construções:

- edifício residencial;
- hotel, motel, Serviço Personalizado de Atendimento (SPA) e hospital;
- áreas comuns do conjunto habitacional horizontal ou do condomínio de lotes residenciais com exceção do estacionamento térreo situado fora da área de projeção de edificação que integre aquelas áreas; e
- conjunto habitacional popular, cuja área total construída ultrapasse 70 m² por unidade habitacional;

c) projeto comercial – salas e lojas, que compreende:

- os imóveis cujo pavimento-tipo seja composto de *hall* de circulação, escada, elevador, andar com pilares ou paredes divisórias de alvenaria e sanitários privativos por andar ou por sala, que incluam ou não pavimentos usados como garagem ou estacionamento;
- os imóveis cujo pavimento-tipo seja composto de *hall* de circulação, escada, elevador e andar corrido sem a existência de pilares, de vigas ou de qualquer elemento de sustentação no vão, com sanitários privativos por andar, que incluam ou não pavimentos usados como garagem ou estacionamento;
- as áreas de posto de gasolina, com exceção do estacionamento térreo situado fora da área de projeção da edificação principal; e
- o edifício de garagens, assim considerada a edificação dotada de rampas ou elevadores, destinada à exploração comercial do estacionamento de veículos;

d) projeto galpão industrial, que inclui:

- os imóveis compostos de galpão, com ou sem área administrativa, banheiros, vestiário e depósito;
- pavilhão industrial;

- oficina mecânica;
- pavilhão para feiras, eventos ou exposições;
- depósito fechado;
- telheiro ou galpão rural;
- silo, tanque ou reservatório;
- barracão de uso comercial ou industrial;
- hangar;
- ginásio de esportes e estádio de futebol;
- estábulo; e
- estacionamento e garagem térreos, desde que sejam obra única ou, não o sendo, não estejam inseridos no corpo principal a que servem; e

e) projeto de interesse social, para os imóveis que se destinam a:
- casa popular; e
- conjunto habitacional popular, cuja área total construída não seja superior a 70 m² por unidade habitacional.

A obra será enquadrada em um dos projetos mencionados com base na finalidade do imóvel ou nas características específicas do projeto que melhor a represente, observados ainda as demais determinações da Instrução normativa RFB nº 2.021/2021.

O valor atualizado unitário – VAU, que é utilizado pelo Sero para apuração do custo da obra a ser aplicado por destinação, será apurado da seguinte forma:

a) no mês da implantação do Sero, o VAU de cada destinação corresponderá à média dos valores dos padrões de construção constantes na tabela correlata do CUB, aplicada na capital da unidade da federação onde se localiza a obra, divulgada pelos Sinduscon no mês anterior, acrescida de 1%;

b) nos meses seguintes, a tabela VAU será atualizada mensalmente pela variação percentual mensal do custo médio por metro quadrado do Brasil, apurado pelo IBGE por meio do Sinapi, no mês anterior ao da divulgação da tabela VAU;

c) os valores a serem utilizados na tabela VAU referentes a janeiro de cada ano serão revistos de acordo com a variação do CUB da capital correspondente no ano imediatamente anterior ao de apuração; e

d) se não houver divulgação do CUB da capital de alguma unidade da federação, será utilizado o CUB da capital de unidade da federação adjacente.

Definido o VAU a ser utilizado a partir das tabelas VAU vigentes no mês de realização da aferição, apura-se o Custo da Obra por Destinação (COD), que é o resultado da multiplicação do VAU aplicável, por destinação, pela correspondente área equivalente e pela área complementar submetida às reduções.

A área equivalente resulta da aplicação dos seguintes percentuais de equivalência:

a) às áreas principais com destinação residencial unifamiliar:

– quando a totalidade dessas áreas não ultrapassar 1.000 m^2: 89%; e

– quando a totalidade dessas áreas for maior que 1.000 m^2: 85%;

b) às áreas principais com destinação residencial multifamiliar:

– quando a totalidade dessas áreas não ultrapassar 1.000 m^2: 90%;

– quando a totalidade dessas áreas for maior que 1.000 m^2: 86%;

c) às áreas principais com destinação comercial – salas e lojas:

– quando a totalidade dessas áreas não ultrapassar 3.000 m^2: 86%; e

– quando a totalidade dessas áreas for maior que 3.000 m^2: 83%;

d) às áreas principais com destinação galpão industrial, independentemente da metragem dessas áreas: 95%;

e) à área principal da destinação casa popular, independentemente da metragem dessa área, observado que a área total do projeto não poderá ser superior a 70 m²: 98%; e

f) à área principal do conjunto habitacional popular enquadrado na destinação projeto de interesse social, independentemente da metragem dessa área, observado que a área total do projeto não poderá ser superior a 70 m² por unidade habitacional: 98%.

Os percentuais de equivalência serão aplicados de acordo com a metragem total das áreas principais da destinação a que correspondam, independentemente da categoria da obra, incluindo as áreas concluídas em período decadencial, sem levar em consideração a área existente.

A área equivalente apurada compreende as seguintes áreas, independentemente de comporem o corpo principal do imóvel:

a) pilotis;

b) quiosque;

c) área aberta destinada à churrasqueira;

d) terraço ou área descoberta sobre lajes;

e) varanda ou sacada;

f) caixa d'água;

g) casa de máquinas;

h) guarita ou portaria;

i) garagem e estacionamento térreos inseridos no corpo principal a que servem; e

j) as demais áreas que complementam a edificação principal e que não estejam especificadas como áreas complementares.

As áreas complementares sofrerão redução de 50%, quando forem áreas cobertas, ou de 75%, quando forem áreas descobertas, observado que são consideradas áreas complementares as seguintes construções, que complementam a construção principal:

a) quadra esportiva ou poliesportiva;

b) piscina;

c) garagem e estacionamento térreos, localizados fora da área de projeção do corpo principal; e

d) nos postos de gasolina, a área coberta sobre as bombas, a área para lavagem de veículos, desde que não faça parte do corpo principal, a área destinada à circulação de veículos e as áreas mencionadas na alínea "c".

Não havendo discriminação das áreas complementares no projeto arquitetônico, o responsável pela aferição da obra deverá informar tais áreas como sendo principais de modo que o cálculo seja efetuado sem as reduções.

Para fins de apuração da RMT, sobre o COD, aplicam-se os percentuais a seguir, definidos conforme o tipo da obra, considerando o material empregado na construção ou na reforma da edificação ou que foi utilizado na construção da obra a ser demolida:

a) 20%, para obras do tipo alvenaria;

b) 15% para obras do tipo madeira ou do tipo mista;

c) 12% para obras do tipo alvenaria enquadradas na destinação projeto de interesse social; e

d) 7%, para obra do tipo madeira ou do tipo mista enquadradas na destinação projeto de interesse social.

As áreas principais e complementares da obra, de acordo com a respectiva categoria e destinação, serão enquadradas:

a) no tipo mista quando:
  - as paredes externas ou a estrutura da edificação forem de madeira, metal ou de material pré-fabricado ou pré-moldado; ou
  - a edificação for do tipo rústico, sem fechamento lateral, ou lateralmente fechada apenas com tela e mureta de alvenaria;

b) no tipo madeira, se as paredes externas e a estrutura da edificação forem de madeira; ou

c) no tipo alvenaria, quando a área não puder ser classificada no tipo madeira ou mista.

Para a correta classificação no tipo madeira ou mista, deverão ser observados os seguintes critérios:

a) a classificação no tipo madeira ou mista levará em conta unicamente o material das paredes externas ou da estrutura, independentemente do material utilizado na cobertura, no alicerce, no piso ou na repartição interna;

b) a utilização de lajes pré-moldadas ou pré-fabricadas não deverá ser considerada para efeito de classificação no tipo mista; e

c) para comprovar a classificação no tipo madeira ou mista, poderão ser exigidos pela RFB:

– o projeto aprovado pelo órgão municipal responsável ou outro documento por ele expedido que confirme a classificação adotada; e

– as notas fiscais de aquisição da madeira, da estrutura ou das paredes externas de metal, pré-fabricadas ou pré-moldadas.

A remuneração devida conforme a destinação da obra, poderá sofrer reduções em decorrência da aplicação do fator social, da utilização de materiais pré-fabricados ou pré-moldados, da categoria da obra e da destinação específica do imóvel.

Para fins de apuração da RMT, nas obras sob responsabilidade de pessoas físicas, incidirá o fator social, mediante aplicação à remuneração devida por categoria de obra, independentemente da destinação e da área construída preexistente, dos seguintes percentuais:

a) 20% para a categoria de obra cujo total das respectivas áreas principais e complementares não exceda a 100 m^2;

b) 40% para a categoria de obra cujo total das respectivas áreas principais e complementares seja superior a 100 m^2, mas não ultrapasse 200 m^2;

c) 55% para a categoria de obra cujo total das respectivas áreas principais e complementares seja superior a 200 m^2, mas não ultrapasse 300 m^2;

d) 70% para a categoria de obra cujo total das respectivas áreas principais e complementares seja superior a 300 m^2, mas não ultrapasse 400 m^2; e

e) 90% para a categoria de obra cujo total das respectivas áreas principais e complementares seja superior a 400 m².

Nas obras de construção civil em que sejam utilizados componentes pré-fabricados ou pré-moldados, o valor da remuneração devida, que comporá a base de cálculo das contribuições sobre a obra, sofrerá redução de 70%, desde que atendidas as seguintes condições:

a) sejam informados no Sero, nos termos estabelecidos na Instrução Normativa RFB nº 2.021/2021 e apresentados, quando solicitado, os seguintes documentos:

- a nota fiscal ou a fatura mercantil de venda do material pré-fabricado ou do pré-moldado e a nota fiscal ou fatura de prestação de serviços, emitidas pelo fabricante, relativas à aquisição e à instalação ou à montagem do material pré-fabricado ou do pré-moldado;
- a nota fiscal ou a fatura mercantil do fabricante ou do estabelecimento comercial, relativas à venda do material pré-fabricado ou do pré-moldado, e as notas fiscais, faturas ou recibos de prestação de serviços emitidos pela contratada para realizar a instalação ou a montagem; ou
- a nota fiscal ou a fatura mercantil do fabricante, se a venda foi realizada com instalação ou montagem; e

b) o somatório dos valores brutos das notas fiscais, das faturas ou dos recibos de prestação de serviços, em cada competência, atualizados pela aplicação da Selic até o mês anterior ao da transmissão da DCTFWeb Aferição de Obras, acrescida de mais 1% no mês da transmissão, seja igual ou superior a 40% do COD.

Quanto à categoria da obra, a remuneração devida, para fins de composição da base de cálculo das contribuições incidentes na execução de obra, sofrerá redução:

a) de 90%, no caso de demolição; ou
b) de 65%, no caso de reforma.

Nas obras categorizadas como obra nova ou acréscimo não haverá redução do valor da remuneração devida para fins de cálculo das contribuições.

O edifício de garagens será enquadrado como obra de destinação comercial e terá redução de 20% no valor da remuneração devida para fins de cálculo das contribuições.

As reduções são cumulativas.

Serão deduzidas da RMT calculada e submetida às reduções mencionadas, as remunerações passíveis de aproveitamento.

2.5 APROVEITAMENTO DE REMUNERAÇÕES VINCULADAS À OBRA

Se existir, em relação à obra, contribuição constituída por declaração, o valor da remuneração da mão de obra correspondente será atualizado pela taxa de juros Selic acumulada mensalmente a partir do 2º mês subsequente à competência à qual se refere a declaração até o mês anterior ao da transmissao da DCTFWeb Aferição de Obras, acrescida de mais 1% no mês da transmissão, e aproveitada como dedução da remuneração apurada indiretamente.

Pode ser aproveitada, também, a remuneração vinculada à obra informada ao eSocial, quando na data da conclusão da aferição ainda não tiver sido transmitida a respectiva DCTFWeb em razão do prazo previsto para sua apresentação.

As contribuições previdenciárias incidentes sobre a remuneração declarada para o contribuinte individual contratado para prestar serviços à obra, enquadrado como trabalhador autônomo ou como MEI de acordo com a tabela de categorias de trabalhadores aplicável, serão aproveitadas para deduzir as seguintes contribuições, apuradas na aferição:

a) a contribuição patronal de 20%, devida na contratação do MEI para prestar serviços de construção civil de hidráulica, eletricidade, pintura, alvenaria e carpintaria; e

b) a contribuição patronal de 20%, devida na contratação do contribuinte individual da categoria de trabalhador autônomo, quer seja o contratante pessoa física ou jurídica, e, quando o contratante for pessoa jurídica, o valor correspondente a 11% da remuneração devida, a título de contribuição de segurado.

Entre outras, poderão também ser aproveitadas, desde que tenham vinculação com a obra e estejam compreendidas no período da aferição:

a) a remuneração relativa à mão de obra própria, inclusive a referente ao 13º salário, informada na folha de pagamento referente à obra, elaborada de acordo com as especificações do eSocial, desde que a contribuição sobre ela incidente tenha sido declarada em DCTFWeb; e

b) a remuneração relativa à mão de obra terceirizada, informada na folha de pagamento da empreiteira ou da subempreiteira contratadas, elaborada de acordo com as especificações do eSocial, com transmissão da DCTFWeb correspondente, sem prejuízo da exigência, quando for o caso, da retenção realizada com base nas notas fiscais, nas faturas ou nos recibos de prestação de serviços emitidos pela empreiteira contratada diretamente pelo responsável pela obra ou pela subempreiteira contratada por empreiteiro interposto.

A remuneração relativa à mão de obra própria ou terceirizada utilizada na obra abrange a que foi paga, devida ou creditada ao empregado, ao contribuinte individual enquadrado como trabalhador autônomo e ao MEI contratado para prestar serviços de hidráulica, eletricidade, pintura, alvenaria ou carpintaria.

Se houver utilização de concreto usinado, argamassa usinada ou de massa asfáltica na obra, será aproveitada como dedução da remuneração da mão de obra devida a remuneração correspondente a 5% do valor equivalente ao COD de cada área sob aferição, calculado com base no VAU vigente na competência da aferição, ajustado pelos percentuais definidos na Instrução Normativa RFB nº 2.021/2021.

2.6 CASA POPULAR – INEXISTÊNCIA DE CONTRIBUIÇÕES A RECOLHER

Não será devida nenhuma contribuição previdenciária em relação à obra de construção civil que atenda às seguintes condições:

a) o proprietário do imóvel ou o dono da obra seja pessoa física, não possua outro imóvel e a construção:

– seja residencial e unifamiliar;

– tenha área total não superior a 70 m²;

– seja destinada a uso próprio;

– seja do tipo econômico ou popular; e

– seja executada sem mão de obra remunerada;

b) seja destinada a uso próprio e tenha sido realizada por intermédio de trabalho voluntário, não remunerado, prestado por pessoa física a entidade pública de qualquer natureza ou a instituição privada sem fins lucrativos que tenha objetivos cívicos, culturais, educacionais, científicos, recreativos ou de assistência à pessoa;

c) a edificação seja destinada a conjunto habitacional popular, independentemente da área total construída, na qual não tenha sido utilizada mão de obra remunerada. Não descaracteriza esta condição a remuneração do engenheiro, do arquiteto, do assistente social ou do mestre de obras contratados para o acompanhamento e a supervisão da obra, hipótese em que o responsável pela obra deverá comprovar o recolhimento das contribuições sociais incidentes sobre as referidas remunerações, inclusive das destinadas a outras entidades ou fundos;

d) seja executada por entidade beneficente ou religiosa, destinada a uso próprio, realizada por intermédio de trabalho voluntário não remunerado.

Caso seja verificado o descumprimento de qualquer das mencionadas condições ou constatada a utilização de mão de obra remunerada, serão devidas as contribuições sociais correspondentes à remuneração da mão de obra empregada na obra, sem prejuízo das cominações legais cabíveis.

Essas determinações não são aplicadas aos incorporadores.

O responsável pela obra executada sem a utilização de mão de obra remunerada de que tratam as letras "b" a "d", deverá prestar as informações necessárias por meio do Sero e realizar a aferição de acordo com a escrituração contábil formalizada, cuja prova deverá ser apresentada, quando solicitada pela RFB, juntamente com os documentos exigidos.

Para comprovar a não ocorrência de fato gerador de contribuições previdenciárias e de terceiros, o responsável pela obra deverá manter na obra, durante a sua execução e após o seu término, arquivados e à disposição da RFB, pelo prazo decadencial, os seguintes documentos:

a) no caso de obra destinada a uso próprio (letra b), o termo de adesão, relativo a cada colaborador que preste serviços sem remuneração, na qual deverá constar o endereço, o número de inscrição no CNO da obra, o nome, o número do Registro Geral (RG), o número de inscrição no Cadastro de Pessoas Físicas (CPF) ou o Número de Inscrição do Trabalhador (NIT), o endereço residencial completo, a função e as condições sob as quais prestou o serviço;

b) no caso de obra de conjunto habitacional popular (letra c) e executada por entidade beneficente ou religiosa, para uso próprio (letra d), a relação de colaboradores, na qual deverá constar o endereço, o número de inscrição no CNO da obra, o nome, o número do RG, o número do CPF ou do NIT, o endereço residencial completo, a função e as condições sob as quais prestou o serviço, de cada colaborador; e

Em relação ao conjunto habitacional popular, a RFB pode requerer a qualquer momento a apresentação de todos os elementos do projeto, com as especificações da forma de execução do conjunto habitacional pelo sistema de mutirão.

Demais condições relativas à obra de construção civil, tais como: meios de acesso ao Sero; responsabilidade pelas informações prestadas; DCTFWeb Aferição de Obras; aferição de parte da obra; obra realizada parcialmente em período atingido pela decadência; regularização da obra por condômino ou adquirente; inxistência de contribuições a recolher; procedimentos fiscais; auditoria etc. estão disciplinados na Instrução Normativa RFB nº 2.021/2021.

2.7 CERTIDÃO NEGATIVA DE DÉBITO DE OBRA DE CONSTRUÇÃO CIVIL

Em geral, o oficial de registro de imóveis exigirá, obrigatoriamente, a apresentação de Certidão Negativa de Debitos – CND ou de Certidão Positiva com Efeitos de Negativa de Débitos de Obra de construção Civil – CPEND, quando de sua averbação no registro de imóveis.

2.7.1 CONSTRUÇÃO CIVIL – DESONERAÇÃO DA FOLHA DE PAGAMENTO

Observar as regras da desoneração da folha de pagamento das empresas de construção civil no Capítulo 4.

CAPÍTULO 7
PRESCRIÇÃO E DECADÊNCIA

I. DECADÊNCIA

Decadência é a extinção do próprio direito por haver decorrido o prazo legal prefixado para o seu exercício. A prescrição é a extinção do direito de ação pelo seu não exercício no tempo legal.

O direito de a Receita Federal do Brasil apurar e constituir os créditos tributários (decadência), bem como o prazo de prescrição da ação para a cobrança desses créditos obedecerão às regras do Código Tributário Nacional (CTN).

Art. 173 do Código Tributário Nacional dispõe:

> "Art. 173. O direito de a Fazenda Pública constituir o crédito tributário extingue-se após 5 (cinco) anos, contados
>
> – do primeiro dia do exercício seguinte àquele em que o lançamento poderia ter sido efetuado;
>
> – da data em que se tornar definitiva a decisão que houver anulado, por vício formal, o lançamento anteriormente efetuado.
>
> .... "

O direito de a RFB constituir créditos relacionados a obras de construção civil extingue-se no prazo decadencial previsto na legislação tributária.

O interessado pode comprovar a realização de parte da obra ou da sua total execução em período abrangido pela decadência.

A data do início da obra em período atingido pela decadência poderá ser comprovada por meio da apresentação do documento mais antigo dentre os relacionados a seguir, desde que tenha vinculação com a obra e, em caso de documento particular, que este seja contemporâneo ao fato a ser comprovado:

a) comprovante de recolhimento de contribuições sociais vinculado à matrícula CEI ou CNO da obra;

b) notas fiscais de prestação de serviços;

c) recibos de pagamento a trabalhadores;

d) comprovante de ligação, ou conta de água ou de luz;

e) notas fiscais de compra de material, nas quais conste o endereço da obra como local de entrega;

f) ordem de serviço ou autorização para o início da obra, quando contratada com órgão público;

g) alvará de concessão de licença para construção; ou

h) Contrato relativo a obra, celebrado com instituição financeira em datas compreendidas no período de decadência.

A comprovação do término da obra em período decadencial é feita mediante a apresentação de:

a) habite-se, Certidão de Conclusão de Obra (CCO) ou documento equivalente;

b) um dos comprovantes de pagamento de Imposto Predial e Territorial Urbano (IPTU), em que conste a área da edificação;

c) certidão de lançamento tributário contendo o histórico do respectivo IPTU;

d) auto de regularização, auto de conclusão, auto de conservação ou certidão expedida pela prefeitura municipal que se reporte ao cadastro imobiliário da época ou registro, lançados em período abrangido pela decadência, desde que conste o respectivo número no cadastro, a área construída e a data do lançamento, passível de verificação pela RFB;

e) termo de recebimento de obra, no caso de contratação com órgão público, lavrado em período decadencial;

f) escritura de compra e venda do imóvel, em que conste a área construída, lavrada em período decadencial;

g) contrato de locação com reconhecimento de firma em cartório em data compreendida no período decadencial;

h) contrato realizado com instituição financeira em data compreendida no período decadencial em que consta a descrição do imóvel e a área construída.

A comprovação do término da obra em período atingido pela decadência, poderá ser efetuada também mediante a apresentação de, no mínimo, 3 dos seguintes documentos:

a) correspondência bancária para o endereço da edificação, emitida em período decadencial;
b) contas de telefone ou de luz, de unidades situadas no último pavimento, emitidas em período decadencial;
c) faturas de fornecimento de energia elétrica de unidades residenciais com um único pavimento, emitidas em período decadencial, desde que, comparativamente a outras faturas emitidas em período anterior ao da conclusão da obra, evidenciem a utilização da edificação;
d) faturas de serviço de telefone de unidades residenciais com um único pavimento, emitidas em período atingido pela decadência;
e) declaração de Imposto sobre a Renda comprovadamente entregue em época própria à RFB, relativa ao exercício pertinente a período decadencial, na qual conste a discriminação do imóvel, com endereço e área;
f) vistoria do corpo de bombeiros, na qual conste a área do imóvel, expedida em período decadencial;
g) planta aerofotogramétrica realizada no período abrangido pela decadência, acompanhada de laudo técnico constando a área do imóvel e a respectiva ART no CREA ou RRT no CAU.

A falta dos documentos que comprovam o término da obra em período decadencial poderá ser suprida pela apresentação de documento expedido por órgão oficial ou documento particular registrado em cartório, desde que seja contemporâneo à decadência alegada e nele conste a área construída do imóvel.

CAPÍTULO 8
RESPONSABILIDADE SOLIDÁRIA E SUBSIDIÁRIA

As pessoas que tenham interesse comum nas situações que determinam a obrigatoriedade de recolhimento de contribuições previdenciárias (fato gerador), bem como aquelas que a lei assim designar, são solidariamente responsáveis.

No aspecto previdenciário, relativamente às empresas prestadoras de serviço mediante cessão de mão de obra ou empreitada, observa-se a aplicação da responsabilidade solidária no âmbito da construção civil, sendo aplicada em casos de contrato de empreitada total, onde a empresa construtora contratada, registrada no CREA, assume a responsabilidade total pela execução da obra ou quando houver o repasse integral do contrato nas mesmas condições. No caso de repasse integral, a empresa construtora originalmente contratada e a empresa construtora para a qual foi feito o repasse são solidariamete responsáveis, além da solidariedade entre o proprietário, o dono da obra ou o incorporador e aquelas.

Mesmo nestas situações, a empresa contratante poderá elidir-se da responsabilidade solidária desde que proceda à retenção e recolhimento dos 11%, 15%, 14% ou 13%, conforme o caso, sobre o valor dos serviços prestados e a apresentação da documentação comprobatória do gerenciamento dos riscos ocupacionais. Observa-se que, neste caso, a retenção é facultativa, uma vez que o instituto da responsabilidade solidária é que é, a princípio, aplicado.

O proprietário do imóvel, o dono da obra e o incorporador, o condômino de unidade imobiliária, pessoa jurídica ou física, quando contratarem a execução de obra de construção civil por empreitada total, são solidários com as empresas construtoras pelas contribuições previdenciárias e acréscimos legais.

I. CONTRATO FIRMADO COM CONSÓRCIO DE EMPRESAS

Quando se tratar de contrato de empreitada total de obra a ser realizada por empresas reunidas em consórcio, o contratante responde solidariamente com as consorciadas pelas obrigações previdenciárias em relação às operações praticadas pelo consórcio, em nome deste ou da empresa líder.

O fato de cada consorciada executar parte distinta do projeto total, bem como realizar faturamento direta e isoladamente para contratante, não desfigura a responsabilidade solidária.

O órgão público da administração direta, a autarquia e a fundação de direito público, na contratação de obra de construção civil por empreitada total, não respondem solidariamente pelas contribuições sociais previdenciárias decorrentes da execução do contrato.

2. ENTIDADES BENEFICENTES DE ASSISTÊNCIA SOCIAL EM GOZO DE ISENÇÃO

Tais entidades, quando contratarem empresa construtora para execução de obra por empreitada total, respondem solidariamente com esta empresa apenas em relação às contribuições previdenciárias dos segurados empregados e aos respectivos acréscimos legais.

Quando a entidade em gozo de isenção executar diretamente a obra destinada a uso próprio, estará isenta de contribuição.

3. ELISÃO DA RESPONSABILIDADE SOLIDÁRIA

Na contratação de obra de construção civil mediante empreitada total, a responsabilidade solidária do proprietário do imóvel, do dono da obra, do incorporador ou do condômino da unidade imobiliária, com a empresa construtora, será elidida com a comprovação do recolhimento, conforme o caso:

a) das contribuições sociais incidentes sobre a remuneração, com base na folha de pagamento dos segurados utilizados na prestação de serviços, corroborada por escrituração contábil, se o valor recolhido for inferior ao indiretamente aferido com base nas notas fiscais, faturas ou recibos de prestação de serviços;

b) das contribuições sociais incidentes sobre a remuneração da mão de obra contida em nota fiscal ou fatura correspondente aos serviços executados, aferidas indiretamente, caso a contratada não apresente a escrituração contábil formalizada na época da regularização da obra;

c) das retenções efetuadas pela empresa contratante, com base nas notas fiscais, faturas ou recibos de prestação de serviços emitidos pela construtora contratada mediante empreitada total;

d) das retenções efetuadas com base nas notas fiscais, faturas ou recibos de prestação de serviços emitidos pelas subempreiteiras, que tenham vinculação inequívoca à obra.

CAPÍTULO 9
BENEFÍCIOS PREVIDENCIÁRIOS

A Seguridade Social se destina a assegurar o direito à saúde, à previdência e à assistência social.

A assistência social visa ao atendimento das necessidades básicas, tais como: proteção à família, à infância, à maternidade, à adolescência, à pessoa portadora de necessidades especiais e à velhice. Esta assistência é concedida ao cidadão independentemente de contribuições.

A Previdência Social, por sua vez, tem caráter contributivo e implica na filiação obrigatória do trabalhador, e compreende a assistência ao mesmo em determinadas situações como: doença, invalidez, morte, idade avançada, maternidade, desemprego involuntário, bem como assistência aos dependentes dos segurados de baixa renda e a todos os dependentes em caso de morte do segurado.

O conjunto de benefícios a que os segurados da Previdência Social fazem jus é constituído de:

a) benefícios concedidos aos segurados empregados e o trabalhador avulso:
- abono anual – devido ao segurado e aos dependentes que durante o ano recebeu auxílio por incapacidade temporária (antigo auxílio-doença), auxílio-acidente, aposen-

tadoria, pensão por morte, salário maternidade ou auxílio-reclusão;

- auxílio por incapacidade temporária (antigo auxílio-doença) – uma vez cumprida a carência exigida, quando for o caso, é concedido ao segurado que ficar incapacitado para o exercício das suas atividades por mais de 15 dias, no caso de empregado;

- auxílio-acidente – concedido como indenização, quando, após a consolidação das lesões decorrentes de acidente de qualquer natureza, resultar sequela que implique em redução da capacidade para o trabalho que habitualmente exercia;

- aposentadoria por incapacidade permanente (antiga aposentadoria por invalidez) – concedida, uma vez cumprida a carência exigida, quando for o caso, ao segurado que ficar incapacitado para o trabalho e insuscetível de recuperação para o exercício de atividade;

- aposentadoria programada – devida ao segurado que atender ao requisito de carência, idade mínima e tempo de contribuição;

- aposentadoria especial – concedida após o atendimento da carência e idade mínima, ao segurado que tiver trabalhado durante 25, 20 ou 15 anos, conforme o caso, em atividades sujeitas a condições especiais que prejudiquem a saúde ou a integridade física;

- salário-maternidade – concedido às seguradas ou segurados da previdência social, conforme o caso, em virtude de gestação e parto, aborto não criminoso, adoção de criança, ou ainda obtenção de guarda judicial para fins de adoção. Para a empregada(o), não é exigido o cumprimento de carência. Para as seguradas contribuintes individuais, a carência deve ser cumprida;

- salário-família – concedido ao segurado de baixa renda e que tenha filhos ou equiparados com até 14 anos de idade ou inválido de qualquer idade;

b) benefícios concedidos aos segurados contribuintes individuais (autônomos e empresários) e segurados facultativos:

- abono anual;
- auxílio por incapacidade temporária;
- aposentadoria por incapacidade permanente;
- aposentadoria programada;
- aposentadoria especial devida ao cooperado;
- salário-maternidade;

c) benefícios concedidos aos dependentes dos segurados:
- abono anual;
- pensão por morte;
- auxílio-reclusão;

d) benefícios concedidos aos segurados e dependentes:
- reabilitação profissional;
- abono anual.

TÍTULO IV
COOPERATIVAS

COOPERATIVAS

As cooperativas são sociedades de pessoas, com forma e natureza jurídica próprias, de natureza civil, não sujeitas à falência, constituídas para prestar serviços aos associados. Será constituída por deliberação da Assembleia Geral dos fundadores. Na sua denominação a utilização da expressão "cooperativa" é obrigatória.

São regulamentadas pela Lei nº 12.690/2012 e no que com ela não colidir, pela Lei nº 5.764/1971, e Lei nº 10.406/2002 (Código Civil).

As cooperativas poderão ter como objeto qualquer gênero de serviço, operação ou atividade, desde que previsto no seu estatuto social.

CARACTERÍSTICAS

Suas características são as a seguir relacionadas:

a) adesão voluntária, com número ilimitado de associados, salvo impossibilidade técnica de prestação de serviços;

b) variabilidade do capital social representado por cotas-partes;

c) limitação do número de cotas-partes do capital para cada associado, facultado, porém, o estabelecimento de critérios de proporcionalidade, se assim for mais adequado para o cumprimento dos objetivos sociais;

d) inacessibilidade das cotas-partes do capital a terceiros, estranhos à sociedade;

e) singularidade de voto, podendo as cooperativas centrais, federações e confederações de cooperativas, com exceção das que exerçam atividade de crédito, optar pelo critério da proporcionalidade;

f) quórum para o funcionamento e deliberação da assembleia-geral baseado no número de associados e não no capital;

g) retorno das sobras líquidas do exercício, proporcionalmente às operações realizadas pelo associado, salvo deliberação em contrário da assembleia-geral;

h) indivisibilidade dos fundos de reserva e de assistência técnica educacional e social;

i) neutralidade política e indiscriminação religiosa, racial e social;

j) prestação de assistência aos associados e, quando previsto nos estatutos, aos empregados da cooperativa;

k) área de admissão de associados limitada às possibilidades de reunião, controle, operações e prestação de serviços.

I. PRINCÍPIOS

Seus princípios são:

a) adesão voluntária e livre;

b) gestão democrática;

c) participação econômica dos membros;

d) autonomia e independência;

e) educação, formação e informação;

f) intercooperação;

g) interesse pela comunidade;

h) preservação dos direitos sociais, do valor social do trabalho e da livre iniciativa;

i) não precarização do trabalho;

j) respeito às decisões de assembleia, observado o disposto na lei;

k) participação na gestão em todos os níveis de decisão de acordo com o previsto em lei e no Estatuto Social.

As cooperativas de trabalho podem ser de dois tipos:

a) de produção, quando constituída por sócios que contribuem com trabalho para a produção em comum de bens e a cooperativa detém, a qualquer título, os meios de produção;

b) de serviço, quando constituída por sócios para a prestação de serviços especializados a terceiros, sem a presença dos pressupostos da relação de emprego.

2. CONSELHO DE ADMINISTRAÇÃO

O Conselho de Administração será composto por, no mínimo, 3 sócios, eleitos pela assembleia geral, para um prazo de gestão não superior a 4 anos, sendo obrigatória a renovação de, no mínimo, 1/3 do colegiado.

Entretanto, a cooperativa de trabalho constituída por até 19 sócios poderá estabelecer, em estatuto social, composição para o Conselho de Administração e para o Conselho Fiscal distinta da anteriormente mencionada, assegurados, no mínimo, 3 conselheiros fiscais.

3. ASSEMBLEIAS

Além da realização da assembleia geral ordinária e extraordinária para deliberar sobre os assuntos previstos na Lei nº 5.764/1971, e no Estatuto Social, a cooperativa de trabalho deverá realizar anualmente, no segundo semestre do ano, no mínimo, mais uma assembleia geral especial para deliberar, entre outros assuntos especificados no edital de convocação, sobre gestão da cooperativa, disciplina, direitos e deveres dos sócios, planejamento e resultado econômico dos projetos e contratos firmados e organização do trabalho.

O destino das sobras líquidas ou o rateio dos prejuízos será decidido em assembleia geral ordinária.

Deverá ser estabelecido em estatuto social ou regimento interno, incentivos à participação efetiva dos sócios na assembleia geral e eventuais sanções em caso de ausências injustificadas.

3.1 QUÓRUM MÍNIMO

O quórum mínimo de instalação das assembleias gerais será de:

a) 2/3 do número de sócios, em primeira convocação;

b) metade mais 1 dos sócios, em segunda convocação;

c) 50 sócios ou, no mínimo, 20% do total de sócios, prevalecendo o menor número, em terceira convocação, exigida a presença de, no mínimo, 4 sócios para as cooperativas que possuam até 19 sócios matriculados.

As decisões das assembleias serão consideradas válidas quando contarem com a aprovação da maioria absoluta dos sócios presentes.

Comprovada fraude ou vício nas decisões das assembleias, serão elas nulas de pleno direito, aplicando-se, conforme o caso, a legislação civil e penal.

A notificação dos sócios para participação das assembleias será pessoal e ocorrerá com antecedência mínima de 10 dias de sua realização. Na impossibilidade de notificação pessoal, a notificação será feita por via postal.

Na impossibilidade de realização das notificações pessoal e postal, os sócios serão notificados mediante edital afixado na sede e em outros locais previstos nos estatutos e publicado em jornal de grande circulação na região da sede da cooperativa ou na região onde ela exerça suas atividades.

4. VÍNCULO EMPREGATÍCIO

A CLT determina que qualquer que seja o ramo de atividade da sociedade cooperativa, não existe vínculo empregatício entre ela e seus associados, nem entre estes e os tomadores de serviços daquela.

É importante lembrar que, para haver a contratação regular de uma cooperativa de serviço, a empresa contratante deverá verificar se a cooperativa está legalmente constituída e se não estão presentes os pressupostos caracterizadores da relação de emprego, conforme art. 3º da CLT – pessoalidade, habitualidade e subordinação.

Se, portanto, o segurado é contratado para prestar serviço em uma determinada empresa, ainda que por intermédio da cooperativa de serviço, poderá ser caracterizado o vínculo empregatício, se houver a pessoalidade e subordinação na contratação de determinado cooperado.

Assim, não se deve confundir os empregados da cooperativa com os associados/cooperados, pois os primeiros (empregados da cooperativa) são aqueles que prestam serviços com pessoalidade, subordinação, onerosidade e permanência, nos termos do art. 3º da Consolidação das Leis do Trabalho (CLT), aos quais são aplicados a legislação trabalhista e previdenciária em vigor, ou seja, terão direito ao FGTS, férias, 13º salário, repouso semanal remunerado etc., independentemente da atividade exercida pela cooperativa.

Os cooperados não têm vínculo empregatício com a cooperativa, são trabalhadores autônomos, portanto, na relação de trabalho não se verificam os pressupostos caracterizadores do vínculo empregatício. Quanto à forma de remuneração, tudo dependerá do acordo firmado entre as partes.

5. SÓCIOS/COOPERADOS

Os sócios/cooperados são, via de regra, pessoas físicas (pode, também, haver cooperado pessoa jurídica), que em geral, possuem a mesma atividade ou profissão, com um objetivo comum e predeterminado que se unem com o propósito de exercê-las de forma mais simplificada, buscando melhores condições de trabalho, tendo a cooperativa a função de organizar e desenvolver estas atividades/profissões.

5.1 DIREITOS DOS SÓCIOS

Os sócios das cooperativas de trabalho têm os direitos a seguir relacionados, além de outros que a assembleia geral venha a instituir:

a) retiradas não inferiores ao piso da categoria profissional e, na ausência deste, não inferiores ao salário mínimo, calculadas de forma proporcional às horas trabalhadas ou às atividades desenvolvidas. A cooperativa deverá deliberar, anualmente, na assembleia geral ordinária, sobre a adoção ou não de diferentes faixas de retirada dos sócios;

b) duração do trabalho normal não superior a 8 horas diárias e 44 horas semanais, exceto quando a atividade, por sua natureza, demandar a prestação de trabalho por meio de plantões ou escalas, facultada a compensação de horários;

c) repouso semanal remunerado, preferencialmente aos domingos;

d) repouso anual remunerado;

e) retirada para o trabalho noturno superior à do diurno;

f) adicional sobre a retirada para as atividades insalubres ou perigosas; e

g) seguro de acidente de trabalho.

É vedado à cooperativa de trabalho distribuir verbas de qualquer natureza entre os sócios, exceto a retirada devida em razão do exercício de sua atividade como sócio ou retribuição por conta de reembolso de despesas comprovadamente realizadas em proveito da cooperativa.

Quando as operações entre os sócios e a cooperativa forem eventuais, não será devido repouso semanal remunerado, tampouco o repouso anual remunerado, salvo decisão em contrário da assembleia.

A cooperativa de produção poderá, em assembleia geral extraordinária, estabelecer carência para fruição dos direitos de retirada e seguro de acidente do trabalho.

As atividades identificadas com o objeto social da cooperativa de serviço, quando prestadas fora do estabelecimento da cooperativa, deverão ser submetidas a uma coordenação com mandato nunca superior a 1 ano ou ao prazo estipulado para a realização dessas atividades, eleita em reunião específica pelos sócios que se disponham a realizá-las, em que serão expostos os requisitos para sua consecução, os valores contratados e a retribuição pecuniária de cada sócio partícipe.

5.2 SAÍDA DO SÓCIO – DESLIGAMENTO

Os sócios podem se retirar a pedido, o qual compete única e exclusivamente ao associado.

Em virtude de infração legal ou estatutária ou por fato especial previsto no estatuto os associados, os sócios podem ser eliminados.

A exclusão do associado será feita:

a) por dissolução da pessoa jurídica;

b) por morte da pessoa física;

c) por incapacidade civil não suprida; ou

d) por deixar de atender aos requisitos estatutários de ingresso ou permanência na cooperativa.

A diretoria da cooperativa tem o prazo de 30 dias para comunicar ao interessado a sua eliminação, o qual poderá recorrer desta decisão à primeira assembleia geral, com efeito suspensivo.

6. FISCALIZAÇÃO

Cabe ao Ministério do Trabalho e Previdência – MTP no âmbito de sua competência, a fiscalização do cumprimento da legislação relativa às cooperativas. As penalidades serão aplicadas pela autoridade competente do MTP, de acordo com o estabelecido no Título VII da Consolidação das Leis do Trabalho (CLT).

A constituição ou utilização de cooperativa de trabalho para fraudar deliberadamente a legislação trabalhista, previdenciária e o disposto na legislação específica acarretará aos responsáveis as sanções penais, cíveis e administrativas cabíveis, sem prejuízo da ação judicial visando à dissolução da cooperativa.

7. PROGRAMA NACIONAL DE FOMENTO ÀS COOPERATIVAS DE TRABALHO (PRONACOOP)

O Programa Nacional de Fomento às Cooperativas de Trabalho (PRONACOOP), tem por objetivo promover o desenvolvimento e a melhoria do desempenho econômico e social da cooperativa de trabalho e deve apoiar:

a) a produção de diagnóstico e plano de desenvolvimento institucional para as cooperativas de trabalho dele participantes;

b) a realização de acompanhamento técnico visando ao fortalecimento financeiro, de gestão, de organização do processo produtivo ou de trabalho, bem como à qualificação dos recursos humanos;

c) a viabilização de linhas de crédito;

d) o acesso a mercados e à comercialização da produção;

e) o fortalecimento institucional, a educação cooperativista e a constituição de cooperativas centrais, federações e confederações de cooperativas;

f) outras ações que venham a ser definidas por seu Comitê Gestor no cumprimento da sua finalidade.

8. RELAÇÃO ANUAL DE INFORMAÇÕES DAS COOPERATIVAS DE TRABALHO (RAICT)

A Relação Anual de Informações das Cooperativas de Trabalho (RAICT), deverá ser preenchida pelas cooperativas de trabalho, anualmente, com informações relativas ao ano base anterior.

9. PREVIDÊNCIA SOCIAL – CONTRIBUIÇÃO PREVIDENCIÁRIA
9.1 COOPERADOS – ENQUADRAMENTO PREVIDENCIÁRIO

O cooperado associado que for eleito para cargo de direção da cooperativa, desde que receba remuneração, ou o trabalhador associado à cooperativa que, nessa qualidade, presta serviços a terceiros, ou ainda aquele que associado à cooperativa de produção e que, nesta condição, presta serviço à sociedade cooperativa mediante remuneração ajustada ao trabalho executado, são segurados obrigatórios do Regime Geral da Previdência Social (RGPS), como contribuintes individuais, e, nessa qualidade, estão sujeitos à contribuição previdenciária individual.

Se o associado for eleito para cargo de direção em cooperativa sem recebimento de remuneração decorrente dos serviços prestados à cooperativa, não será considerado segurado obrigatório (contribuinte individual), podendo proceder à sua inscrição na qualidade de segurado facultativo, desde que não esteja exercendo outra atividade remunerada que o enquadre como segurado obrigatório da Previdência Social.

9.2 CONTRIBUIÇÃO PREVIDENCIÁRIA DA COOPERATIVA

9.2.1 COM RELAÇÃO AOS SEUS EMPREGADOS

A contribuição previdenciária da cooperativa, seja ela de serviço ou de produção, em relação aos seus empregados obedecerá às regras das demais empresas, ou seja, sobre o total da folha de pagamento será calculada a parte da empresa (20% ou 22,5%, conforme o caso), mais a contribuição para o financiamento da aposentadoria especial e dos benefícios concedidos em razão do grau de incidência de incapacidade laborativa decorrente dos riscos ambientais do trabalho com percentuais de 1%, 2% ou 3%, conforme o caso, e adicional para custeio de aposentadoria especial, se for o caso, além da contribuição relativa a terceiros, de acordo com o código FPAS da empresa/cooperativa, devendo ser recolhido ainda, no documento de arrecadação, o valor descontado dos empregados.

Lembramos, porém, que as cooperativas de produção que fabricam os produtos classificados na TIPI, nos códigos do art. 8º da Lei nº 12.546/2011, na redação da Lei nº 13.670/2018, são abrangidas pela desoneração da folha de pagamento, situação em que, mediante opção, a contribuição previdenciária patronal de 20%, calculada sobre o total da folha de pagamento de empregados, trabalhadores avulsos e contribuintes individuais pode ser substituída pela aplicação da alíquota correspondente, sobre o valor da receita bruta, excluídas as vendas canceladas e os descontos incondicionais concedidos.

9.2.2 COM RELAÇÃO AOS SEUS COOPERADOS

Desde 1º.04.2003, as cooperativas de trabalho arrecadam a contribuição social dos seus associados como contribuinte individual e recolhem o valor arrecadado até o dia 20 do mês subsequente ao da competência a que se referir, ou até o dia útil imediatamente anterior se não houver expediente bancário naquele dia.

No tocante à cooperativa de produção, considerando que o contribuinte individual que presta serviço a uma ou mais empresas pode deduzir, da sua contribuição mensal, 45% da contribuição da empresa limitada essa dedução a 9% do seu salário-de-contribuição, é de 11% a alíquota a ser aplicada pela empresa/cooperativa sobre o valor da cota distribuída para efeito de desconto da contribuição previdenciária do contribuinte individual.

No que se refere à cooperativa de serviço, a alíquota a ser aplicada para a obtenção do valor da contribuição previdenciária devida pelo contribuinte individual (cooperado) que presta serviço a empresa ou a pessoa física por intermédio de cooperativa é de 20%:

   a) sobre o salário-de-contribuição, assim entendido como a remuneração auferida em uma ou mais empresas ou pelo exercício de sua atividade por conta própria, durante o mês, observado o limite máximo do salário-de-contribuição; ou

   b) sobre a remuneração do contribuinte individual que trabalha como condutor autônomo de veículo rodoviário, como auxiliar de condutor autônomo de veículo rodoviário, em automóvel cedido em regime de colaboração (Lei nº 6.094/1974), como operador de trator, máquina de terraplenagem, colheitadeira e assemelhados, equivalente ao montante de 20% do valor bruto do frete, carreto, transporte de passageiros ou do serviço prestado, observado o limite máximo do salário-de-contribuição.

Nota

O salário-de-contribuição do condutor autônomo de veículo rodoviário (inclusive o taxista), do auxiliar de condutor autônomo, do operador de trator, máquina de terraplenagem, colheitadeira e assemelhados, sem vínculo empregatício, do motorista que atua no transporte de passageiros por meio de aplicativo de transporte, e do cooperado filiado a cooperativa de transportadores autônomos, corresponde a 20% do valor bruto auferido pelo frete, carreto, transporte, vedada a dedução de valores gastos com combustível ou manutenção do veículo, ainda que discriminados no documento correspondente.

Portanto, a cooperativa de serviço deverá descontar a título de contribuição previdenciária dos cooperados que por seu intermédio prestam serviços a outras empresas o valor correspondente à aplicação da alíquota de 20%.

Assim sendo, por ocasião da distribuição da cota ou do pagamento relativos à prestação de serviço devida ao cooperado, à cooperativa deverá descontar do valor a ser pago, a título de contribuição previdenciária, a quantia equivalente à aplicação da alíquota de 11%, quando se tratar de cooperativa de produção ou 20%, no caso de cooperativa de serviço, observado o limite máximo do salário-de-contribuição, e fornecer ao cooperado o comprovante de pagamento pelo serviço prestado, consignando, além dos valores da remuneração e do desconto feito a título de contribuição previdenciária, a sua identificação completa, inclusive com o número no Cadastro Nacional de Pessoa Jurídica (CNPJ) e o número de inscrição do contribuinte individual no Instituto Nacional do Seguro Social (INSS).

Quando o total da remuneração mensal, recebida pelo contribuinte individual (cooperado) por serviços prestados a uma ou mais empresas, for inferior ao limite mínimo do salário-de-contribuição, o segurado deverá recolher diretamente a complementação da contribuição incidente sobre a diferença entre o limite mínimo do salário-de-contribuição e a remuneração total recebida, aplicando sobre a parcela complementar a alíquota de 20%. Neste caso, o recolhimento deverá ser efetuado até o dia 15 do mês seguinte ao da competência a que se referir, prorrogado caso este prazo não recaia em dia útil.

Além da obrigação anteriormente referida, a cooperativa de trabalho passou a ser obrigada, também, a proceder à inscrição do contribuinte individual no Instituto Nacional do Seguro Social (INSS), caso este ainda não seja inscrito.

Portanto, ao admitir um cooperado ou na hipótese de contratação de um contribuinte individual para lhe prestar serviços, a cooperativa deverá exigir a apresentação do comprovante da sua inscrição no Regime Geral de Previdência Social (RGPS). Caso o profissional não tenha sido inscrito, a cooperativa de trabalho deverá proceder a inscrição.

A inscrição deverá ser feita por meio do envio, com sucesso, dos eventos S-2200 e S-2300 ao eSocial.

9.2.3 COOPERATIVA DE PRODUÇÃO – ENCARGO PREVIDENCIÁRIO PATRONAL RELATIVO AOS COOPERADOS

A contribuição previdenciária a cargo da cooperativa de produção relativa aos cooperados corresponde a 20% sobre o total da remuneração paga, devida ou creditada, no decorrer do mês, a esses contribuintes individuais.

Será devida, também, a contribuição adicional de 12%, 9% ou 6%, para o financiamento da aposentadoria especial, se a atividade exercida na cooperativa sujeitar o trabalhador a condições especiais que prejudiquem a sua saúde ou a sua integridade física e permitir a concessão da aposentadoria especial após 15, 20 ou 25 anos de contribuição, respectivamente.

9.2.4 COOPERATIVAS DE SERVIÇO – ENCARGO PREVIDENCIÁRIO PATRONAL RELATIVO AOS COOPERADOS

As cooperativas de serviço não efetuam o recolhimento de qualquer contribuição patronal à Previdência Social relativa aos valores pagos ou creditados aos seus cooperados que prestam serviços a empresas por seu intermédio.

Entretanto, o cooperado eleito para exercer a direção da cooperativa com recebimento de remuneração presta serviço à cooperativa na condição de contribuinte individual, ficando esta obrigada a recolher a contribuição previdenciária a seu cargo, correspondente a aplicação da alíquota de 20% sobre o valor da respectiva remuneração.

9.2.5 COM RELAÇÃO AOS DEMAIS SEGURADOS CONTRIBUINTE INDIVIDUAIS QUE LHE PRESTEM SERVIÇO

Quando a cooperativa (de serviços ou de produção) contratar serviços de pessoas físicas (segurados contribuintes individuais), estará obrigada a recolher a contribuição a seu cargo de 20% como as demais empresas, calculada sobre o valor do serviço prestado.

Além da contribuição anteriormente citada, a cooperativa ficará obrigada a arrecadar mediante desconto, a contribuição previdenciária individual devida por estes segurados.

9.3 CONTRIBUIÇÃO PARA TERCEIROS

No tocante à contribuição para terceiros (entidades e fundos) devidas pelas cooperativas, verificar o disposto no item 6 do Capítulo IV.

10. PERFIL PROFISSIOGRÁFICO PREVIDENCIÁRIO

A cooperativa ficará obrigada a elaborar o Perfil Profissiográfico Previdenciário (PPP) quando o cooperado prestar serviço exposto a agentes nocivos à saúde e à integridade física, ainda que não estejam presentes os requisitos para fins de enquadramento de atividade especial, de forma a possibilitar a concessão da aposentadoria especial.

Após a implantação do PPP em meio digital, o que deverá ocorrer em janeiro de 2023, esse formulário deverá ser preenchido para todos os cooperados, independentemente de exposição a agentes nocivos.

11. INTERMEDIAÇÃO DE MÃO DE OBRA – PROIBIÇÃO

A cooperativa de trabalho não pode ser utilizada para intermediação de mão de obra subordinada.

A cooperativa que intermediar mão de obra subordinada e os contratantes de seus serviços estarão sujeitos à multa de R$ 500,00 por trabalhador prejudicado, dobrada na reincidência, a ser revertida em favor do Fundo de Amparo ao Trabalhador (FAT).

12. COOPERATIVAS DE TRANSPORTE – SEST E SENAT

A cooperativa de trabalho, na atividade de transporte, em relação à remuneração paga ao segurado contribuinte individual deve reter e recolher a contribuição do segurado destinada ao Serviço Social do Transporte (Sest) e ao Serviço Nacional de Aprendizagem do Transporte (Senat).

13. OBRIGAÇÕES ACESSÓRIAS

As cooperativas estão obrigadas, entre outros, ao cumprimento das obrigações acessórias exigidas, da mesma forma que as empresas em geral.

14. FUNDO DE GARANTIA DO TEMPO DE SERVIÇO

As cooperativas estão obrigadas a efetuar o recolhimento do FGTS relativo ao salário pago aos seus empregados na forma do Título II.

15. COOPERATIVA DE PRODUTORES RURAIS

A Previdência Social considera cooperativa de produção rural a sociedade de produtores rurais pessoas físicas ou de produtores rurais pessoas físicas e de produtores rurais pessoas jurídicas que, organizada na forma da lei, constitui-se em pessoa jurídica com o objetivo de produzir e industrializar ou de produzir e comercializar ou de produzir, industrializar e comercializar a sua produção rural.

A cooperativa de produtores rurais é a sociedade organizada por produtores rurais pessoas físicas ou produtores rurais pessoas físicas e de produtores rurais pessoas jurídicas, com o objetivo de comercializar ou de industrializar, ou de industrializar e comercializar a produção rural dos cooperados.

TÍTULO V

SISTEMA DE ESCRITURAÇÃO DIGITAL DAS OBRIGAÇÕES FISCAIS, PREVIDENCIÁRIAS E TRABALHISTAS (eSOCIAL)

Considerando que a Constituição Federal determina que as administrações tributárias da União, dos Estados, do Distrito Federal e dos Municípios atuarão de forma integrada, inclusive com o compartilhamento de cadastros e de informações fiscais, na forma da lei ou convênio e que o Código Tributário Nacional (CTN) estabelece que a Fazenda Pública da União e as dos Estados, do Distrito Federal e dos Municípios prestarão mutuamente assistência para a fiscalização dos tributos respectivos e permuta de informações, na forma estabelecida, em caráter geral ou específico, por lei ou convênio, foi criado o Sistema Público de Escrituração Digital (Sped), mecanismo que unifica as atividades de recepção, validação, armazenamento e autenticação de livros e documentos que integram a escrituração contábil e fiscal dos empresários e das pessoas jurídicas.

O Sped permite um maior controle e agilidade na fiscalização das informações contábeis e fiscais das empresas por meio de compartilhamento de arquivos eletrônicos e, ainda, permite a uniformidade e racionalização no cumprimento das diversas obrigações acessórias por parte das empresas.

O Sped é composto pela Escrituração Contábil Digital (Sped-Contábil), Escrituração Fiscal Digital (Sped Fiscal), a Nota Fiscal Eletrônica NF-e – Ambiente Nacional e a EFD-Contribuições.

Com a publicação do Decreto nº 8.373/2014 e das Resoluções e Portarias dos órgãos competentes foi regulamentado o eSocial (Sped trabalhista e previdenciário) que constitui a maior e a mais complexa parte do Sped.

O sistema tem por objetivo simplificar o cumprimento das diversas obrigações principais e acessórias dos empregadores. Tudo o que acontecer na vida laboral do trabalhador desde o momento da contratação até a rescisão contratual será informado no eSocial. Portanto, constituem informações a serem enviadas, entre outras: o registro de empregados, concessão de férias, 13º salário, pagamento de remunerações e demais verbas não integrantes desta, afastamentos do trabalho, acidentes sofridos, recolhimento de contribuições previdenciárias, depósitos fundiários, exames médicos etc.

As empresas têm uma simplificação nos seus processos de cumprimento de obrigações, mas isto exige não só a organização das informações como também a sua centralização nos departamentos responsáveis pela inserção dos dados no sistema. Para que os dados sejam captados de forma correta e em tempo hábil, é imprescindível que a comunicação entre os vários departamentos envolvidos (recursos humanos, departamento de pessoal, jurídico, contábil etc.) seja transparente e efetiva.

Os profissionais responsáveis pela inserção dos dados devem ser treinados de forma a proceder corretamente tais inserções, evitando não conformidades e até mesmo a impossibilidade do envio dos dados no tempo exigido.

O Sistema eSocial vai substituir gradativamente vários documentos trabalhistas e previdenciários, porém, o prazo a partir do qual esta substituição ocorrerá ainda será divulgado pelos órgãos competentes.

Até agora o eSocial já substituiu:

a) Cadastro Geral de Empregados e Desempregados (Caged);

b) Relação Anual de Informações Sociais (RAIS), para as empresas que já enviaram os eventos de folha de pagamento relativos ao ano-base inteiro;

c) Registro de Empregados para os empregadores que optaram pelo registro eletrônico;

d) Guia da Previdência Social – GPS, para as empresas obrigadas à entrega da DCTFWeb;

e) Comunicação de Acidente de Trabalho (CAT) para os empregadores, empresas tomadoras de serviço, ou, na sua falta, os sindicatos da categoria ou OGMO, em relação aos avulsos;

f) GFIP substituída apenas para fins previdenciários, para as empresas dos grupos 1, 2 e 3 do eSocial.

Deverão ser substituídos brevemente, entre outros, os seguintes documentos:

a) a Guia de Recolhimento do Fundo de Garantia do Tempo de Serviço e Informações à Previdência Social (GFIP/Sefip) para fins de FGTS;

b) a comunicação de férias coletivas ao Ministério do Trabalho e Previdência;

c) folha de pagamento;

d) Manual Normativo de Arquivos Digitais (Manad);

e) Perfil Profissiográfico Previdenciário (PPP);

f) Comunicação do seguro-desemprego;

g) contrato de trabalho.

O sistema traz vantagens tanto para as empresas como para os trabalhadores e também para o fisco. As empresas tiveram a simplificação do cumprimento das obrigações acessórias, eliminando o preenchimento e envio de vários documentos, a redução de custos, de uso de papel e de utilização de espaço físico, a racionalização do trabalho e maior controle dos serviços, o acesso fácil e rápido às informações.

Para o Fisco, o sistema permitiu o aumento da arrecadação de tributos, a redução significativa da sonegação, a facilidade e rapidez nas fiscalizações, a melhoria na qualidade das informações prestadas pela empresa e a efetividade no cruzamento de dados.

Os trabalhadores já têm acesso às informações relativas aos respectivos contratos de trabalho por meio da Carteira de Trabalho Digital, cujas anotações são feitas com base no eSocial. Poderá ainda, futuramente, ser liberado o acesso ao eSocial para fins de ciência do recolhimento das suas contribuições previdenciárias e dos depósitos relativos ao Fundo de Garantia do Tempo de Serviço.

O registro das informações nos respectivos eventos do eSocial não dispensa os empregadores de manter, sob sua guarda e responsabilidade, os documentos trabalhistas, previdenciários e fundiários, na forma e prazos previstos na legislação aplicável.

O eSocial é composto por:

a) escrituração digital contendo os livros digitais com informações fiscais, previdenciárias e trabalhistas;

b) sistemas para preenchimento, geração, transmissão, recepção, validação e distribuição da escrituração;

c) repositório nacional contendo o armazenamento da escrituração;

d) As informações prestadas pelos empregadores serão armazenadas no ambiente nacional.

As informações fiscais, previdenciárias e trabalhistas serão agrupadas em eventos que contêm:

a) dados cadastrais dos empregadores, da empresa e a eles equiparados em legislação específica e dos segurados especiais;

b) dados cadastrais e contratuais de trabalhadores, incluídos os relacionados ao registro de empregados;

c) dados cadastrais, funcionais e remuneratórios dos servidores titulares de cargos efetivos amparados em regime próprio de previdência social, de todos os poderes, órgãos e entidades do respectivo ente federativo, suas autarquias e fundações, dos magistrados, dos membros do Tribunal de Contas, dos membros do Ministério Público e dos militares;

d) dados cadastrais dos dependentes dos empregados, dos trabalhadores avulsos e dos segurados dos regimes geral e próprios de previdência social;

e) dados relacionados às comunicações de acidente de trabalho, às condições ambientais do trabalho e do monitoramento da saúde do trabalhador e dos segurados servidores públicos;

f) dados relacionados à folha de pagamento e outros fatos geradores, bases de cálculo e valores devidos de contribuições previdenciárias contribuições sindicais, FGTS e Imposto sobre a Renda Retido na Fonte;

g) outras informações de interesse dos órgãos e entidades integrantes do Comitê Gestor do eSocial, no âmbito de suas competências.

EVENTOS – TRANSMISSÃO

Os eventos são transmitidos observando-se uma sequência lógica. Os eventos inicialmente enviados são utilizados para o processamento das informações dos eventos enviados posteriormente.

Nessa lógica, os primeiros eventos se referem à identificação e aos demais dados do empregador/contribuinte/órgão público, a seguir os eventos de tabelas, que são necessários para validação dos demais eventos.

Em seguida devem ser enviadas, caso existam, as informações previstas nos eventos não periódicos e, por último, as informações previstas nos eventos periódicos.

As informações que devem conter cada evento encontram-se especificadas nos leiautes relativos a cada um deles.

Os eventos iniciais, identificação do empregador/contribuinte/órgão público – são os que contêm os dados relativos à identificação do empregador/contribuinte/órgão público, dados de sua classificação fiscal e de sua estrutura administrativa, informações que deverão ser enviadas previamente à transmissão de outras informações.

As tabelas do empregador que representam um conjunto de regras específicas necessárias para validação dos eventos do eSocial, como as rubricas da folha de pagamento, informações de processos administrativos e judiciais, lotações tributárias e tabela de estabelecimentos necessárias para verificação da integridade dos eventos periódicos e não periódicos deverão ser enviadas previamente à transmissão de qualquer evento que requeira essas informações.

Os eventos não periódicos respeita regras que asseguram os direitos dos trabalhadores, caso da admissão e do acidente de trabalho, ou possibilitam recolhimentos de encargos que tenham prazos diferenciados, caso do desligamento. Como estes fatos/eventos passam a ter prazo específico para sua transmissão ao eSocial, vinculados a sua efetiva ocorrência, o manual de orientação do eSocial apresenta em cada descrição dos eventos não periódicos seu respectivo prazo de envio.

Em geral, os eventos periódicos devem ser transmitidos até o dia 15 do mês seguinte, antecipando-se o vencimento para o dia útil imediatamente anterior, em caso de não haver expediente bancário.

CERTIFICAÇÃO DIGITAL

O Manual de Orientação do eSocial esclarece que os eventos que compõem o eSocial devem ser transmitidos mediante certificado digital válido no âmbito da Infraestrutura de Chaves Públicas Brasileiras (ICP-Brasil).

Os empregadores/contribuintes não obrigados à utilização do certificado digital podem gerar Código de Acesso ao Portal eSocial.

A obtenção do Código de Acesso para pessoa física exige o registro do número do CPF, data de nascimento e o número dos recibos de entrega do Imposto de Renda Pessoa Física (DIRPF) dos dois últimos exercícios. Não possuindo as DIRPF, em seu lugar deverá ser registrado o número do Título de Eleitor.

Caso o empregador não possua as DIRPF e tampouco o título de eleitor, só poderá acessar o Portal do eSocial por meio de Certificação Digital.

Podem utilizar o código de acesso, como alternativa ao certificado digital:

a) o Microempreendedor Individual (MEI) com até 1 empregado, o segurado especial e o empregador doméstico;

b) a Microempresa e empresa de pequeno porte optante pelo Simples Nacional que possua até 1 empregado, não incluídos os empregados afastados em razão de benefício por incapacidade permanente (antiga aposentadoria por invalidez).

A utilização do código de acesso é exclusiva para os módulos web. Para WS-Webservice será exigido certificado digital.

CRONOGRAMA DE IMPLANTAÇÃO DO ESOCIAL – FASEAMENTO

A Portaria Conjunta SEPRT/RFB nº 71/2021 estabelece a implementação progressiva (faseamento) do eSocial, dividindo as empresas em 4 grupos, a saber:

GRUPO 1
EMPRESAS COM FATURAMENTO ANUAL EM 2016 SUPERIOR A 78 MILHÕES DE REAIS

Fase 1: Janeiro/2018: Informações relativas às empresas, ou seja, cadastros do empregador e tabelas passaram a ser enviadas a partir das 8 horas de 08.01.2018 e atualizadas desde então.

Fase 2: Março/2018: Envio das informações relativas aos trabalhadores e seus vínculos com as empresas (eventos não periódicos), como admissões, afastamentos e desligamentos a partir das 8 horas de 1º.03.2018, exceto os eventos de segurança e saúde no trabalho.

Fase 3: Maio/2018: Envio dos eventos de folhas de pagamento a partir das 8 horas de 1º.05.2018, referentes aos fatos ocorridos a partir dessa data.

Fase 4: Outubro/2021: envio dos eventos de Segurança e Saúde do Trabalhador, a partir de 13.10.2021, referentes aos fatos ocorridos a partir desta data.

GRUPO 2
EMPRESAS COM FATURAMENTO ATÉ R$ 78.000.000,00 EM 2016 (EXCETO OS OPTANTES PELO SIMPLES NACIONAL QUE CONSTAM NESSA SITUAÇÃO NO CNPJ EM 1º.07.2018)

Fase 1: Julho/2018: Informações relativas às empresas, ou seja, cadastros do empregador e tabelas passaram a ser enviadas a partir das 8 horas de 16.07.2018 e atualizadas desde então.

Fase 2: Outubro/2018: Envio das informações relativas aos trabalhadores e seus vínculos com as empresas (eventos não periódicos), como admissões, afastamentos e desligamentos a partir das 8 horas de 10.10.2018).

Fase 3: Janeiro/2019: Envio dos eventos de folhas de pagamento a partir das 8 horas de 10.01.2019, referentes aos fatos ocorridos a partir de 1º.01.2019.

Fase 4: 10.01.2022: envio dos eventos de Segurança e Saúde do Trabalhador, referentes aos fatos ocorridos a partir desta data.

GRUPO 3
EMPREGADOR PESSOA FÍSICA (EXCETO DOMÉSTICO), OPTANTES PELO SIMPLES NACIONAL, PRODUTOR RURAL PESSOA FÍSICA E ENTIDADE SEM FINS LUCRATIVOS

Fase 1: Janeiro/2019: Informações relativas às empresas, ou seja, cadastros do empregador e tabelas deverão ser enviadas a partir das 8 horas de 10.01.2019 e atualizadas desde então.

Fase 2: Abril/2019: Envio das informações relativas aos trabalhadores e seus vínculos com as empresas (eventos não periódicos), como admissões, afastamentos e desligamentos a partir das 8 horas de 10.04.2019.

Fase 3: 10.05.2021: Para pessoas jurídicas – Envio dos eventos de folhas de pagamento a partir das 8 horas de 10.05.2021, referentes aos fatos ocorridos a partir de 1º.05.2021.

19.07.2021: Para pessoas físicas – Envio dos eventos da folha de pagamento, para fatos geradores a partir de 1º.07.2021.

Fase 4: 10.01.2022: Envio dos eventos de Segurança e Saúde do Trabalhador, referentes aos fatos geradores a partir desta data.

GRUPO 4
ENTES PÚBLICOS E ORGANIZAÇÕES INTERNACIONAIS

Fase 1: 21.07.2021: Informações relativas aos órgãos, ou seja, cadastros dos empregadores e tabelas, exceto S-1010, que deverá ser enviado até 21.08.2022.

Fase 2: 22.11.2021: Nesta fase, os entes e as organizações internacionais passarão a ser obrigadas a enviar informações relativas aos servidores e seus vínculos com os órgãos (eventos não periódicos). Ex: admissões, afastamentos e desligamentos.

Fase 3: 22.08.2022: Torna-se obrigatório o envio das folhas de pagamento, referentes aos fatos ocorridos a partir de 1º.08.2022.

Fase 4: 1º.01.2023: Deverão ser enviados os eventos de Segurança e Saúde do Trabalhador, referentes aos fatos ocorridos a partir desta data.

TÍTULO VI

ESCRITURAÇÃO FISCAL DIGITAL DE RETENÇÕES E OUTRAS INFORMAÇÕES FISCAIS (EFD-R_{EINF})

A EFD-Reinf foi o último módulo do Sped divulgado e constitui um complemento do eSocial, abarcando os tributos não decorrentes da mão de obra onerosa. É parte do sistema de escrituração digital que exige que os contribuintes a seguir relacionados, enviem ao Fisco, de forma unificada, ou seja, em um único documento digital, todas as informações relativas às retenções de contribuições que não tenham relação com a folha de pagamento, ou seja, sem relação com o trabalho de pessoas físicas que prestam serviços à empresa. Além disto, contem, também, dados relacionados à receita bruta, base de cálculo para a apuração de contribuições previdenciárias substituídas.

As pessoas jurídicas a seguir relacionadas estão obrigadas a adotar a EFD-Reinf:

a) que prestam e que contratam serviços realizados mediante cessão de mão de obra ou empreitada;

b) optantes pela desoneração da folha de pagamento (Contribuição Previdenciária sobre a Receita Bruta (CPRB);

c) produtor rural pessoa jurídica e agroindústria quando sujeitos à contribuição previdenciária substitutiva sobre a receita bruta proveniente da comercialização da produção rural;

d) adquirentes de produtos rurais;

e) associações desportivas mantenedoras de equipe de futebol profissional que tenham recebido valores a título de patrocínio, licenciamento de uso de marcas e símbolos, publicidade, pro paganda e transmissão de espetáculos desportivos;

f) empresa ou entidade patrocinadora que tenha destinado recursos à associação desportiva mantenedora de equipe de futebol profissional a título de patrocínio, licenciamento de uso de marcas e símbolos, publicidade, propaganda e transmissão de espetáculos desportivos;

g) entidades promotoras de eventos desportivos realizados em território nacional, em qualquer modalidade desportiva, dos quais participe ao menos uma associação desportiva que mantenha equipe de futebol profissional; e

h) as pessoas físicas e jurídicas relacionadas no artigo 2º da Instrução Normativa RFB nº 1.990/2020. Entretanto, estes contribuintes ficam obrigados ao envio da EFD-Reinf a partir de 21.03.2023, em relação aos fatos geradores a partir de 1º.03.2023.

A Reinf será mensalmente transmitida ao Sped até o dia 15 do mês subsequente ao que se refira a escrituração, exceto para as entidades promotoras de espetáculos desportivos cuja transmissão deverá ocorrer em até 2 dias úteis após a realização do evento.

Os eventos serão transmitidos observando-se uma sequência lógica, conforme figura constante do Manual de Orientações divulgado pelo Comitê Gestor, adiante reproduzida. Os eventos inicialmente enviados serão utilizados para o processamento das informações dos eventos enviados posteriormente. O Manual de Orientação da EFD-Reinf determina que:

a) os eventos Tabelas incluem o evento R-1000 – Informações do Contribuinte e R-1070 – Tabela de Processos Administrativos/Judiciais. O evento R-1000 é o primeiro evento a ser transmitido e tem por objetivo identificar o contribuinte, contendo os dados básicos de sua classificação fiscal. O evento R-1070, será enviado após o R-1000, quando houver processo administrativo/judicial que tenha influência na apuração do tributo;

b) Eventos periódicos são:
  - R-2010 – Retenção de Contribuição Previdenciária – Serviços Tomados;
  - R-2020 – Retenção de Contribuição Previdenciária – Serviços Prestados;
  - R-2030 – Recursos Recebidos por Associação Desportiva
  - R-2040 – Recursos Repassados para Associação Desportiva
  - R-2050 – Comercialização da Produção por Produtor Rural PJ/Agroindústria
  - R-2055 – Aquisição de Produção Rural
  - R-2060 – Contribuição Previdenciária sobre a Receita Bruta – CPRB
  - R-3010 – Receita de Espetáculos Desportivos
  - R - 2098 – Reabertura de Eventos Periódicos
  - R-2099 – Fechamento dos Eventos Periódicos
  - Temos ainda os eventos:
  - R-5001 – Informações de Bases e tributos por evento

- R-5011 – Informações de Bases e Tributos consolidadas por período de apuração
- R-9000 – Exclusão de eventos.

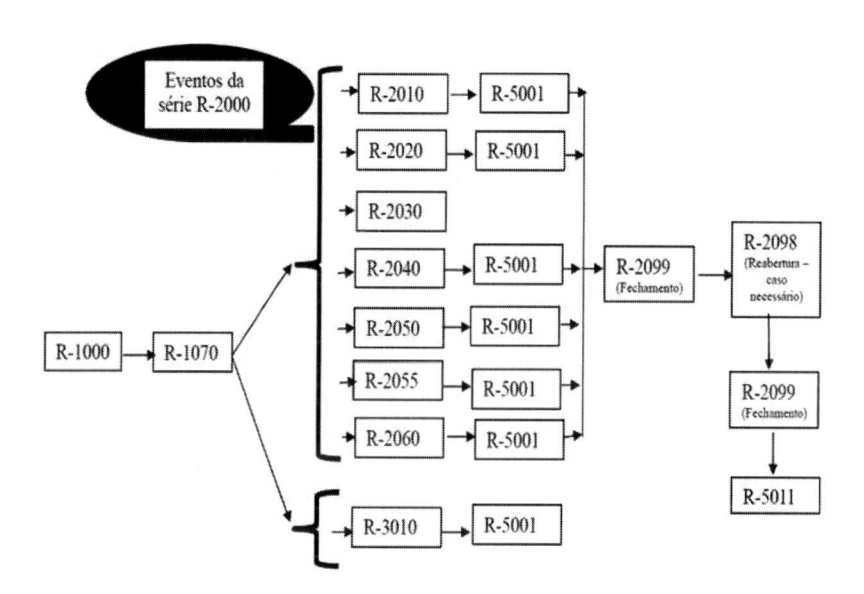

```
Eventos da série R-2000
    ├── R-2010 → R-5001 ┐
    ├── R-2020 → R-5001 │
    ├── R-2030          │
    ├── R-2040 → R-5001 ├→ R-2099 (Fechamento) → R-2098 (Reabertura – caso necessário)
    ├── R-2050 → R-5001 │                              │
    ├── R-2055 → R-5001 │                              ↓
    └── R-2060 → R-5001 ┘                         R-2099 (Fechamento)
                                                       │
R-1000 → R-1070                                        ↓
    └── R-3010 → R-5001                           R-5011
```

CRONOGRAMA DE IMPLANTAÇÃO

A entrega da EFD-Reinf observará o seguinte cronograma:

a) a partir de 1º.05.2018, para o 1º grupo, que compreende as entidades com faturamento no ano de 2016 acima de R$ 78.000.000,00;

b) a partir de 10.01.2019, referentes aos fatos geradores ocorridos a partir de 1º.01.2019 para o 2º grupo, que compreende as entidades integrantes do "Grupo 2 – Entidades Empresariais" do Anexo V da Instrução Normativa RFB nº 1.863/2018, com faturamento de até R$ 78.000.000,00 no ano de 2016 (exceto as optantes pelo Simples Nacional, desde que a condição de optante conste do CNPJ em 1º.07.2018 ou que fizeram esta opção quando da sua constituição se posterior à data informada);

c) 3º grupo:

- a partir de 10.05.2021, referentes aos fatos geradores ocorridos a partir de 1º.05.2021 para pessoas jurídicas que compreende os obrigados não pertencentes aos grupos 1º, 2º e 4º;
- a partir de 21.07.2021, referente aos fatos geradores a contar de 1º.07.2021 para empregadores pessoas físicas (exceto doméstico) e contribuintes pessoas físicas;

d) a partir de 22.08.2022, em relação aos fatos geradores ocorridos a partir de 1º.08.2022 – para o 4º grupo, que compreende os entes públicos, integrantes do "Grupo 1 – Administração Pública" e as organizações internacionais, integrantes do "Grupo 5 – Organizações Internacionais e Outras Instituições Extraterritoriais", ambas do Anexo V da Instrução Normativa RFB nº 1.863/2018;

e) a partir de 21.03.2023, em relação aos fatos geradores a partir de 1º.03.2023 para as pessoas físicas e jurídicas relacionadas no artigo 2º da Instrução Normativa RFB nº 1.990/2020.

TÍTULO VII

DECLARAÇÃO DE DÉBITOS E CRÉDITOS TRIBUTÁRIOS FEDERAIS PREVIDENCIÁRIOS E DE OUTRAS ENTIDADES E FUNDOS (DCTFWeb)

A DCTFWeb é uma nova forma de declaração de débitos e créditos tributários. Conforme esclarece o seu Manual de Orientação, a mesma é gerada, pelo próprio sistema, a partir das informações prestadas no eSocial e na EFD-Reinf, exceto a DCTFWeb aferição de obras que será elaborada com base nas informações da obra mediante o Serviço Eletrônico para Aferição de Obras (Sero).

Portanto, as informações constantes dos dois sistemas (eSocial e EFD-Reinf) é que alimentam a DCTFWeb.

Por meio da DCTFWeb o contribuinte também confessa seus débitos relativos às contribuições previdenciárias e as devidas a terceiros (entidades e fundos).

Para a apresentação da DCTFWeb é obrigatório o uso de assinatura digital com utilização de certificado digital válido.

A assinatura digital não será exigida do microempreendedor individual (MEI), das microempresas (ME) e empresas de pequeno porte (EPP) optantes pelo Simples Nacional que tenha até 1 empregado no período relativo à declaração. Esses deverão utilizar o código de acesso.

CONTRIBUINTES OBRIGADOS

Estão obrigados à apresentação da DCTFWeb os seguintes contribuintes:

a) pessoas jurídicas de direito privado em geral e as equiparadas a empresa;

b) unidades gestoras de orçamento dos órgãos públicos, das autarquias e das fundações de quaisquer dos poderes da União, dos Estados, do Distrito Federal e dos municípios;

c) consórcios de que tratam os arts. 278 e 279 da Lei nº 6.404/1976, quando realizarem, em nome próprio:

- a contratação de trabalhador segurado do RGPS;
- a aquisição de produção rural de produtor rural pessoa física;
- o patrocínio de equipe de futebol profissional; ou

- a contratação de empresa para prestação de serviço sujeito à retenção previdenciária;
d) sociedades em conta de participação (SCP);
e) entidades de fiscalização do exercício profissional (conselhos federais e regionais), inclusive a Ordem dos Advogados do Brasil (OAB);
f) organismos oficiais internacionais ou estrangeiros em funcionamento no Brasil, quando contratarem trabalhador segurado do RGPS;
g) Microempreendedor Individual (MEI), quando:
    - contratar trabalhador segurado do RGPS;
    - adquirir produção rural de produtor rural pessoa física;
    - patrocinar equipe de futebol profissional; ou
    - contratar empresa para prestação de serviço sujeito à retenção previdenciária;
h) produtor rural pessoa física, quando:
    - contratar trabalhador segurado do RGPS; ou
    - comercializar a sua produção com consumidor pessoa física, no varejo, a outro produtor rural pessoa física ou a segurado especial;
i) pessoa física que adquirir produção de produtor rural pessoa física ou de segurado especial para venda, no varejo, a consumidor pessoa física; e
j) as demais pessoas jurídicas que estejam obrigadas pela legislação ao recolhimento das contribuições previdenciárias.

A DCTFWeb das pessoas jurídicas deverá ser apresentada de forma centralizada pelo respectivo estabelecimento matriz e identificada com o número do CNPJ, ressalvadas as unidades gestoras dos órgãos públicos da administração direta de quaisquer dos poderes da União, quando inscritas no CNPJ como filiais.

O contribuinte individual, a pessoa física na condição de proprietário ou dono de obra de construção civil, os produtores rurais pessoas físicas, a pessoa física que adquirir produção de produtor rural pessoa física ou de segurado especial para venda, no varejo, a consumidor pessoa física, deverão apresentar a DCTFWeb identificada com o número de inscrição no CPF do titular ou responsável.

CONTRIBUINTES DESOBRIGADOS

Estão dispensados da apresentação da DCTFWeb:

a) os contribuintes individuais que não têm trabalhador segurado do RGPS que lhes preste serviços;

b) os segurados especiais;

c) os produtores rurais pessoas físicas que não contratarem trabalhador segurado do RGPS ou comercializarem a sua produção com consumidor pessoa física, no varejo, a outro produtor rural pessoa física ou a segurado especial;

d) os órgãos públicos em relação aos servidores públicos estatutários, filiados a regimes previdenciários próprios;

e) os segurados facultativos;

f) consórcios de que tratam os arts. 278 e 279 da Lei nº 6.404/1976, quando não se enquadrarem nas situações que os obrigam à DCTFWeb mencionada anteriormente;

g) Microempreendedor Individual (MEI), quando não se enquadrarem nas situações que os obrigam à DCTFWeb;

h) os fundos especiais de natureza contábil ou financeira, não dotados de personalidade jurídica, criados no âmbito de qualquer dos poderes da União, dos estados, do Distrito Federal e dos municípios;

i) as comissões sem personalidade jurídica criadas por ato internacional celebrado pelo Brasil e um ou mais países, para fins diversos;

j) as comissões de conciliação prévia;

k) os fundos de investimento imobiliário ou os clubes de investimento registrados em Bolsa de Valores, segundo as normas fixadas pela Comissão de Valores Mobiliários (CVM) ou pelo Banco Central do Brasil (Bacen), cujas informações, quando existirem, serão prestadas pela instituição financeira responsável pela administração do fundo; e

l) os organismos oficiais internacionais ou estrangeiros em funcionamento no Brasil que não tenham trabalhador segurado do RGPS que lhes preste serviços.

PROCESSAMENTO DAS INFORMAÇÕES

O Manual de Orientação da EFD-Reinf disponibiliza o gráfico reproduzido a seguir, com o fluxo das informações:

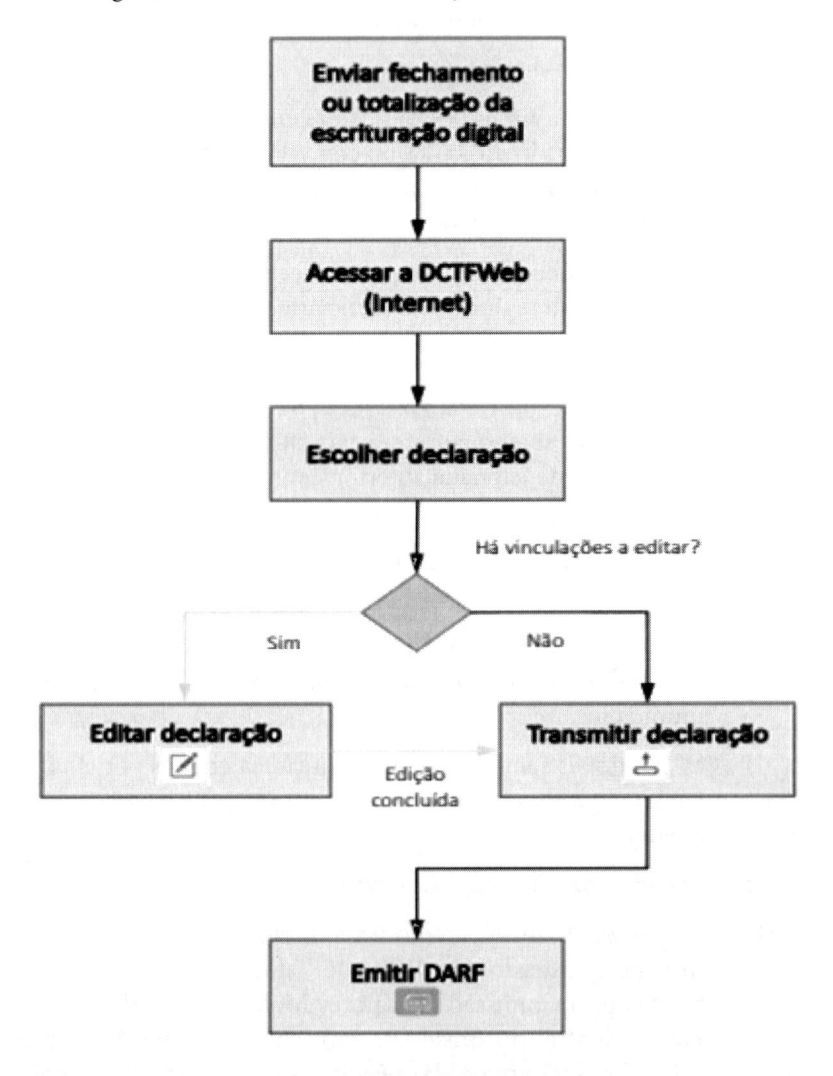

```
Enviar fechamento ou totalização da escrituração digital
          ↓
Acessar a DCTFWeb (internet)
          ↓
Escolher declaração
          ↓
  Há vinculações a editar?
     ◇
  Sim ←   → Não
   ↓           ↓
Editar      Transmitir
declaração  declaração
   → Edição concluída →
              ↓
        Emitir DARF
```

Esclarece ainda, que a declaração poderá ser editada e transmitida por meio do sistema da declaração, constante no Atendimento Virtual (e-CAC) da Receita Federal: www.gov.br/receitafederal/pt-br/canaisatendimento/

atendimento-virtual, e que após enviar os eventos de fechamento do eSocial e do EFD-Reinf (eventos S-1299 – Fechamento dos eventos periódicos e R-2099 – Fechamento dos Eventos periódicos, respectivamente), o contribuinte deverá acionar o sistema DCTFWeb.

Portanto, após a transmissão das apurações, o próprio sistema recepciona, de forma automática, tanto os débitos (contribuições previdenciárias, contribuições para terceiros) como os créditos (salário família, salário maternidade, retenções previdenciárias sobre serviços prestados mediante cessão de mão de obra ou empreitada). Efetuadas as compensações entre débitos e créditos, calcula o valor efetivamente devido. Não havendo necessidade de proceder ajustes, o contribuinte confirma a transmissão da DCTFWeb e, a partir de então, poder emitir o Darf para recolhimento.

O Manual apresenta o fluxograma a seguir reproduzido, detalhando os procedimentos a serem observados na transmissão da declaração e emissão da respectiva guia de recolhimento.

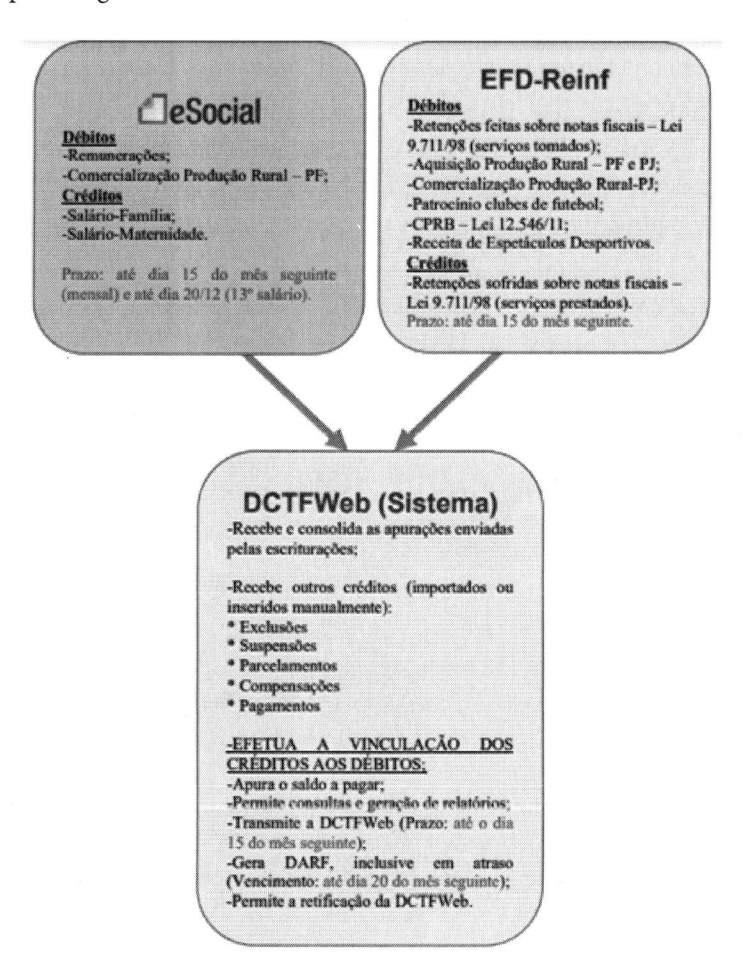

eSocial
Débitos
-Remunerações;
-Comercialização Produção Rural – PF;
Créditos
-Salário-Família;
-Salário-Maternidade.

Prazo: até dia 15 do mês seguinte (mensal) e até dia 20/12 (13º salário).

EFD-Reinf
Débitos
-Retenções feitas sobre notas fiscais – Lei 9.711/98 (serviços tomados);
-Aquisição Produção Rural – PF e PJ;
-Comercialização Produção Rural-PJ;
-Patrocínio clubes de futebol;
-CPRB – Lei 12.546/11;
-Receita de Espetáculos Desportivos.
Créditos
-Retenções sofridas sobre notas fiscais – Lei 9.711/98 (serviços prestados).
Prazo: até dia 15 do mês seguinte.

DCTFWeb (Sistema)
-Recebe e consolida as apurações enviadas pelas escriturações;

-Recebe outros créditos (importados ou inseridos manualmente):
* Exclusões
* Suspensões
* Parcelamentos
* Compensações
* Pagamentos

<u>-EFETUA A VINCULAÇÃO DOS CRÉDITOS AOS DÉBITOS;</u>
-Apura o saldo a pagar;
-Permite consultas e geração de relatórios;
-Transmite a DCTFWeb (Prazo: até o dia 15 do mês seguinte);
-Gera DARF, inclusive em atraso (Vencimento: até dia 20 do mês seguinte);
-Permite a retificação da DCTFWeb.

Assim, ao acessar o sistema, será apresentado ao contribuinte a relação de declarações, mostrando as que estão em "em andamento", as quais podem ser editadas por ainda não terem sido transmitidas, bem como as declarações ativas com saldo a pagar que foram transmitidas nos últimos 30 dias.

As declarações "em andamento" podem ser transmitidas pelo contribuinte ou podem ser editadas. A edição permite ao contribuinte visualizar os débitos apurados e os créditos vinculados e também proceder ajustes na forma como foram vinculadas as deduções aos débitos e ainda, incluir outros créditos não vinculados automaticamente (parcelamento, suspensão etc.)

As declarações ativas podem ser retificadas.

APRESENTAÇÃO – PRAZO

A DCTFWeb mensal deverá ser apresentada até o dia 15 do mês seguinte ao da ocorrência dos fatos geradores. Se o dia 15 não for dia útil, a entrega será antecipada para o dia útil imediatamente anterior.

A DCTFWeb anual, para a prestação de informações relativas aos valores pagos aos trabalhadores a título de 13º salário deverá ser transmitida até o dia 20 de dezembro de cada ano. Se o dia 20 recair em dia não útil, o prazo será antecipado para o dia útil imediatamente anterior.

A DCTFWeb diária, para a prestação de informações relativas à receita de espetáculos desportivos realizados por associação desportiva que mantém clube de futebol profissional, deverá ser transmitida até o 2º dia útil após a realização do evento desportivo.

A DCTFWeb Aferição de Obras deverá ser transmitida até o último dia do mês em que realizar a aferição da obra por meio do Sero.

PENALIDADES

O sujeito passivo que deixar de apresentar a DCTFWeb no prazo fixado ou a apresentar com incorreções ou omissões será intimado a apresentar declaração original, no caso de não apresentação, ou a prestar esclarecimentos, nos demais casos, no prazo estipulado pela RFB, e ficará sujeito às multas de:

a) de 2% ao mês calendário ou fração, incidentes sobre o montante das contribuições informadas na DCTFWeb, ainda que integralmente pagas, no caso de falta de entrega dessa declaração ou entrega após o prazo, limitada a 20%; e

b) de R$ 20,00 para cada grupo de 10 informações incorretas ou omitidas.

A multa mínima a ser aplicada será de:

a) R$ 200,00, no caso de omissão ou atraso na entrega de declaração sem ocorrência de fatos geradores; ou
b) R$ 500,00, nos demais casos.

Observados esses valores mínimos, em geral, as multas serão reduzidas:

a) em 50%, quando a declaração for apresentada após o prazo, mas antes de qualquer procedimento de ofício; ou
b) em 25%, se houver a apresentação da declaração no prazo fixado na intimação.

> As multas mínimas de R$ 200,00 e R$ 500,00 poderão ser reduzidas em 90% no caso de microempreendedor individual e 50%, quando se tratar de microempresas ou empresa de pequeno porte, optantes pelo Simples Nacional.

IMPLANTAÇÃO DA DCTFWeb – CRONOGRAMA

A entrega da DCTFWeb é/será obrigatória em relação aos tributos cujos fatos geradores ocorrerem:

a) desde o mês de agosto de 2018, para as entidades integrantes do "Grupo 2 – Entidades Empresariais", do Anexo V da Instrução Normativa RFB nº 1.863/2018, com faturamento no ano-calendário de 2016 acima de R$ 78.000.000,00;
b) desde o mês de abril/2019 para as demais entidades integrantes do "Grupo 2 – Entidades Empresariais", do Anexo V da Instrução Normativa RFB nº 1.863/2018 (entidades empresariais com faturamento no ano de 2017 acima de R$ 4.800.000,00;

c) desde o mês de outubro de 2021 para as entidades não integrantes dos grupo 1, 2 e 4;

d) a partir do mês de outubro de 2022 para os entes públicos, organizações internacionais e Outras Instituições Extraterritoriais.

A partir de janeiro/2023 será obrigatório a entrega da DCTFWeb com informações sobre contribuições previdenciárias e para terceiros, decorrentes de decisões condenatórias ou homologatórias na Justiça do Trabalho.

TITULO VIII

LEI GERAL DE PROTEÇÃO DE DADOS – LGPD

Para evitar a prática altamente prejudicial e largamente utilizada de disseminação de dados pessoais, a Lei nº 12.965/2014 (Lei do Marco Civil da Internet), estabeleceu garantias, princípios, direitos e deveres para o uso da internet, assegurando aos seus usuários vários direitos, dentre os quais se verificam:

a) inviolabilidade da intimidade e da vida privada, sua proteção e indenização pelo dano material ou moral decorrente de sua violação;

b) inviolabilidade e sigilo do fluxo de suas comunicações pela internet, salvo por ordem judicial, na forma da lei;

c) inviolabilidade e sigilo de suas comunicações privadas armazenadas, salvo por ordem judicial;

d) não fornecimento a terceiros de seus dados pessoais, salvo mediante consentimento livre, expresso e informado ou nas hipóteses previstas em lei;

e) informações claras e completas sobre a coleta, o uso, o armazenamento, o tratamento a proteção de seus dados pessoais, que somente poderão ser utilizados para finalidades previstas na lei.

Posteriormente, a Lei nº 13.709/2018 (Lei Geral de Proteção de Dados – LGPD), disciplinou a forma como as pessoas (física ou jurídicas) que efetuarem o tratamento de dados pessoais de pessoas físicas deverão proceder para proteger os direitos fundamentais (liberdade, privacidade, intimidade, imagem, honra etc.) constitucionalmente assegurados aos cidadãos.

Para efeitos desta lei, tratamento é toda operação realizada com dados pessoais, como as que se referem a coleta, a produção, a recepção, a classificação, a utilização, o acesso, a reprodução, a transmissão, a distribuição, o processamento, o arquivamento, o armazenamento, a eliminação, a avaliação ou o controle da informação, a modificação, a comunicação, a transferência, a difusão ou a extração.

FUNDAMENTOS

A LGPD tem como fundamentos, entre outros:

a) o respeito à privacidade;

b) a liberdade de expressão, de informação, de comunicação e de opinião;

c) a inviolabilidade da intimidade, da honra e da imagem;

d) os direitos humanos, o livre desenvolvimento da personalidade, a dignidade e o exercício da cidadania pelas pessoas naturais.

ABRANGÊNCIA

Todos aqueles que lidam com dados pessoais de pessoas físicas estão submetidos à LGPD. A Lei não excepcionou ninguém, o que vale dizer que todos os empregadores, todas as empresas, independentemente do porte econômico ou da atividade exercida, até mesmo o microempreendedor individual que contar com 1 empregado, estão submetidos às determinações da LGPD. Portanto, a lei é aplicada a todas as pessoas físicas ou jurídicas, de direito público ou privado que realizarem tratamento de dados pessoais de pessoas físicas, independentemente do meio, inclusive no meio digital, como é o caso do eSocial.

DADOS PROTEGIDOS

A LGPD trata da proteção de dados pessoais de pessoas físicas, o que vale dizer que, dados de pessoas jurídicas não são abarcados pela norma. Os tipos de dados pessoais são divididos em 3 espécies:

a) dado pessoal geral – são as informações relativas à pessoa natural que permitem a sua identificação de forma direta ou indireta (identificada ou identificável), tais como: nome, Registro Geral (RG), Cadastro de Pessoa Física (CPF) etc.;

b) dado pessoal sensível – são aqueles que, se divulgados, podem ocasionar algum tipo de discriminação, colocando a pessoa em situação mais vulnerável. Por exemplo: os dados relativos à raça ou étnica, à religião, a filiação a partido político ou a sindicato profissional, os relativos à saúde da pessoa (por exemplo: ser portador de HIV, lepra, doença infectocontagiosa), dados relativos à preferência sexual etc.

A LGPD cuida, portanto, da proteção destes dados (pessoal e pessoal sensível).

Entretanto, temos ainda, os dados anonimizados que são aqueles dados que não permitem a identificação da pessoa. Mesmo se divulgados, estes dados não tem o poder de permitir saber a quem eles pertencem, ou seja, quem é o seu titular. Por exemplo: relatório de produtos mais vendidos em um estabelecimento comercial sem que conste do documento dados que permitam saber quais foram os clientes que adquiriram o produto, ou quais foram os vendedores. Esses dados anonimizados não são protegidos pela LGPD desde que a anonimização dos dados seja definitiva e irreversível, pois havendo a possibilidade de reversão do processo de anonimização o dado passará a ser considerado como pseudonimizado, situação que o coloca sob a proteção da LGPD, uma vez que permitirá a possibilidade de identificação do seu titular.

O titular do dado é a pessoa física a quem o dado se refere. Assim, todos nós (empregados, clientes, parceiros, prestadores de serviços, fornecedores, visitantes, acionistas etc.), somos titulares de dados.

PROFISSIONAIS QUE FARÃO O TRATAMENTO DOS DADOS

Os profissionais que irão lidar com os dados pessoais são:

a) controlador – a pessoa física ou jurídica, de direito público ou privado, a quem é dada a competência para a tomada de decisões referentes ao tratamento de dados pessoais. Portanto, cabe a ele decidir sobre o tratamento dos dados, escolher o operador e direcionar as suas ações;

b) operador – pessoa física ou jurídica, de direito público ou privado, que realiza o tratamento de dados pessoais em nome do controlador. Nas suas atividades o operador irá observar as normas legais e seguir as ordens do controlador;

c) encarregado – é a pessoa indicada pelo controlador e operador para atuar como canal de comunicação entre o controlador, os titulares dos dados e a Autoridade Nacional de Proteção de Dados (ANPD). Entre as funções do encarregado verificam-se: aceitar reclamações e comunicações dos titulares de dados, prestar esclarecimentos e adotar providências, receber notificações da ANPD e adotar as providências necessárias, orientar os colaboradores e contratados da empresa sobre as ações a serem tomadas em relação à proteção de dados pessoais e executar as demais atribuições determinadas pelo controlador ou estabelecidas nas normas legais.

O controlador e o operador são considerados agentes de tratamento.

Os agentes de tratamento de pequeno porte (microempresas, empresas de pequeno porte, microempreendedor individual, *startups* e outros) tem tratamento simplificado. Entre as simplificações encontra-se a dispensa de indicar o encarregado de tratamento de dados. Entretanto, se não indicar deverá criar canal de comunicação com os titulares para receber reclamações, prestar esclarecimentos, adotar providências etc.

REQUISITOS A SEREM OBSERVADOS NO TRATAMENTO DOS DADOS PESSOAIS

Para o tratamento de dados pessoais é necessária a existência de propósitos legítimos, específicos, explícitos e informados ao titular. Deve haver também a compatibilidade do tratamento com as finalidades informadas e, ainda, o tratamento deve se limitar ao mínimo necessário para a realização das finalidades.

Em geral, o tratamento deverá ser realizado mediante o fornecimento de consentimento pelo titular, o qual pode ser dado por escrito ou por outro meio que demonstre a livre manifestação de vontade, sem qualquer vício. Se escrito, o consentimento deverá constar de cláusula contratual destacada das demais cláusulas, podendo também ocorrer mediante utilização de termo apartado das cláusulas do contrato. Em qualquer das formas, deverá conter autorização expressa para que o controlador trate os dados pessoais para a finalidade determinada e que tenha relação com o contrato, bem como autorização para que se proceda o compartilhamento dos dados nas situações que exigem este compartilhamento.

Entretanto, a LGPD relaciona algumas hipóteses em que a obtenção do consentimento do titular é dispensada. Dentre elas destacamos:

a) para o cumprimento de obrigação legal ou regulatória pelo controlador, ou seja, se a própria norma legal determina o tratamento do dado pessoal, este ocorrerá independentemente do consentimento do titular. Por exemplo: dados que devem ser coletados e repassados a órgãos públicos (eSocial, notas fiscais etc.);

b) dados necessários para a execução de contrato ou de procedimentos preliminares relacionados a contrato do qual seja parte o titular e a pedido do titular dos dados;

c) para o exercício regular de direitos em processo judicial, administrativo ou arbitral;

d) para a proteção da vida ou da incolumidade física do titular ou de terceiro;

e) tutela da saúde, exclusivamente, em procedimento realizado por profissionais de saúde, serviços de saúde ou autoridade sanitária;

f) quando necessário para atender aos legítimos interesses do controlador, exceto no caso de prevalecerem direitos e liberdades fundamentais do titular. Esta hipótese de dispensa de consentimento irá gerar muita discussão jurídica uma vez que a norma não esclarece o que deva ser entendido como legítimo interesse. O conceito é aberto. O que pode ser de legítimo interesse para um pode não ser para outro. Há aí uma subjetividade. Cada caso concreto deverá ser analisado isoladamente.

SETORES DAS EMPRESAS QUE SERÃO IMPACTADOS PELA LGPD

A observância da LGPD é uma obrigação de todos os setores da empresa que lidam com dados pessoais. Portanto, serão impactados entre outros, os departamentos: de Recursos Humanos e de Pessoal, de compras, financeiro, jurídico, comercial, segurança e saúde. Dentre todos estes setores, os mais impactados serão os departamentos de RH e de pessoal, uma vez que estes lidam com a maior gama de dados pessoais.

Toda esta base de dados pessoais precisa ser tratada com a observância das determinações da LGPD visando a proteção dos dados, evitando vazamentos, perdas, extravios, destruições, alterações, acessos não autorizados etc.

REGRAS DE BOAS PRÁTICAS E GOVERNANÇA

A LGPD determina que os controladores e operadores, no âmbito de suas competências, poderão formular regras de boas práticas e de governança que estabeleçam as condições de organização, o regime de funcionamento, os procedimentos, as normas de segurança, os padrões técnicos, as obrigações específicas para os diversos envolvidos no tratamento, as ações educativas, os mecanismos internos de supervisão e de mitigação de riscos e outros aspectos relacionados ao tratamento de dados pessoais.

Todas estas medidas a serem adotadas, tanto as técnicas como as administrativas, devem ser capazes de proteger os dados pessoais, inclusive não permitindo o acesso a eles de pessoas não autorizadas, evitar situações acidentais que ocasionem destruição, perda, alteração ou tratamento inadequado dos dados. Todas as pessoas que atue em uma das fases do tratamento estão obrigadas a garantir a segurança dos dados.

Para cumprir com assertividade as determinações da LGPD, as empresas precisarão desenvolver e implantar processos, eliminar coleta de dados desnecessários ou que não tenham relação com os contratos, cuidar das medidas de proteção já implantadas ou implantar as que se fizerem necessárias e, principalmente, submeter seus colaboradores envolvidos no tratamento de dados a treinamentos para que estes possam observar corretamente as determinações legais, evitando autuações e imposição de pesadas multas às empresas.

Para tanto, se faz necessário o envolvimento dos gestores, uma vez que caberá a eles tomar uma série de medidas necessárias, tais como: integrar sistemas, gerenciar documentos, fazer o diagnóstico da situação atual da empresa identificando os problemas, solucionar as inconsistências encontradas, mudar a cultura dos colaboradores no sentido de eliminar vícios já adquiridos na rotina administrativa, evitar descuidos já incorporados no dia a dia, identificar a necessidade e garantir o treinamento de colaboradores.

Para um bom gerenciamento do acervo de dados pessoais da empresa, deve ser feito um levantamento da situação, no qual devem ser verificados, entre outros, os seguintes aspectos: devem ser identificados quais departamentos lidam com dados pessoais; a forma como estes dados são captados; se de fato os dados são necessários; se há norma legal que exija a captação; onde eles são armazenados ou arquivados; quem tem acesso e quem, de fato, deve ter acesso a eles; quais medidas de controle já são tomadas e quais as que precisam ser implantadas; se há riscos, fazer a análise dos riscos constatados; se os recursos humanos e tecnológicos que a empresa já possui são suficientes ou se há a necessidade de ampliação; se há procedimentos de emergência a serem observados na hipótese de um vazamento de dados; analisar por quanto tempo o dado deve ser legalmente mantidos; se há forma segura de descarte dos dados que não são mais necessários; se há auditoria, fiscalização e monitoramento do desempenho.

RESPONSABILIDADES DOS AGENTES DE TRATAMENTO

A LGPD determina que tanto o controlador como o operador (agentes de tratamento) responde pelos danos que causar em decorrência da não observância das determinações da LGPD.

O operador responde solidariamente pelos danos causados pelo tratamento quando descumprir as obrigações da legislação de proteção de dados ou quando não tiver seguido as instruções lícitas do controlador. Nesta hipótese o operador se equipara ao controlador.

A responsabilização somente não ocorrerá, quando os agentes de tratamento provarem que:

a) não realizaram o tratamento de dados pessoais que lhes é atribuído;

b) embora tenham realizado o tratamento de dados pessoais que lhes é atribuído, não houve violação à legislação de proteção de dados; ou

c) que o dano é decorrente de culpa exclusiva do titular dos dados ou de terceiro.

d) Em princípio, o encarregado não é responsabilizado pelo dano ocorrido, uma vez que a sua função é a de orientar os agentes de tratamento quanto à observância das normas legais. Ele não toma decisões diretas e não procede ao tratamento dos dados pessoais. O encarregado tem uma função consultiva. Entretanto, esta não responsabilização não é absoluta, pois ele poderá vir a ser responsabilizado se, no exercício das suas atividades, por imprudência, imperícia ou negligência, devidamente comprovada, levar os agentes de tratamento a tomar alguma atitude contrária às determinações da LGPD.

DIREITOS DOS TITULARES DOS DADOS

A LGPD determina que o titular dos dados pessoais tem direito a obter do controlador, em relação aos seus dados, a qualquer momento:

a) confirmação da existência de tratamento de seus dados na empresa;

b) acesso aos dados, de forma simplificada e gratuita;

c) correção de dados incompletos, inexatos ou desatualizados;

d) anonimização, bloqueio ou eliminação de dados desnecessários, excessivos ou tratados em desconformidade com a LGPD;

e) portabilidade (compartilhamento) dos dados a outro fornecedor de serviço ou produto, mediante requisição expressa, observados os segredos comercial e industrial;

f) eliminação dos dados pessoais tratados com o consentimento do titular, exceto os dados coletados e mantidos por determinação legal;

g) informação das entidades públicas e privadas com as quais o controlador rcalizou uso compartilhado de dados;

h) informação sobre a possibilidade de não fornecer consentimento e sobre as consequências da negativa;

i) revogação do consentimento, nos termos da LGPD.

Para o exercício destes direitos é necessário o requerimento expresso do titular, sendo que, em caso de impedimento de adoção imediata da providência, o controlador deverá comunicar ao titular que não é o agente de tratamento do dado, indicando sempre que possível o agente ou, então, informar as razões que o impedem de adotar a providência (por exemplo, que o dado deve ser mantido por determinação legal).

PENALIDADES

As infrações cometidas pelos agentes de tratamento (controlador e operador), em relação às determinações da LGPD, determinam a aplicação de várias sanções. São elas:

a) advertência, com indicação de prazo para adoção de medidas corretivas;

b) multa simples, de até 2% do faturamento da pessoa jurídica no seu último exercício, limitada, no total, a R$ 50.000.000,00 por infração;

c) multa diária, observado o limite total acima mencionado;

d) publicação da infração após devidamente apurada e confirmada a sua ocorrência;

e) bloqueio dos dados pessoais a que se refere a infração até a sua regularização;

f) eliminação dos dados pessoais a que se refere a infração;

g) suspensão parcial do funcionamento do banco de dados a que se refere a infração pelo período máximo de 6 meses, prorrogável por igual período, até a regularização da atividade de tratamento pelo controlador;

h) suspensão do exercício da atividade de tratamento dos dados pessoais a que se refere a infração pelo período máximo de 6 meses, prorrogável por igual período;

i) proibição parcial ou total do exercício de atividades relacionadas a tratamento de dados.

As sanções serão aplicadas após procedimento administrativo que possibilite a oportunidade da ampla defesa e considerados os parâmetros e critérios estabelecidos pela LGPD.

TÍTULO IX

LEGISLAÇÃO REFERENCIADA

I. LEGISLAÇÃO REFERENCIADA

- Constituição da República Federativa do Brasil/1988
- Lei Complementar nº 110/2001
- Lei nº 4.923/1965
- Lei nº 5.764/1971
- Lei nº 6.019/1974
- Lei nº 8.036/1990
- Lei nº 8.212/1991
- Lei nº 8.213/1991
- Lei nº 10.406/2002
- Lei nº 12.546/2011
- Lei nº 12.690/2012
- Lei 12.815/2013
- Lei nº 13.467/2017
- Lei nº 13.709/2018
- Consolidação das Leis do Trabalho (CLT)
- Decreto nº 3.048/1999
- Decreto nº 99.684/1990
- Decreto nº 8.373/2014
- Decreto nº 9.579/2018
- Decreto nº 10.410/2020
- Portaria MTb nº 3.214/1978
- Portaria SEPRT nº 916/2019
- Portaria SEPRT nº 1.068/2019
- Portaria SEPRT nº 3.733/2020
- Portaria SEPRT nº 6.730/2020
- Portaria SEPRT nº 6.735/2020

- Portaria Conjunta SEPRT/RFB nº 82/2020
- Portaria Conjunta SEPRT/RFB nº 71/2021
- Portaria MTP nº 422/2021
- Portaria MTP nº 423/2021
- Portaria MTP nº 667/2021
- Portaria MTP nº 671/2021
- Portaria MTP nº 672/2021
- Instrução Normativa RFB nº 2.005/2021
- Instrução Normativa MTP nº 2/2021
- Instrução Normativa RFB nº 971/2009
- Instrução Normativa nº RFB nº 2.005/2021
- Instrução Normativa RFB nº 2.021/2021
- Instrução Normativa RFB nº 2.043/2021
- Instrução Normativa RFB nº 2.053/2021
- Instrução Normativa RFB nº 2.055/2021
- Instrução Normativa RFB nº 2.071/2021
- Manual de Orientação do eSocial
- Manual de Orientação da EFD-Reinf
- Manual de Orientação da DCTFWeb